História e Economia

História e Economia

Caio Prado Júnior (1929-1945)

Rodrigo Cesar

alameda

Grafia atualizada segundo o Acordo Ortográfico da Língua Portuguesa de 1990, que entrou em vigor no Brasil em 2009.

Edição: Haroldo Ceravolo Sereza
Assistente acadêmica: Tamara Santos
Projeto gráfico, diagramação e capa: Ana Júlia Ribeiro
e Emanuela Godoy
Revisão: Alexandra Colontini
Imagens da capa: Freepik

CIP-BRASIL. CATALOGAÇÃO-NA-FONTE
SINDICATO NACIONAL DOS EDITORES DE LIVROS, RJ

C416H

Cesar, Rodrigo
História e economia : Caio Prado Júnior (1929-1945) / Rodrigo Cesar. - 1. ed. -
São Paulo : Alameda, 2024. 304 p. ; 21 cm.

Inclui bibliografia e índice
ISBN: 9786559662616

1. Prado Júnior, Caio, 1907-1990. 2. Economia - História - Brasil. 3. Economia política. I. Título

24-92561 CDD: 330.981
CDU: 330(81)

Gabriela Faray Ferreira Lopes - Bibliotecária - CRB-7/6643

ALAMEDA CASA EDITORIAL
Rua 13 de Maio, 353 – Bela Vista
CEP 01327-000 – São Paulo, SP
Tel. (11) 3012-2403
www.alamedaeditorial.com.br

Para Anita e Herotildes
Para Arminda, Alcina e Jorge
Para Cloves e Márcia
Com saudades

Na análise da evolução histórica de um povo, a interpretação de fatos particulares interessa apenas naquilo em que eles se enquadram na corrente geral desta evolução.

Carta a Lívio Xavier, 20 de setembro de 1933.

[...] continuo onde sempre estive desde que me conheço por gente: sou comunista e membro do PCB. E isto diz tudo.

Carta a Evaldo da Silva Garcia, 11 de maio de 1946.

Ora, em que consiste um trabalho de história, senão numa "narrativa"? É certo que há muitas maneiras de "narrar" um mesmo acontecimento. [...] Mas será sempre uma "narrativa".

Carta a Carlos Nelson Coutinho, 08 de fevereiro de 1960.

O passado sempre foi para mim o passado. E é o futuro que me interessa, mesmo apesar do pouco a que está reduzido...

Carta a Francisco Iglésias, 07 de abril de 1980.

SUMÁRIO

PREFÁCIO

Em carta redigida para Evaldo da Silva Garcia, em 1946, Caio Prado Jr. relata que estaria trabalhando no segundo volume da *Formação do Brasil contemporâneo*. A obra deveria, a partir das contradições de classe e de setores sociais, tratar da Independência e da organização do estado nacional brasileiro. Reconhecendo sua ambição, ainda prometia mais dois volumes, um sobre o Império e o último sobre o Brasil do século XX, o que permitiria construir um quadro amplo do processo evolutivo brasileiro. Como sabemos, o projeto de quatro volumes não se concretizou, mas tanto a originalidade metodológica como a versão sobre a história brasileira presentes no primeiro volume, constituíram uma duradoura linhagem interpretativa no país.

O episódio acima é apresentado por Rodrigo Cesar, neste *História e economia: Caio Prado Júnior (1929-1945)*, e se soma a outras tantas passagens narradas na obra, que revelam o percurso original tomado pelo historiador para compreender e disputar o Brasil de seu tempo.

Nas palavras de Rodrigo, Caio Prado Júnior foi "um intelectual proeminente", "homem de ação, militante político, membro ativo do Partido Comunista do Brasil (PCB), marxista convicto". Fosse como analista da história e da conjuntura brasileira, fosse como militante ou político, a trajetória e a obra de Caio Prado Jr. entre 1929 e 1945 é um prisma privilegiado para entender a própria história intelectual e política do país.

Por isso mesmo, como sistematiza Rodrigo Cesar, não são poucos os estudos publicados sobre Caio Prado Júnior. Segundo dados compulsados pelo autor, entre 1980 e 2019 foram vinte e quatro livros, trinta e quatro teses e dissertações e quase uma centena de artigos, capítulos de livros, prefácios e posfácios. Frente tamanha produção, uma questão pode inquietar o leitor deste livro agora publicado: ainda há algo de novo para se conhecer de Caio Prado Jr.?

A primeira resposta sugerida por Rodrigo Cesar, seguindo a máxima do historiador britânico Christopher Hill, é a de que a história "precisa ser reescrita a cada geração". Ainda que suficiente, não me parece que essa seja a justificativa para o leitor acompanhar as contribuições de *História e economia: Caio Prado Júnior (1929-1945)*.

Resultado de uma densa pesquisa histórica e historiográfica, os quatro capítulos deste livro seguem cuidadosas genealogias intelectuais dos diferentes diálogos estabelecidos por Caio Prado Jr., a partir de uma impecável narrativa, alicerçada em abundantes evidências históricas. Mobilizando com rigoroso critério as fontes primárias e as principais obras produzidas sobre Caio Prado Jr., somos levados a teia de relações construídas pelo historiador marxista, como também ao ambiente intelectual de construção de suas obras.

Rodrigo Cesar inicia o livro com uma detalhada revisão da historiografia, recuperando como a obra de Caio Prado Jr. foi debatida e incorporada como cânone no pensamento social brasileiro. Ainda que somente a partir do falecimento de Caio Prado possamos observar estudos mais sistemáticos sobre sua vida e obra, livros como *Evolução política do Brasil*, *Formação do Brasil contemporâneo* e *A revolução brasileira* estiveram no centro de debates de nossa formação como nação.

No capítulo "Historiografia e economia política", por sua vez, somos conduzidos pela criação da área de história econômica mundial no século XIX e sua mais tardia consolidação no Brasil na primeira metade do século XX. Sem discordar de Tamás Szrmercsányi, que elenca entre os pioneiros da área no Brasil, Roberto Simonsen, Caio Prado Jr., Alice

Canabrava e Celso Furtado, Rodrigo Cesar amplia o cenário e reforça o pioneirismo metodológico e interpretativo de Caio Prado, cujo "sentido da colonização" se tornaria peça central em nossa historiografia.

Em "Formação de Caio Prado Júnior", terceiro capítulo do livro, Rodrigo Cesar apresenta as três principais matrizes formadoras de Caio Prado: a Economia Política presente na Faculdade de Direito do Largo São Francisco, local onde realizou sua graduação; o marxismo, assimilado por meio da militância no Partido Comunista do Brasil; e, por fim, a história e geografia, que chegou ao Brasil por meio da missão francesa, no contexto de criação da Faculdade de Filosofia, Ciências e Letras da Universidade de São Paulo. Uma história que, partindo da personagem, oferece uma leitura sobre a sociedade paulista de início do século XX; sobre os embates no campo da esquerda comunista brasileira; como também, sobre a formação da Faculdade de Filosofia da USP na década de 1930.

Terminando o livro com "A economia na história", Rodrigo Cesar extrai dos capítulos anteriores seus instrumentos para a análise de quatro categorias constitutivas da obra de Caio Prado: capital comercial, totalidade, crises e ciclos, sentido. O percurso oferecido pela obra, ao produzir a tensão entre a história e a economia, reforça o papel do marxismo como método para que Caio Prado Jr. possa captar a dinâmica econômica que conduz o sentido da formação nacional.

Como sintetiza de Fernand Braudel, em resenha dos livros *Formação do Brasil contemporâneo* e *História econômica do Brasil*, publicada em 1946 nos *Annales*: "Na verdade ambos se inspiram na "dialética materialista" e com singular vigor acentuam, segundo as regras dessa escola, os "processos" da história, ou caso se prefira, as correntes e cursos de vida, em que o passado não cessa de inflar e alimentar o presente instável e efêmero". Uma dialética materialista, como é possível acompanhar nesta obra, que vai muito além da transposição da teoria para a realidade nacional, mas produz uma mediação do método com as especificidades locais, por meio de certo ecletismo influenciado pelos olhares da história e da geografia dos *Annales*, sem perder de vista os debates políticos do presente e projetos de futuro.

Na ampla gama de estudos sobre esse intérprete do Brasil, a obra *História e economia: Caio Prado Júnior (1929-1945)* de Rodrigo Cesar tem, desde já, lugar especial na historiografia caiopradeana. Olhando a partir das lentes da história econômica e da economia política, às vezes da árida Ciência Econômica, a presente obra consegue descortinar Caio Prado Jr. como autor da primeira influente obra a se valer do materialismo histórico no Brasil, com *Evolução política do Brasil*, assim como o intérprete do Brasil a se valer das lentes da história econômica, com *Formação do Brasil contemporâneo*.

Alexandre Macchione Saes
Departamento de Economia – FEA/USP

APRESENTAÇÃO

Crise capitalista, polarização política, tensões militares, pandemia, instabilidade, guerra. Com um novo patamar de contradições e conflitos entre classes sociais, Estados e blocos regionais, o mundo vive momentos decisivos. Na sequência de uma grande crise, retoma-se o questionamento aos referenciais teóricos que orientam políticas econômicas de socorro ao capital financeiro e de austeridade fiscal, bem como estratégias empresariais exclusivamente preocupadas com os lucros dos acionistas. Neste contexto, discute-se mais amplamente o futuro do capitalismo, o capitalismo do futuro, o futuro para o qual o capitalismo está nos levando e um futuro sem capitalismo. Deste conflito prático e teórico participam forças políticas e correntes de pensamento de diferentes matizes e inseridas em diversas instituições da sociedade civil e do Estado. Muitas dessas forças e correntes da atualidade dialogam e têm como referência formulações produzidas por diferentes gerações que também trataram dos problemas das crises e do desenvolvimento capitalistas que vivenciaram. No Brasil, estas gerações refletiram também sobre as vocações econômicas do país, sua modernização e industrialização, o papel do capital privado nacional e internacional, o papel do Estado e do planejamento, a dependência, o desenvolvimento, o subdesenvolvimento e o conjunto das transformações históricas pelas quais o Brasil havia passado e pelas quais estava passando. Entre estas formulações encontram-se as de Caio Prado Júnior.

Declarado e reconhecido como marxista, Caio Prado Júnior adotou o materialismo histórico-dialético como fundamento teórico e filosófico da historiografia que produziu. Com isso, buscava reconstituir a história-vivida por meio de uma história-conhecimento que fosse capaz de analisar as diversas esferas da existência, não apenas a econômica, e os diferentes níveis de realidade, não apenas as estruturas e a longa duração.[1] Como veremos, o marxismo de Caio Prado Júnior foi objeto de viva polêmica entre seus intérpretes, gerando reflexões valiosas que nos auxiliaram para a produção do presente trabalho. Entretanto, nossa compreensão da maneira como o materialismo histórico-dialético orienta sua produção intelectual, especialmente sua análise histórica da formação brasileira, se insere no problema mais amplo das tensões[2] entre teoria e história, entre sincronia e diacronia, entre explicação e reconstituição, entre descrição e narrativa, entre conceito e contingência[3], entre generalização e particularização.

Ao selecionar seus documentos, interrogar suas fontes, levantar problemas, formular hipóteses, analisar evidências e tirar conclusões, o historiador reconhece que não há história sem teoria (DE CERTEAU, 2015, p. 45-108). Neste sentido, a teoria da história se manifesta concretamente, mesmo que de modo não deliberado, nas implicações dos métodos de investigação e de exposição para a produção de narrativas

---

1 Sobre a distinção entre esfera da existência e nível de realidade ver Fernando Novais (2012).

2 Usamos aqui o conceito de tensão no sentido atribuído por Márcia D'Aléssio (2016).

3 "Em vez de conceitos já constituídos, seria preferível falar de conceitualização, como procedimento e como busca, da história mediante a qual se opera uma organização, relativa e sempre parcial, da realidade histórica, porque o real nunca se deixa reduzir ao racional; ele comporta sempre uma parte de contingência e as particularidades concretas transtornam necessariamente a ordem irrepreensível dos conceitos. [...] O resultado não é desprezível: a conceitualização consegue ordenar, de alguma forma, a realidade, apesar de ser uma ordem imperfeita, incompleta e desigual". (PROST, 2015, p. 125-6).

historiográficas e, portanto, do conhecimento histórico. Segundo Prost (2015, p. 185), há dois modos de argumentação no âmbito da história:

> [...] o primeiro interessa-se pelos encadeamentos no desenrolar do tempo, enquanto o segundo refere-se às coerências no âmago de determinada sociedade em determinado tempo. O primeiro aborda os acontecimentos e organiza-se segundo o eixo da narrativa, enquanto o segundo dedica-se às estruturas e depende da descrição. Naturalmente, ambos se entrecruzam porque todos os problemas históricos concretos têm a ver, simultaneamente, com a narrativa causal e com o enquadramento estrutural.

Consideramos, pois, que o caminho para a compreensão do pensamento de Caio Prado Júnior em sua totalidade pode ser encontrado na tensa, delicada e dinâmica relação entre, de um lado, a teoria, a explicação, a descrição, o conceito, a generalização; e de outro lado, a história, a reconstituição, a narrativa, a contingência, a particularização. Afinal, como indica Paulo Teixeira Iumatti (2018, p. 450): "O problema da conexão entre o viés sintético e as particularidades, entre o pensamento totalizante e os detalhes, entre as tendências gerais e os fatores de diferenciação estava no centro de sua atividade intelectual". Assim, na presente pesquisa analisamos os modos como Caio Prado Júnior historiciza os conceitos da economia política em sua produção historiográfica – cabendo lembrar a observação de Renán Silva (2015, p. 29): "a *historicização* de que falamos não se refere simplesmente, como muitas vezes se crê, aos *objetos sobre os quais investigamos*, mas inclui, como premissa maior, a *historiação dos instrumentos com que trabalhamos*, com os quais tratamos de produzir essas análises que designamos como históricas". Portanto, investigamos as relações entre história e economia em sua historiografia problematizando o diálogo, as articulações e tensões entre história e teoria. Neste sentido, analisaremos sua historiografia com atenção especial para os conceitos de produção e circulação. Nos questionamos: como

Caio Prado Júnior realiza o referido entrecruzamento entre os modos de argumentação em história? Como o autor lidou com as tensões entre, de um lado, a narração e a reconstituição, e, de outro, a descrição e a explicação? Quais mediações o autor estabeleceu entre os *acontecimentos* (território da diacronia, da indeterminação e do singular) e as *estruturas* (território da sincronia, da determinação e do universal)? Que articulações entre os tempos históricos Prado Jr. realizou no processo de *historicizar* os conceitos da economia política e de *teorizar* sobre a esfera econômica na história? Em síntese, como o autor articulou os conceitos da economia política e a análise histórica, a descrição das estruturas econômicas e a narração dos eventos, a explicação e a reconstituição do passado? Cabe ainda questionar: quais foram seus referenciais teóricos na economia política? Quais foram seus referenciais teóricos na historiografia? De que modo os assimilou e os relacionou? Quais foram as influências das escolas históricas e geográficas francesas e das diferentes correntes da historiografia econômica em sua produção intelectual? Mais que a busca de respostas conclusivas, tais perguntas serviram principalmente para nos orientar na investigação e permitir que percorrêssemos os caminhos que julgamos mais promissores.

Considerando que nosso objeto de pesquisa se delimita como um aspecto particular do pensamento do autor, deveremos compreender a história destes conceitos da economia política como parte do quadro mais amplo do pensamento econômico e da historiografia de seu tempo. A história dos conceitos tem se demonstrado importante na investigação das relações entre o processo histórico e a compreensão que os sujeitos tiveram da história que viviam. Decifrando a temporalidade das experiências e evidenciando a estratificação de significados atribuídos a elas ao longo do tempo, a história dos conceitos problematiza as durações, as diferenças entre acontecimentos e estruturas. Assim, a profundidade histórica de um conceito entra em questão e se torna uma exigência sistemática (KOSELLECK, 2006, p. 114-5). Entretanto, compreendendo as dificuldades de se isolar um conceito e traçar a história da mudança de cada um isoladamente, a proposta de constituir uma trama na qual "a parte dos fios horizontais é composta pelas linguagens ou discursos sincronicamente existentes, e aquelas dos fios verticais pela história dos conceitos individuais" pode contribuir para o delineamento da história da fala e da escrita e a simultaneidade de estruturas de linguagem, enriquecendo nossa compreensão sobre a historicidade dos conceitos (POCKOCK, 2006, p. 83-6).

Porém, se não se pode depreender a realidade histórica apenas a partir do conceito – mesmo que a compreensão deste conceito nos estimule a refletir sobre esta co-incidência –, levar a cabo o desafio de relacionar uma realidade vivida historicamente com o conceito elaborado para apreendê-la exigiria muito mais que a compreensão dos usos de conceitos por um único indivíduo, uma vez que seria insuficiente para apreender a duração, as alterações e as relações de tais conceitos com as experiências no tempo. Assim, se por um lado não devemos deixar de lado a consciência que determinada sociedade do passado tem dela mesma para buscar compreendê-la, por outro lado não se pode pretender que os conceitos que exprimem a consciência desta sociedade possam ser explicados com base naqueles produzidos de um ponto de vista monográfico. Com isso, queremos dizer que a história dos conceitos e suas premissas teóricas e metodológicas compõem nossas preocupações, mas nossos propósitos são diferentes, não visam a produção seja de uma história dos conceitos conforme a abordagem de Koselleck, seja de uma história do pensamento político e das estruturas de linguagem conforme Pockock.

Em uma primeira aproximação, estudar Caio Prado Júnior hoje, depois de tantas pesquisas realizadas e polêmicas travadas, pode parecer pouco promissor se o que se pretende é trazer alguma contribuição minimamente relevante para o conhecimento histórico. Mas se a reconstituição histórica tem por base a solução de problemas elaborados a partir de questões do tempo presente, cada momento histórico lançará questões específicas sobre um objeto que já foi estudado em períodos anteriores. Neste sentido, a escrita da história nunca estará encerrada, pois se faz necessário retomá-la incessantemente, levando em consideração novas questões e novos conhecimentos (PROST, 2015, p. 80). Como afirma Christopher Hill (1987, p. 32), a história "precisa ser reescrita a cada geração, porque embora o passado não mude, o presente se modifica; cada geração formula novas perguntas ao passado e encontra novas áreas de simpatia à medida que revive distintos aspectos das experiências de seus predecessores".

Inúmeros autores realizaram ricos e interessantes debates em torno do uso que Caio Prado Júnior fazia de conceitos formulados na economia política. Porém, são mais escassas as reflexões a respeito das articulações entre estes conceitos e a análise histórica realizada pelo autor, entre a descrição das estruturas e a narração dos eventos, entre a explicação e a reconstituição do passado. Na maior parte dos casos realizada por economistas e cientistas sociais, estas reflexões, ainda que detenham seu olhar sobre o passado, deixam de lado ou não levam em devida conta a questão das temporalidades e do tempo histórico, bem como as tensões e mediações entre história e teoria, nas quais se insere nosso objeto de pesquisa. Além disso, entre os historiadores que buscaram aprofundar a compreensão sobre a historiografia caiopradeana, as relações do autor com as teorias econômicas e os conceitos da economia política não recebem destaque. Em geral, ao estudar o autor, a insuficiente preocupação dos economistas com as teorias da história tem sido proporcional à preocupação dos historiadores com as teorias econômicas.

Considerando que a obra historiográfica de Caio Prado Júnior está vinculada às experiências por ele vividas no momento de sua produção, buscamos relacionar a trajetória de vida do autor com sua escrita da história. Neste sentido, ainda que nosso objeto esteja mais vinculado ao pensamento do autor que às experiências concretas que viveu, estes elementos são indissociáveis. Afinal, escrever história também é uma experiência concreta. Assim, sua biografia é abordada como elemento constituinte e, portanto, indispensável para compreender as reflexões que realizou. Caio Prado Júnior foi um intelectual proeminente não apenas de seu próprio tempo como segue sendo referência incontornável para quem hoje deseja conhecer a formação histórica brasileira. Mas foi também um homem de ação, militante político, membro ativo do Partido Comunista do Brasil (PCB)[4], marxista convicto. A compreensão da realidade estava a serviço de sua transformação prática, o entendimento do passado em função da construção do futuro. Neste sentido, estudar o modo como encarava as relações entre o passado, o presente e o futuro do Brasil e de que maneira relacionava os conceitos da economia política com a reconstituição do passado pode contribuir para aprofundar o conhecimento sobre a teoria da história mobilizada pelo autor, as mediações que fez entre as temporalidades da história e as tensões entre história e teoria. Poderemos, ademais, levantar questões sobre a historiografia e o pensamento econômico marxistas no Brasil e abrir sendas interessantes sobre as relações de aproximação e distanciamento, de colaboração e conflito entre o autor e diferentes correntes do pensamento histórico, econômico e social no Brasil e no mundo na primeira metade do século XX.

O primeiro capítulo de nosso trabalho, intitulado "A história em debate", é orientado por dois problemas relacionados: as tensões entre teoria e história e o lugar de Caio Prado Júnior na historiografia e no pensamento econômico contemporâneos. Neste sentido, depois de uma breve discussão sobre o estatuto científico do conhecimento histórico e das mediações entre liberdade e necessidade na historiografia, analisamos a trajetória recente do debate em torno da obra de Caio Prado Júnior.

No segundo capítulo, "Historiografia e economia política", traçamos um panorama da história da história com especial atenção para o surgimento da economia política, o diálogo que a historiografia passou a estabelecer com esta e outras ciências sociais e as diferentes maneiras pelas quais se incorporou a esfera econômica da existência na produção historiográfica originando um campo específico de estudos. Assim, ana-

4 A partir de 1961, a organização passou a denominar-se Partido Comunista Brasileiro (PCB).

lisamos as contribuições nesta direção oriundas principalmente da escola histórica alemã de economia política, do marxismo e dos historiadores franceses que se articulavam em torno da revista *Annales*. Encerramos o capítulo com um estudo do desenvolvimento da historiografia econômica brasileira até 1945, com especial atenção para as contribuições de Victor Viana, José Gabriel de Lemos Brito e Roberto Simonsen.

O terceiro capítulo investiga "A formação de Caio Prado Júnior" como parte importante do percurso do autor rumo à elaboração de sua obra historiográfica, com ênfase em três dimensões deste processo. Primeiro, traçamos a trajetória do ensino de economia política no Brasil e na Faculdade de Direito de São Paulo, onde o autor teve os primeiros contatos com a disciplina. Em seguida, abordamos a recepção e o desenvolvimento do marxismo no Brasil até o momento em que se dá a adesão e os primeiros passos do autor no movimento comunista. Por fim, investigamos os estudos que o autor empreendeu nos campos da história e da geografia no breve período em que frequentou a Faculdade de Filosofia, Ciências e Letras (FFCL) da Universidade de São Paulo (USP), quando teve contato com os professores da missão francesa, entre os quais o historiador Fernand Braudel e o geógrafo Pierre Monbeig.

Por fim, no quarto capítulo, "A economia na história", analisamos como Caio Prado incorpora elementos de *O Capital*, de Karl Marx, em sua historiografia, destacando sua interpretação do papel do capital comercial no processo de colonização e das crises e ciclos na dinâmica da economia colonial brasileira. Investigamos, ademais, as influências de Wilhem Roscher e Paul Leroy-Beaulieu na classificação das colônias modernas e o aspecto que para o autor melhor caracteriza e explica a economia colonial. Estudamos também suas noções de totalidade e sentido de modo a nos aproximar da teoria da história que orienta sua narrativa.

Assim, nos propusemos a trazer à tona algumas impressões que possam servir como estímulo para a realização de debates e novas pesquisas, além de retomar questões em torno das já realizadas. Se conseguirmos gerar inquietações, indagações e questionamentos nos leitores, e se formos capazes de estimulá-los a demandar mais conhecimento sobre o tema, nossos objetivos terão sido cumpridos.

Por fim, registramos que as citações de referências em língua estrangeira foram traduzidas livremente, sendo a redação original disponibilizada em notas de rodapé. Além disso, para facilitar a fluidez da leitura, a transcrição das fontes e da bibliografia foi adaptada às normas do Acordo Ortográfico da Língua Portuguesa que entrou vigor no dia 1º de janeiro de 2016.

1. A HISTÓRIA EM DEBATE

História e teoria

Norbert Elias avaliava que seus colegas historiadores mostravam grande dificuldade para relacionar teorias ao trabalho empírico (SILVA, 2015, p. 10). No ensaio *A sociedade dos indivíduos* (1939), o sociólogo alemão construiu uma imagem para postular que ao se analisar, por exemplo, o mar como objeto de conhecimento, as perspectivas do nadador imerso na água e do aviador que sobrevoa – ambas insuficientes e unilaterais, mas nem por isso destituídas de importantes elementos de verdade – podem proporcionar, quando em conjunto, um panorama mais equilibrado. Recorrendo a esta imagem, Leandro Konder (1998, p. 60) concluiu:

> O grande desafio com que se defrontam os historiadores no aprofundamento de seu trabalho é exatamente esse que Caio Prado Jr. enfrentou: a combinação da observação empírica dos fatos com a avaliação teórica do movimento global em que os fatos se tornam mais significativos. Aproveitar o conhecimento que só a proximidade, a intimidade e o contato direto podem

> proporcionar, adequando-o ao conhecimento que só a distância e uma certa visão de conjunto permitem que seja elaborado.

Este é realmente um grande desafio. Aqui, porém, ainda não se alcança plenamente a dimensão do que José Carlos Reis (2010) chamou de "desafio historiográfico". A necessária síntese entre o empírico e o teórico, incontornável a todo conhecimento que se pretende científico, não resume o problema decorrente da tensão entre sincronia e diacronia, entre o que se repete e o que é único, entre o universal e o singular. Este problema não escapou ao olhar do historiador alemão Johann Gustav Droysen, que batalhou pela cientificidade da história sem renunciar à sua especificidade diante das ciências naturais, hegemonicamente consideradas na segunda metade do século XIX como parâmetro incontornável para se atribuir estatuto científico a qualquer conhecimento produzido, inclusive o histórico. No contexto cultural francês do final daquele século, a escola metódica também pretendeu enfrentar o desafio de transformar a história em uma ciência, mas diferenciando o historiador das figuras científicas dos químicos ou naturalistas em seus laboratórios – daí seu combate contra concepções filosóficas ou literárias da história, bem como a busca de um repertório exaustivo de fontes disponíveis e a ideia de alcançar conhecimentos definitivos depois que a história fosse despojada das lendas e falsificações (PROST, 2015, p. 68). De algum modo, certas vertentes do marxismo contribuíram para o pensamento de que a história deveria alcançar o mesmo estatuto científico atribuído às ciências naturais. Segundo Haldane (1976, p. 7), Karl Marx e Friedrich Engels viam na dialética a ciência das leis gerais de transformação tanto no pensamento humano quanto "no mundo exterior que é refletido pela mente humana". O russo Guiorgui Plekhanov (1963, p. 64) também reivindicava uma "concepção científica da História", avaliando positivamente que, em sua época, as ciências sociais estariam "na situação de se converter em ciências exatas". Apesar de manter-se em polêmica com os bolcheviques e ter adotado posições mencheviques, recebeu elogios de Vladimir Ilitch Lênin por ter feito o que considerava a melhor exposição da filosofia do marxismo e do materialismo histórico, sendo o que havia de melhor na literatura marxista internacional.[1]

Polemizando com as diferentes posições que não ressaltavam o que havia de particular na cientificidade da história, Droysen reforçou tanto a crítica às generalizações quanto a mera aceitação das singularidades na explicação da história, diferenciando-se de modo significativo do olhar de outro historiador que, por sua vez, também se encontrava teórica e filosoficamente distante do marxismo. Leopold Von Ranke era conterrâneo e contemporâneo de Droysen, com quem compartilhava o projeto de superar as filosofias da história na compreensão da realidade deslocando o saber histórico do mundo das ideias para a concretude da vida real. Para Ranke, a história tem uma dualidade que a torna peculiar frente aos demais saberes. Na medida em que representa, a história é arte, criação e sensação; ao mesmo tempo, porém, na medida em que analisa e apresenta, a história é ciência, cognição e síntese. Mas sua singularidade reside também e principalmente em seu compromisso com o real, do qual a história não teria como prescindir e que a diferencia da arte e da filosofia. Além de rejeitarem a especulação filosófica no trabalho do historiador, Ranke (2010, p. 207) considerava que a história "dedica seus esforços ao concreto, e não apenas ao abstrato que nele estaria contido" e Droysen (2010, p. 40) dizia que o historiador trabalha com "o sumo das particularidades e a verdade que há em todas as realidades". Mas Droysen (2010, p. 46) foi além ao buscar harmonizar as relações entre teoria e história postulando que a teoria da história é o método científico aplicado aos estudos históricos: "determinar as leis da pesquisa histórica, e não as leis da história: essa é de fato a tarefa da teoria da história".

Décadas depois do predomínio de Ranke e Droysen, na Alemanha, e de Charles Victor Langlois, Charles Seignobos e Ernest Lavisse, na França, o ambiente historiográfico europeu havia se alterado inteiramente. É consenso que nos anos de 1930 uma grande transformação se

1 Para o elogio de Lênin, extraído de "Os ensinamentos de Karl Marx", ver a nota dos editores à publicação de Plekhanov (1963).

processou na escrita da história. Entretanto, para sermos preciso, poderíamos dizer que a mudança teria sido completa apenas se – como costuma ocorrer – desconsiderássemos a permanência de importantes conquistas da historiografia anterior, inclusive da segunda metade do século XIX, dita positivista, mas que não se vinculava necessariamente à filosofia de Auguste Comte. Afinal, há de se reconhecer que entre a filosofia positivista e o reconhecimento da existência de concretude nos acontecimentos históricos – noutras palavras, a sua positividade[2] – existe uma distância que não se pode desprezar. Teria ocorrido, portanto, uma verdadeira revolução na teoria da história, mas sem originalidades absolutas:

> Uma revolução radical e integral de todas as formas até então *dominantes* de exercer o ofício de historiador, que é incomparável dentro do mesmo século XX – um século que, não obstante, está cheio de importantes transformações nos "modos de fazer" historiográficos – e que só pode ser comparada quanto a sua magnitude e seus efeitos, a outra enorme revolução na teoria da história que no século XIX representou o desenvolvimento da concepção marxista da história. [...] Revolução autêntica na historiografia do século XX, o que não significa que os Annales tenham inventado tudo, do nada, nem que seu projeto seja absolutamente original, mas sim que apenas com eles atinge seu verdadeiro *ponto de condensação* o processo mais profundo de mudança e transformação da historiografia, no momento da passagem de sua condição oitocentista dominante, a seu estatuto correspondente às exigências do século XX (AGUIRRE ROJAS, 2005, p. 71-2).[3]

---

2 "O termo 'positivismo' é muito claro quando se refere ao pensamento de Augusto Comte, mas se torna confuso quando aplicado a uma forma de escrita da história que nada tem a ver com a filosofia da história comtiana. Por esse motivo, alguns estudiosos da história da história consideram abusivo seu uso para classificar a Escola Metódica". (D'ALÉSSIO, 2016, p. 166).

3 "Una revolución radical e integral de todas las formas hasta entoces *dominantes* de de ejercer el oficio de historiador, que no tiene parangón alguno dentro del

Assim, incorporando e acumulando os impulsos e linhas de ruptura com o modelo historiográfico dominante – como aquelas realizadas pelo marxismo, pela historiografia crítico-acadêmica alemã e por historiadores como Henri Pirenne e Henri Berr – e dotando-os de uma nova estrutura em um modelo global e de novas bases epistemológicas, os *Annales* estabeleceram uma nova hegemonia historiográfica que conquistou progressivamente a França, a Europa e o mundo ocidental (*Ibidem*, p. 72-3). Com a perspectiva econômico-social ganhando força ao longo das décadas de 1940, 1950 e 1960, a historiografia distanciou-se ainda mais da narrativa baseada na sequência de acontecimentos – em geral políticos, diplomáticos e militares – e construída a partir da identificação de nexos unívocos entre causa e efeito. Ganhava prestígio a proposição de uma "história quase imóvel", a ênfase na longa duração e a opinião de que o tempo dos acontecimentos, a história na dimensão temporal do indivíduo seria, conforme a imagem de Fernand Braudel (1976, p. 16), "uma agitação de superfície, as ondas que as marés levantam em seu poderoso movimento".[4] Não haveria espaço para o acaso, a contingência. O historiador tradicional estava atento ao tempo breve da biografia e dos eventos, que não interessaria aos historiadores econômicos ou sociais. Seria preciso revelar à observação não apenas os ciclos, interciclos e movimentos periódicos cuja fase varia de cinco a cinquenta anos, não apenas essas "ondas relativamente curtas", mas também – abai-

---

mismo siglo XX – um siglo que no obstante, está lleno de importantes transformaciones de los 'modos de hacer' historiográficos –, y que sólo puede ser comparada em cuanto a su magnitude y sus efectos, a la outra enorme revolución em la teoria de la historia que em el siglo XIX, há representado el desarrollo de la Concepción marxista de la historia. [...] Auténtica revolución en la historiografia del siglo XX, que no significa que los Annales lo hayan inventado todo, desde la nada, ni que su proyecto sea absolutamente original, pero sí em cambio que sólo com ellos alcanza su verdadedo *punto de condensación* el processo profundo de cambio y de mutación de la historiografia, em el momento de su passo de su condición decimonónica dominante, a su estatuto correspondiente a las exigências del siglo XX".

4 "une agitation de surface, les vagues que les marées soulèvent sur leur puissant mouvement".

xo delas e opondo-se a uma "história conjuntural" – uma "história lenta em se deformar", uma "história estrutural" (BRAUDEL, 2014a, p. 120).[5] A longa duração seria embaraçante e complicada ao historiador – levado assim a familiarizar-se com "um tempo diminuído, por vezes, quase no limite do movediço" – mas tem seus méritos: "Em todo caso, é em relação a essas extensões da história lenta que a totalidade da história pode se repensar, como a partir de uma infraestrutura. Todas as faixas, todos os milhares de faixas, todos os milhares de estouros do tempo da história se compreendem a partir dessa profundidade, dessa semi-imobilidade; tudo gravita em torno dela" (BRAUDEL, 2014b, p. 53).[6]

Ao fim e ao cabo, nas décadas de 1960 e 1970, a força combinada dos estruturalismos de Claude Lévi-Strauss e de Louis Althusser e do programa da segunda geração dos *Annales* – Braudel à frente, seguido de Ernest Labrousse – contribuiu para reduzir a importância dos acontecimentos, da política e dos indivíduos na escrita da história. Na crítica de Pierre Vilar (1977, p. 227), Braudel é apresentado como defensor da ideia de que o historiador deveria situar-se acima da "notícia retumbante" e se alguém lhe dissesse que o ofício de historiador consiste, justamente, em tornar a colocar o acontecimento na dinâmica das estruturas, insinuaria que isso levaria sempre a sacrificar a estrutura ao acontecimento. Como desdobramento, com a crescente crítica aos limites do tempo curto, a história política, até então produzida naquela temporalidade, foi isolada e deslocada da cena dos estudos históricos (D'ALÉSSIO, 2008, p. 41). Concomitantemente, "à medida que a história se constituiu como uma disciplina com pretensões científicas, a biografia foi progressivamente exilada de seus domínios" (SCHMIDT, 2012, p. 192), sendo alijada do que fosse considerado um saber erudito e científico: "Um desprezo obstinado condenou o gênero, sem dúvida muito dependente das concessões à emotividade e ao fomento da implicação subjetiva. Um muro tem sepa-

---

5 Artigo originalmente publicado em *Revue èconomique*, I, mai. 1950.

6 Artigo originalmente publicado em *Annales E.S.C.*, n. 4, out.-dez, 1958.

rado o biográfico do histórico, taxando-o de elemento parasita capaz de perturbar os objetivos científicos" (DOSSE, 2015, p. 16).

Atento a este fenômeno, Emannuel Le Roy Laudurie (2011, p. 248-50) afirmou, em 1972, que se pretendendo "quantificadora, compacta, estrutural" a historiografia de então "condenou quase à morte, há algumas décadas, a história acontecimental e a biografia atomística". Mas não se interprete essa constatação como um lamento, pelo contrário: seria positivo que a historiografia totalizante alcançasse o objetivo de "transcender o acontecimento, ou então fagocitá-lo". O autor interpretaria como uma grande conquista "se a história verdadeiramente se mostrasse, de uma ponta à outra, lógica, inteligível, previsível; se fosse possível, de uma vez por todas, exorcizar dela o acontecimento, ou o acaso; e evacuar essa parte de circunstancial que constitui, para o historiador, o resíduo irritante da descoberta." Ao se buscar produzir uma historiografia que, mesmo com significativos ajustes, era caudatária do cientificismo do século XIX, a ação dos sujeitos históricos (liberdade) acabou sendo sufocada pelas imposições estruturais (necessidade). Não deixa de ser curioso que tal concepção de história, que se considera herdeira dos críticos do historicismo alemão e da escola metódica francesa, eleitas como representantes do positivismo na historiografia, acabe se aproximando do que José Carlos Reis (2006, p. 108) classificou como modelo nomológico, associado às ciências naturais, que tem em Karl Hempel um de seus principais autores e se baseia nos seguintes postulados:

> A estrutura lógica da previsão é a mesma da explicação. A diferença entre elas é pragmática – uma se refere ao acontecido; a outra, ao futuro. Uma explicação científica é completa se permite antecipar ocorrências. [...] A história não pode pretender apreender a individualidade única, pois é impossível. Só há explicação científica se houver o conjunto de condições iniciais e das leis gerais, que associam causa e efeito. [...] Toda explicação histórica visa mostrar que um evento não foi casual, mas necessário e antecipável.

Entretanto, apesar da ênfase dada aos aspectos econômico-sociais para superar as deficiências da chamada história acontecimental, tão em voga no alvorecer do século XX, o projeto original dos *Annales* não ia tão longe. Marc Bloch (2001, p. 54) já havia considerado que a concepção de história de Fustel de Coulanges como a "ciência das sociedades humanas" talvez levasse a "reduzir em excesso, na história, a parte do indivíduo". Lucien Febvre, por sua vez, demonstrando que o reconhecimento das individualidades não pressupõe separá-las de seu meio social ou isolar os sujeitos de seus contemporâneos, dedicou-se ao estudo de indivíduos: *Martinho Lutero: um destino* (1928), *O problema da incredulidade no século XVI: a religião de Rabelais* (1942) e *Em torno do Héptameron* (1944), sobre Margarida de Navarra (DELACROIX, DOSSE; GARCIA, 2012, p. 190). Em seu discurso de posse na Academia Francesa, homenagem consagradora ao final da vida, Braudel (1985) reconheceu Marc Bloch e Lucien Febvre como os maiores historiadores do século XX, sendo ele próprio "apenas seu continuador, seu herdeiro privilegiado. Se inovei, foi depois deles: bem antes de mim, eles não mudaram tudo sobre nossa profissão, seus conceitos, seus métodos, seus problemas, seus objetivos essenciais?" Certamente, nem tudo. Ainda assim, quanto à herança, existe uma descontinuidade maior do que, em geral, se quer admitir entre os fundadores da escola dos *Annales* e os historiadores franceses que levaram às últimas consequências os avanços obtidos a partir do diálogo com as ciências sociais e do advento da longa duração na compreensão das temporalidades.

Na verdade, os primeiros *Annales* poderiam ser mais adequadamente vinculados ao que Reis (2006, p. 129-31) chama de modelo conceitual para abordar a especificidade lógica da história entre as ciências, que igualmente "se opõe à história tradicional, narrativa, de fatos sucessivos" e "procura por ordem no real histórico". Um modelo que não chega ao mesmo resultado do nomológico, e sim a um resultado que "é relativo e parcial, pois o real não se deixa reduzir ao racional", uma vez que "contém sempre uma parte de contingência que perturba a ordem racional dos conceitos". Afinal, se por um lado, com o conceito "o conhecimento histórico sai da esfera das coisas que são vagamente sentidas e intuídas e passa a ser mais análise do que narração", por outro lado, é necessário reconhecer: "As realidades históricas nunca se conformam aos conceitos com os quais se pensa a história. A vida supera a ordem lógica".

No mesmo momento em que parecia ter atingido seu ponto de maior marginalidade na historiografia, o acontecimento, o indivíduo, a política e a narrativa davam sinais de que ensaiavam voltar. Pierre Nora (1977, p. 18) identificava o ressurgimento do acontecimento nas preocupações historiográficas: "Hoje, quando toda a historiografia conquistou a modernidade pelo desvanecimento do acontecimento, pela negação de sua importância e sua dissolução, o acontecimento regressa – um outro acontecimento – e, com ele, talvez, mesmo a possibilidade de uma história propriamente contemporânea".[7] Iniciava-se, então, o trabalho que François Dosse (2013, p. 13) prosseguiu para "tirar o acontecimento de sua insignificância conjecturada pelas ciências humanas" e para examinar a "acessibilidade ao geral por meio da singularidade". Em 1979, em sentido semelhante, Lawrence Stone (2011, p. 16, 35) identificava o retorno da narrativa: "Hoje, muitos historiadores creem que a cultura do grupo e mesmo a vontade individual são agentes causais da mudança potencialmente tão importantes quanto as forças impessoais da produção material e do crescimento demográfico". Para o autor, "a narrativa histórica e a biografia individual mostram fortes evidências de que se erguem mais uma vez dos mortos".[8] No caso da biografia, ela não apenas se ergueu como se expandiu desde então: "As ciências humanas em geral e os historiadores em particular redescobrem as virtudes de um gênero que a razão gostaria de ignorar. A biografia é reivindicada pela musa

7 A 1ª edição francesa foi publicada originalmente em 1974.

8 Por outro lado, buscando dissipar uma confusão entre narrativa e história acontecimental ou política, Prost (2015, p. 214) vê certo abuso em falar de retorno da narrativa: como pode referir-se a qualquer objeto histórico, ela nunca desapareceu.

da história. Derrubado o muro, assistimos a uma verdadeira explosão biográfica que se apossa dos autores e do público num acesso de febre coletiva que dura até hoje" (DOSSE, 2015, p. 16).[9]

O que estava acontecendo com a produção do conhecimento histórico? A partir dos anos 1970 e 1980 ganharam força três fenômenos historiográficos: a consciência de que a escrita da história é uma operação histórica condicionada por um *lugar* de produção e por *procedimentos* próprios (DE CERTEAU, 1977, p. 18); o reconhecimento de que "toda afirmação histórica está associada a um determinado ponto de vista" e que a "velha tríade *lugar*, *tempo* e *pessoa* também está presente na obra do historiador" (KOSELLECK, 2006, p. 161)[10]; e a noção de que "alguma coisa fundamental se inicia quando a história começa a fazer sua própria história" (NORA, 1993, p. 10).[11] Com a historicização da própria produção historiográfica, considerada como objeto da análise histórica, eram fortemente questionadas não apenas a teoria da história de Droysen, ancorada na cientificidade do método de investigação (leis da pesquisa histórica) e que já vinha sendo desconsiderada pela maior parte dos historiadores há algumas décadas; também se colocava em cheque a própria possibilidade do conhecimento histórico ser capaz de acessar a verdade. Se a história-conhecimento, condicionada pela história-vivida do tempo em que realiza a escrita da história, era sempre mutável, já que a mudança histórica, contra todo imobilismo, seria inexorável, então ela jamais poderia alcançar a estabilidade que se pretende para a verdade.

9 A primeira edição francesa deste livro é de 2005 e no prefácio à segunda edição, lançada em 2011, o autor afirmou: "O mínimo que podemos dizer é que nosso diagnóstico do fenômeno da explosão biográfica não deixou de ser confirmado e até ampliado".

10 O capítulo "Ponto de vista, perspectiva e temporalidade – Contribuição à apreensão historiográfica da história", de onde se extraiu esta citação, foi publicado originalmente em KOSELLECK, R. MOMMSEN, W. J.; RÜSEN, J. (orgs.). *Objektivtät und Parteilichkeit in der Geschichtswissenchaft*. Munique (*Beiträge zur Historik*, t.1), 1977.

11 Texto publicado originalmente em *Les lieux de memoire*. Paris: Gallimard, 1984.

Passou-se a questionar se entrava em crise não uma ou outra maneira de se produzir conhecimento histórico, mas a história em si mesma.[12] As aproximações entre história e literatura, entre narrativa histórica e narrativa ficcional, foram gradativamente ganhando proeminência no debate historiográfico, como se atesta pela popularidade alcançada por autores como Hayden White neste início de século XXI.

Diante desta conjuntura na historiografia, na qual as subjetividades parecem dominar a pretensão de objetividade do conhecimento em geral e do conhecimento histórico em particular, Emília Viotti da Costa (1998a, p. 15-9) postulou que "nem a história é o resultado de uma 'ação humana' misteriosa e transcendental, como querem uns, nem os homens e mulheres são fantoches de 'forças' históricas, como querem outros. As ações humanas constituem o ponto em que se revolve momentaneamente a tensão constante entre liberdade e necessidade." Trata-se, portanto, de buscar a análise de um objeto histórico em sua totalidade, desenvolvida a partir da síntese entre conjunturas e estruturas, experiência e determinação, liberdade e necessidade, particularização e generalização, sem ignorar "um princípio dialético básico: o de que homens e mulheres fazem a história, mas não sob condições de sua própria escolha" (COSTA, 1998b, p. 10).[13] Ecos de Marx[14] que, em muito boa hora, insistiram em ressoar.

Certamente, é legítimo questionar se Marx e os marxistas foram realmente capazes de se orientar por tal "princípio dialético básico" nas suas análises históricas e obter resultados com ele condizentes. Afinal, "duvidar de tudo" não era o lema preferido do próprio Marx?[15]

---

12 Sobre os debates em torno da crise da história (ou dos historiadores) a partir do final do século XX, ver José d'Assunção Barros (2010) e Carlos Alvarez Maia (2010).

13 Ver também Emília Viotti da Costa (1990, p. 4).

14 "Os homens fazem sua própria história, mas não a fazem como querem; não a fazem sob circunstâncias de sua escolha e sim sob aquelas com que se defrontam diretamente, legadas e transmitidas pelo passado. A tradição de todas as gerações mortas oprime como um pesadelo o cérebro dos vivos." (MARX, 1997, p. 21)

15 "Quando a filha de Marx pediu ao pai para responder a um questionário organizado por ela e lhe perguntou qual era o lema que ele preferia, Marx respondeu:

Consideremos, portanto, Jayro Gonçalves de Melo (1987, p. 48), para quem Caio Prado Júnior firma pé na "interpretação economicista da história", não superando a determinação econômica. Segundo Hobsbawm (2013, p. 157), uma das desvantagens da economia é "o fato de que ela seleciona como 'econômicos' alguns e apenas alguns aspectos do comportamento humano", enquanto a história "não pode decidir excluir *nenhum* aspecto da história humana *a priori*". Assim, embora ao longo do tempo "os historiadores tenderão a se especializar [...], toda história aspira àquilo que os franceses chamam de 'história total'". Diante da mesma questão e analisando a contribuição teórica de Marx sobre os limites de aplicação dos modelos econômicos, o historiador francês Pierre Vilar (1982a, p. 220-1) concluiu que "se a objetivação do subjetivo existe dentro do econômico", então outros tipos de interesse humano se manifestam também, "entrando em combinação e em luta, numa objetivação nos fatos que constituem simultaneamente a racionalidade e a necessidade da história". Assim, afastando o economicismo, defendia que "tudo o que é humano, no espaço e no tempo, pode passar a fazer parte da análise científica". Para captar o movimento das estruturas e da longa duração, suas mediações com o dinamismo dos eventos e do tempo dos acontecimentos, a própria formulação e aplicação de teorias e modelos econômicos devem ser repensadas. Isto exigiria alguns cuidados: não relegar os fatores "exógenos" que perturbam modelos abstratos, precisamente como "histórico", para o campo do contingente, pois também podem ter sua necessidade interna em um modelo mais complexo; reconhecer que as "leis" econômicas dos clássicos "não são universais nem no espaço nem no tempo" porque vigoram em um contexto técnico, institucional, psicológico "suficientemente estável, é certo, para formar uma 'estrutura', mas *de modo nenhum eterno*"; e considerar que a ciência da dimensão histórica é a ciência destas estruturas, mas "também do seu nascimento, da sua transformação e do seu desaparecimento". Afinal, tomar em consideração o fator tempo "nos põe em guarda contra todo o imobilismo, todo o 'estruturalismo' no sen-

---

'Duvidar de tudo'". (KONDER, 2008, p. 81)

tido restrito do termo" (*Idem*, 1982b, p. 8). Em suma: "As perguntas que interessam ao historiador são *aquelas que o estruturalismo não responde*" (*Idem*, 1977, p. 232).

Podemos dizer, portanto, que o dinamismo das articulações entre os tempos históricos e as durações nos permite acessar a mudança histórica, sempre em contradição com a continuidade histórica. Trata-se de considerar a especificidade da reconstituição do passado realizada na operação historiográfica, que distingue e separa a história, ciência ideográfica, do singular e do particular, das ciências nomotéticas, que se voltam para o universal e a generalização. (NAGEL, 1976, p. 25-6).[16] Neste diálogo entre a história e as ciências conceitualizantes, o problema não escapa ao olhar atento de Fernando Novais e Rogério Forastieri da Silva (2011, p. 29-30). Distinguindo história econômica da economia retrospectiva, eles afirmam que a segunda configura um discurso de grande objetividade e cientificidade em função do alto rigor no recorte do objeto da economia, enquanto a primeira deve utilizar o aparato conceitual fornecido pela economia *historicizando-o*. A comparação entre *História econômica do Brasil* (1945), de Caio Prado Júnior, e *Formação econômica do Brasil* (1959), de Celso Furtado, seria exemplar neste sentido: na obra de historiador, a reconstituição predomina sobre a explicação; na obra de economista, predomina a explicação sobre a reconstituição. Não por acaso, Caio Prado Júnior foi chamado de *economicista* por alegadamente atribuir à esfera econômica da existência a força explicativa sobre as demais esferas (política, cultural, social etc.), um epíteto nunca atribuído a Celso Furtado, pois é inerente à economia retrospectiva não ultrapassar aquela esfera de existência no plano explicativo.

16 O autor alerta, porém, que seria "um erro crasso concluir daqui que os enunciados singulares não desempenham papel algum nas ciências teóricas ou que a investigação história não faça uso de enunciados universais". (*Ibidem*, p. 26).

Caio Prado Júnior e a historiografia

Era uma sexta-feira, 23 de novembro de 1990, 5h30 da manhã, quando, aos 83 anos de idade, Caio Prado Júnior faleceu de insuficiência respiratória, na casa de repouso Morada do Sol, no bairro de Perdizes, em São Paulo. Lá vinha recebendo cuidados intensivos por três semanas depois de ter ficado quarenta dias internado no Hospital Sírio Libanês. Seu corpo foi velado no saguão da Biblioteca Municipal Mário de Andrade e o enterro ocorreu na manhã do sábado no jazigo da família, no Cemitério da Consolação. Neste dia, a *Folha de S. Paulo* trazia em sua seção "Mortes" os anúncios da família, da esposa Maria Cecília Naclério Homem e da editora Brasiliense comunicando o falecimento de Caio Prado Júnior e convidando os leitores para acompanhar o féretro em direção ao cemitério, que sairia da Biblioteca às 10h da manhã (FOLHA, 1990, p. D-4; GIRON, 1990, p. F-1; O ESTADO, 1990, p. 20).

Caio sofria de arteriosclerose cerebral, doença que o acompanhou e progrediu em sua última década de vida. Em 1981, sofreu uma isquemia no cérebro, redundando em necrose de algumas áreas do órgão, o que debilitou sua memória e seu raciocínio. Em julho de 1982, acompanhados do fotógrafo Luiz Alberto França, os professores José Chasin, Antonio Rago, Rosa Maria Vieira e Ester Vaisman tentaram fazer com ele uma entrevista para ser publicada na revista *Nova Escrita/Ensaio*, mas se depararam com um quadro de aguda perda de memória e pensamento confuso. Os entrevistadores mudaram o rumo da conversa e passaram a falar de amenidades. Na mesma época, o sociólogo Ricardo Antunes também havia tentado entrevistá-lo para discutir documentos e artigos publicados no jornal *A Platéa*, mas sem sucesso, pois se deparou com a mesma situação. Francisco Iglesias já havia percebido as dificuldades de Caio Prado em 1980, quando lhe solicitou detalhes e informações bibliográficas para escrever o prefácio do volume dedicado ao intelectual paulista da coleção Grandes Cientistas Sociais, da editora Ática, coordenada por Florestan Fernandes (PERICÁS, 2016, p. 272-5). Na ocasião, Caio Prado Jr. (1980c) lhe respondeu: "Lembrar-me das datas de minhas edições, e mesmo do que escrevi – mesmo em livro, e com muito mais razão em artigos e revistas, às vezes verdadeiros livros – lembrar-me do meu passado como escritor é praticamente impossível, porque exigiria uma pesquisa que não penso realizar".

Diversas homenagens foram rendidas ao autor em seus últimos anos de vida. No dia 1º de março de 1984, ano em que foi comemorado o cinquentenário da USP, uma das salas de aula do Departamento de História da Faculdade de Filosofia, Letras e Ciências Humanas foi batizada com seu nome. Segundo reportagem da *Folha de S. Paulo*, a universidade "se redimiu do equívoco" de nunca ter contado com Caio Prado em seu quadro de professores. Na solenidade, estiveram presentes Florestan Fernandes, Edgard Carone, Fernando Novaes, Simão Matias, Aziz Simão, Carlos Guilherme Mota, Antônio Cândido, Severo Gomes, Eduardo Maffei, Paulo Sérgio Pinheiro, entre outros. O ex-dirigente do Partido Comunista Brasileiro Luis Carlos Prestes e o publicitário Carlito Maia enviaram congratulações. Em retribuição aos elogios e às palavras de reconhecimento Caio Prado (*apud* FOLHA, 1984, p. 23) teve condições apenas de agradecer: "Essas coisas todas que disseram me tocaram muito, é minha vida. Estou muito emocionado". A sala de aula "Caio Prado Júnior" segue sendo a maior do Departamento de História da universidade. Por ocasião do 64º aniversário do PCB no dia 24 de março de 1986, a Assembleia Legislativa de São Paulo sediou um evento promovido pela agremiação, no qual foram homenageados com diplomas os ex-deputados estaduais constituintes eleitos em 1947 e cassados em 1948. Na ocasião estiveram presentes Armando de Mazzo, Catullo Branco, Taibo Cadorniga, Clovis de Oliveira Neto, Lourival Costa Villar, João Sanches Segura, Milton Caires Brito, Zuleika Alambert, Mario Schemberg e Caio Prado Júnior (O ESTADO, 1986, p. 5). Dois anos depois, impossibilitado de receber pessoalmente o Prêmio Almirante Álvaro Alberto para Ciência e Tecnologia, conferido a Prado Jr. pelo ministro da pasta e pelo Conselho Nacional de Pesquisa (CNPq), sua filha, Yolanda "Danda" Prado (1989, p. 41), o representou no evento e fez o discurso de agradecimento: "É com emoção e tristeza que recebo em nome de Caio Prado Júnior – meu pai – esta homenagem. Tristeza por sua ausência, por sua vida atual alienada do mundo que o cerca. Emoção por receber uma homenagem que lhe seria especificamente grata".

Ao jornal *O Estado de S. Paulo*, Jacob Gorender, um dos principais críticos de Caio Prado no interior do marxismo e que havia sido seu companheiro no Presídio Tiradentes em 1970, disse que a obra do autor é "uma verdadeira obra-prima de nossa historiografia, que não pode faltar na biblioteca de nenhum intelectual". Otavio Ianni, que contou com a presença do autor em sua banca examinadora de doutorado, deu depoimento no mesmo sentido: "Junto com o pensamento de Sérgio Buarque de Hollanda, Gilberto Freyre e Oliveira Vianna, suas ideias continuam a demarcar a nossa historiografia" (*apud* O ESTADO, 1990, p. 20).

O primeiro livro de Caio Prado Júnior, *Evolução política do Brasil* (1933), foi comentado à época por Lívio Xavier (2008, p. 305-7), que apesar de apontar seus "defeitos", considerou a obra "revolucionária", pois marxista, e afirmou que "a maior qualidade do livro é dar uma ideia sumária, é verdade, mas concreta em geral, dos fundamentos de classe de certos movimentos populares da história do Brasil, deliberadamente ignorados pela história oficial". No livro, sobretudo nos capítulos que versam sobre estes movimentos, Caio Prado teria alcançado plenamente o objetivo de "repor os fatos históricos em ligação com os fundamentos econômicos", realizando assim "uma tentativa honesta de interpretação econômica da história do Brasil".[17] Antônio de Alcântara Machado (2008, p. 293-8), por sua vez, publicou resenha na qual investia contra a abordagem do livro: criticando os historiadores de então por se aterem à "superfície dos acontecimentos", Caio Prado Jr. considerava algumas passagens da história brasileira como "reflexo exterior" do que se passa no íntimo dessa história. Para Machado, tais acontecimentos não poderiam ser postos de lado, mesmo numa síntese histórica, como a pretendida.[18] Este

17 Publicado originalmente no *Diário da Noite*, em 19 de setembro de 1933.

18 Publicada originalmente no *Diário de São Paulo*, em 13 de outubro de 1933.

debate revela o conflito entre duas correntes historiográficas nos anos 1930: uma que valorizava a narrativa dos acontecimentos políticos e a outra, em ascensão, que valorizava a explicação dos processos econômicos e sociais.

Já *Formação do Brasil Contemporâneo* (1942), considerado um dos livros mais influentes da historiografia brasileira do século XX e que teve grande impacto em diversas áreas das ciências humanas (IUMATTI, 2018, p. 68), foi recebido por Nuno Sant'Ana (1942) como um livro que "prima pelo apuro da descrição e análise dos fatos", podendo a obra ser considerada "sem dúvida, uma das mais completas" já publicadas sobre a história do Brasil colonial. Para José Honório Rodrigues (1970, p. 89), tratava-se de "uma das mais notáveis obras de compreensão do Brasil do início dos oitocentos", um livro que "marca uma fase crítica na história da nossa história".[19] Ainda que não considerasse seu autor um marxista, mas um exemplo de ecletismo (SECCO, 2008a, p. 182), Nelson Werneck Sodré (1967, p. 221) escreveu uma resenha elogiosa quando a obra foi publicada e depois seguiu considerando o livro como o melhor já publicado sobre o período colonial brasileiro.[20]

> Conquanto o acabamento desta obra seja muito superior ao da anterior, apresentando Caio Prado Júnior conhecimento muito mais profundo dos fatores que intervieram na formação

---

19 Publicado originalmente no *Brasil Açucareiro*, em fevereiro de 1943.

20 Há de se considerar que depois das publicações dos anos 1930 e 1940, há uma mudança na obra de Sodré a partir dos anos 1950: "Mais do que o conteúdo, é o método que se desenvolve entre os dois períodos, no sentido de um esclarecimento progressivo dos pressupostos teóricos marxistas e de uma maior articulação dos conceitos com estes pressupostos, refinando-os e compondo um todo mais complexo e coerente." (GRESPAN, 2001, p. 94). A obra de Sodré passaria então a orientar a interpretação pecebista da história brasileira e proporcionar o que foi considerada a "fundamentação marxista do programa nacional-democrático" dos comunistas (MORAES, 2001, p. 25-39), interpretação e programa que seriam posteriormente combatidos por Caio Prado Júnior. Sobre a vida e a obra de Sodré, ver também Cunha e Cabral (2011).

> colonial brasileira, ela representa distanciamento do método adotado naquela. Verifica-se, nesta, a aplicação de critérios ecléticos, algumas vezes acertados, perdendo o conjunto aquilo que o trabalho ganha nos detalhes, na amplitude. Apesar disso, é o melhor trabalho histórico já escrito sobre a fase colonial do Brasil, aquele em que os acontecimentos são melhor situados, em que a análise é mais objetiva, em que são evidentemente coordenados os fatos, as pessoas, o quadro social e o quadro econômico. A colonização lusa é condenada com veemência.

Outro livro de Caio Prado Jr. que obteve grande sucesso editorial, *História econômica do Brasil* (1945), também gerou debates na imprensa do período, sendo elogiosa a maioria dos comentários. Avaliação distinta teve suas obras filosóficas *A dialética do conhecimento* (1952) e *Notas introdutórias à lógica dialética* (1959), que foram recebidas com mais críticas.[21]

Desde os anos 1940, Caio Prado Júnior foi um intelectual consagrado e reconhecido para além dos círculos marxistas. Mas na década de 1960 – quando jovens rebeldes gravitaram em direção ao marxismo e a história alterava decisivamente os marcos teóricos, os aspectos do passado, as fontes e os métodos da historiografia (PALMER, 2008, p. 185; VAN DER LINDEN, 2008, p. 163) –, sobretudo a partir da publicação de *A revolução brasileira* (1966), o autor participou decisivamente do debate em curso na esquerda, que vivia grave crise e buscava respostas para a derrota de 1964. Em função do livro, enquanto ganhava em 1967 o troféu Juca Pato, prêmio de Intelectual do Ano, inúmeros artigos e folhetos foram publicados no período para contestar o marxismo do autor e sua teoria da revolução.[22] Mesmo com a resistência oferecida por boa parte da

---

21 Para um levantamento de resenhas em periódicos de grande circulação, ver Pericás (2016, p. 129, 149-50).

22 Ver, entre outros, Cid Silveira (1966), Cesar Malta (1966), Paulo Cavalcanti (1966), Ruy Fausto (1967) Assis Tavares (1967) e Valter Pomar (1969). Os dois últimos são pseudônimos utilizados, respectivamente, por Marco Antonio Tavares e Wladimir Pomar.

intelectualidade e da militância comunista, não tardaria para sua interpretação da história se tornar hegemônica na historiografia brasileira, fenômeno que se desenvolveu principalmente nas décadas de 1970 e 1980.

Certamente, não foi de Caio Prado a primeira tentativa de interpretação marxista do Brasil, uma vez que foi antecedido por Antônio dos Santos Figueiredo, Leonidas de Rezende, Castro Rebelo, Octávio Brandão, Mário Pedrosa e Lívio Xavier, entre outros.[23] Portanto, não se pode afirmar que Caio Prado tenha sido o "primeiro marxista brasileiro", como faz Bernardo Ricupero (1998). Ainda assim, o alcance de sua interpretação se destaca em relação a seus predecessores. Nos últimos cinquenta anos, ainda que em meio a críticas, ganhou força decisiva a tese do pioneirismo bem-sucedido de Caio Prado na inserção do marxismo na historiografia brasileira, na medida em que as tentativas anteriores não obtiveram resultado tão satisfatório. Nos anos 1960, Emília Viotti da Costa (2010, p. 124) considerava que a historiografia marxista operou uma "verdadeira revolução nas concepções historiográficas tradicionais", sendo que, no Brasil, "o primeiro a realizá-lo foi Caio Prado Júnior".[24] Nilo Odália (1974, p. 49) afirmou que o ele foi o "historiador que praticamente inaugurou a corrente historiográfica marxista no Brasil". No final dos anos 1970 e início dos anos 1980 uma primeira sequência de estudos e textos contribuíram com a formulação da referida tese. Notórios neste sentido são os comentários de Francisco Iglesias (1982, p. 7, 31), que organizou uma coletânea de textos do autor e escreveu introdução na qual afirmou que as tentativas anteriores à dele eram débeis na aplicação do marxismo na historiografia brasileira; e de Carlos Guilherme Mota (1977, p. 28), que afirmou ter sido *Evolução política do Brasil* (1933) a obra em que as classes sociais emergiram "pela primeira vez nos hori-

23 Para uma análise crítica do marxismo de Figueiredo, Resende, Rebelo e Brandão, ver Konder (2009, p. 177-206). Sobre Otávio Brandão, ver Lacerda (2017) e Bianchi (2012). Sobre Mário Pedrosa, Lívio Xavier e demais membros da primeira geração de trotskistas no Brasil ver Karepovs, Marques e Löwy (2007).

24 Artigo publicado originalmente em *Anais do Museu Paulista*, v. XXI, São Paulo, 1967, como desenvolvimento de uma conferência pronunciada em 1963.

zontes de explicação da realidade social brasileira – enquanto categoria analítica". A respeito deste livro, Nelson Werneck Sodré (1967, p. 221, grifos nossos) já havia afirmado:

> O *primeiro* ensaio de aplicação do materialismo histórico ao caso brasileiro, com as deficiências naturais da iniciativa *pioneira* e o caráter demasiado sumário que apresenta. Mostra, entretanto, e nisso está o mérito principal da obra, o caráter frágil e rotineiro dos trabalhos consagrados, a necessidade de ampla e profunda revisão na história do nosso país, e a importância muito maior do mérito do que da pesquisa de fontes.

Os debates prosseguiram nos anos 1980, eivados de polêmicas. De um lado, Fernando Novais (1986, p. 16-25) considerou *Formação do Brasil contemporâneo* (1942) um exemplo bem sucedido na prática da dialética e colocava Caio Prado Júnior ao lado de José Carlos Mariátegui como precursores de uma revitalização e refinamento do marxismo na América Latina e como exceções em uma fase dominada pelo esquematismo e o dogmatismo.[25] De outro lado, como vimos, Jayro Gonçalves de Melo (1987, p. 48) disse que o autor firma pé na "interpretação economicista da história", não superando a determinação econômica. Já Guido Mantega (1984, p. 236-61), apesar de endossar a ideia do pioneirismo bem-sucedido do autor na aplicação do marxismo ao caso brasileiro, desenvolve a crítica feita anteriormente por Braz José de Araújo (1977) à interpretação caiopradeana das relações de produção no campo por equiparar a parceria ao assalariamento. No final dos anos 1980, Jacob Gorender (1989, p. 264) lembrou que já havia feito crítica semelhante quando participou dos debates suscitados pela obra *A revolução brasileira* (1966): "Com relação à parceria, já na época discordei que se tratasse de uma forma de assalariamento".

---

25 Novos estudos comparados desenvolveram esta aproximação de Novais entre o brasileiro e o peruano.

Momento importante da análise crítica do marxismo e da obra do autor veio neste período de fins dos anos 1980. Primeiro, com a realização da "Jornada de estudos Caio Prado Júnior", na II Jornada de Ciências Sociais da Universidade Estadual Paulista (Unesp) em Marília (SP), nos dias 26 a 28 de maio de 1988. Os trabalhos apresentados foram reunidos e publicados no livro *História e ideal: ensaios sobre Caio Prado Júnior* (1989). Apesar de uma série de comentários críticos, como o de Gorender, nele predominam as avaliações que corroboram o sucesso do marxismo de Caio Prado na interpretação da realidade histórica brasileira, como a de Maria Odila Leite da Silva Dias (1989, p. 379, grifo nosso):

> No plano mais amplo da historiografia marxista, a sua foi em vários sentidos uma obra *pioneira* pelo grau de elaboração do processo dialético, cuidadosamente trabalhado na perspectiva histórica de análise das conjunturas regionais do Brasil. Por isso atingiu em 1942, justamente por conciliar a interpretação marxista com a diversidade nacional, um nível de concretude e de sofisticação de método, que somente vinte anos depois começou a encontrar similares nas obras de Pierre Vilar, Albert Soboul, Eric Hobsbawm e outros. O livro de Eric Williams, publicado em 1943, ressentiu-se de um certo esquematismo conceitual usual na época – que a obra de Caio Prado Júnior já ultrapassara.[26]

26 A autora se refere ao livro *Capitalismo e escravidão*, cuja primeira edição em inglês foi publicada pela University of North Carolina Press em 1944, na verdade. Em outra direção, Rafael Marquese (2012, p. 15) ressaltou as proximidades entre os trabalhos de Caio Prado e de Eric Williams: "Não obstante suas diferenças, ambos os livros apresentavam vários pontos em comum: a importância conferida às economias das regiões tropicais do Novo Mundo para a formação do capitalismo europeu, o peso decisivo da escravidão negra nelas, os impactos negativos da herança colonial escravista para as formações nacionais no Caribe e na América Latina".

Depois, o falecimento de Caio Prado Júnior no dia 24 de novembro de 1990 ensejou diversas homenagens. Entre elas, a do economista Pedro Cezar Dutra da Fonseca (1990, p. 152) na abertura da sessão solene do 18º Encontro da Associação Nacional dos Centros de Pós-graduação em Economia (Anpec), corroborando com a ideia de que em seu livro de 1933 o materialismo histórico foi "por primeira vez empregado no estudo da formação social brasileira". Ainda que se possa considerar a mais bem-sucedida até então, Caio Prado Jr., como vimos, não empreendeu a primeira tentativa de empregar do materialismo histórico na interpretação do Brasil.

O período compreendido entre os anos 1960 e o final dos anos 1980 pode ser considerado a primeira fase da afirmação de Caio Prado Júnior como bem-sucedido pioneiro e original intérprete marxista da história brasileira, mas não sem apontamentos críticos de seus limites e problemas. Ao mesmo tempo, acompanhado da crítica ao economicismo, observa-se na historiografia dos anos 1980 "um desvio gradual da necessidade para a liberdade". Operou-se uma inversão completa: "A consciência era novamente vista como determinadora do ser social, em vez do contrário" (COSTA, 1998b, p. 10). Vivia-se uma nova conjuntura historiográfica: "Enquanto no passado os historiadores falavam em estruturas, agora falam de experiência" (*Idem*, 1990, p. 4). Com a ascensão do pós-estruturalismo, do pós-modernismo, o fortalecimento da Nova História e a intensificação da crise do marxismo, a historiografia marxista em geral e a caiopradeana em particular refluiu. As teses de doutorado de João Luís Fragoso (1990) e Manolo Florentino (1991), publicadas em livro dois anos depois da defesa, e o livro que publicaram em coautoria, *O arcaísmo como projeto* (1993), são trabalhos em que os autores refutam o "sentido da colonização" de Caio Prado Júnior por considerá-lo teleológico e buscam uma explicação alternativa para a formação social brasileira.[27]

No mesmo período, Luis Felipe de Alencastro (1992) publicou "O aprendizado da colonização", artigo no qual, ainda que de modo implí-

27 Sobre a polêmica entre estas perspectivas historiográficas ver João Paulo A. de Souza (2008).

cito, contrapunha à noção que enfatiza as estruturas nas quais as particularidades se constituem na longa duração (sentido) outra noção que remetia às experiências dos sujeitos envolvidos no processo de colonização na curta ou média duração (aprendizado). Nem por isso, entretanto, o autor descuida das estruturas e da longa duração. Versão modificada deste artigo constitui o primeiro capítulo de sua tese de livre-docência publicada em livro, *O trato dos viventes* (2000).

> O livro, no fundo, é sobre a questão do trabalho e seus desdobramentos políticos, sociais e culturais. Na realidade, eu procurei elaborar um eixo de interpretação da História do Brasil a partir da organização do mercado de trabalho. Assim posso cobrir o período que vai de 1550 a 1950: vem o tráfico negreiro, depois acaba o tráfico em 1850 e engata a imigração, termina a imigração em 1940 e engata a legislação trabalhista, quando o mercado de trabalho se territorializa de vez (ALENCASTRO, 2002, p. 252).

Ilustrativo a respeito do referido refluxo da obra de Caio Prado Júnior é o comentário de Bernardo Ricupero (1998, p. 66): em meados dos anos 1990, quando dizia a algumas pessoas que pretendia escrever sua dissertação de mestrado sobre o autor, "boa parte delas mal conseguiam disfarçar sua estranheza", talvez porque em alguns círculos o autor era visto "como alguém que teve sua importância, mas que é de certa forma datado". Certamente, cabe questionar se existe algo que não é datado, atemporal, imune ao tempo. De qualquer modo, o episódio ilustra a posição da obra de Caio Prado Júnior nos meios universitários daquele momento.

A ascensão da crítica à historiografia caiopradeana parece ter instigado alguns pesquisadores, sobretudo de São Paulo, a revisitar o clássico – como quem desejasse verificar se nesta tentativa de sucessão de escolas historiográficas, com a mais recente buscando se afirmar em detrimento da anterior, não teria havido reduções, simplificações ou deformações do conteúdo daquela que pretende ultrapassar (NOVAIS; SILVA, 2011, p. 12). Teve início, assim, na virada do século XXI, a segunda fase daquele processo de reafirmação da historiografia caiopradeana, que, não sem resistências, segue até os dias atuais. Enquanto a primeira fase é caracterizada por ensaios de menor fôlego, mas não necessariamente de menor densidade, a segunda fase tem a marca dos estudos sistemáticos, de maior volume, extensão e alcance – fenômeno notado por Carlos Nelson Coutinho (2000, p. 21): "Dez anos após sua morte, podemos dizer que Caio Prado Júnior começou efetivamente a ser estudado entre nós". Neste momento, vieram à luz os trabalhos de Raimundo Santos (2001), Bernardo Ricupero (2000), Paulo Henrique Martinez (2008)[28], Marcia R. Victoriano (2001), Paulo Teixeira Iumatti (1998; 2007)[29] e Rubem Murilo Leão Rêgo (2000), levando a discussão a um novo patamar.

Para observar a evolução da produção bibliográfica sobre Caio Prado Júnior publicada no Brasil entre 1980 e 2019, reunimos uma amostra de 154 itens: 72 artigos, 24 livros, 34 teses e dissertações e 24 capítulos, apresentações, prefácios e posfácios de livros.[30] Observa-se três ondas de proficuidade na produção bibliográfica em geral: a primeira entre 1987 e 1994; a segunda entre 1998 e 2003; e a terceira entre 2007 e 2018 (Gráfico

---

28 Livro originado de tese de doutorado defendida em 1999.

29 Livro originado de tese de doutorado defendida em 2001.

30 Na amostra, não foram reunidos trabalhos que apenas citam, comentam ou se apoiam no autor em maior ou menor extensão, mas sim aqueles que tomam Caio Prado Júnior e sua obra como objeto privilegiado da análise, incluídos os estudos comparados de sua obra com a de outros autores e excluídas as resenhas de livros do autor e sobre o autor. Teses e dissertações publicadas foram incorporadas apenas na categoria "livros" na respectiva data de publicação. Livros sobre Caio Prado escritos por vários autores foram contabilizados no grupo "livros", não sendo contabilizados, portanto, cada um de seus capítulos. Capítulos publicados em livros sobre outros assuntos, mas que tomam o autor e sua obra como objeto da análise, foram incluídos no grupo que reúne capítulos, apresentações, prefácios e posfácios. Trabalhos publicados mais de uma vez em diferentes meios contam apenas pela sua publicação original. As comunicações, depoimentos e entrevistas não foram incluídos nesta amostra, a não ser que tenham sido publicados como artigos de periódico ou como capítulos, apresentações, prefácios ou posfácios de livros. Artigos e entrevistas publicados em periódicos de grande circulação não foram incluídos. Os trabalhos da amostra constam em nossa bibliografia.

1). Em periodicidade elas se assemelham, ocorrendo aproximadamente a cada dez anos. Em extensão, enquanto as duas primeiras duram oito e sete anos, respectivamente, a terceira se prolonga por cerca de onze anos. Em volume, comparando-se o da primeira ao das duas seguintes, especialmente ao da terceira, torna-se notório que a produção bibliográfica sobre Caio Prado Júnior entra em nova fase a partir do final dos anos 1990 – inclusive porque não apenas artigos, como também trabalhos de maior extensão e profundidade (dissertações, teses e livros) passam a ser produzidos com mais frequência e profusão (Gráfico 2): de 1980 a 1999, foram publicados 4 livros e defendidas 5 teses e dissertações, enquanto o número aumenta para 20 livros e 28 teses e dissertações entre 2000 e 2019 (Tabela 1).

Gráfico 1

Bibliografia sobre Caio Prado Júnior no Brasil (1980-2019)

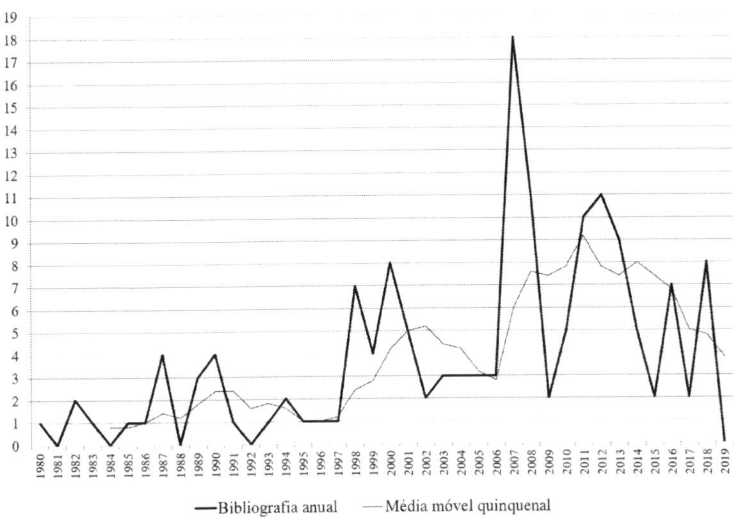

Fonte: elaboração própria

Gráfico 2
Bibliografia sobre Caio Prado Júnior no Brasil, por tipo (1980-2019)

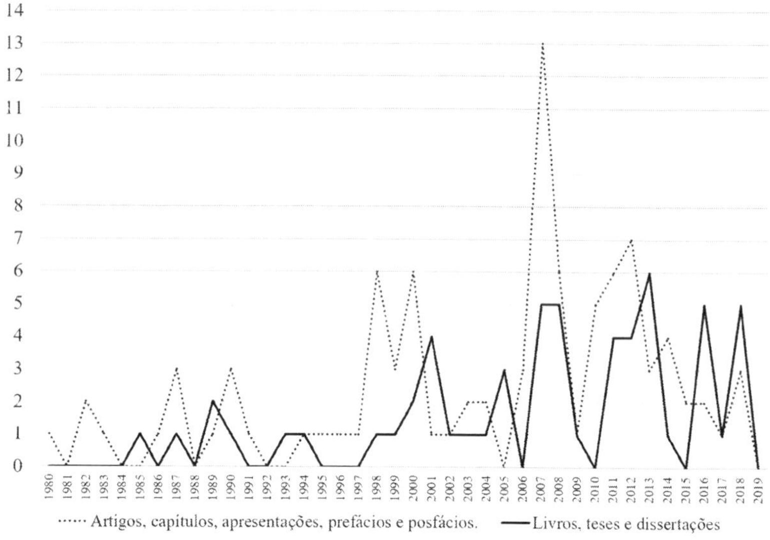

Fonte: elaboração própria

Tabela 1
Bibliografia sobre Caio Prado Júnior no Brasil, por tipo (1980-2018)

	Livros	Teses e dissertações	Capítulos, apresentações, prefácios e posfácios de livros	Artigos	TOTAL
1980-1984	0	0	1	3	4
1985-1989	2	2	2	3	9
1990-1994	0	3	0	5	8
1995-1999	2	0	3	9	14
2000-2004	5	4	6	6	21
2005-2009	7	7	2	21	37
2010-2014	5	10	9	16	40
2015-2019	3	8	1	9	20
TOTAL	24	34	24	72	154

Fonte: elaboração própria

O ano de 2007 se destaca: em função do centenário do nascimento do autor, a produção aumentou significativamente, podendo a efeméride ser considerada, possivelmente, um dos fatores responsáveis por estimular um novo aumento da bibliografia poucos anos depois, entre 2011 e 2013. Acompanhando esta tendência, os trabalhos do gênero biográfico também se concentram no período mais recente. Ademais, as próprias condições de pesquisa melhoraram: mais bibliografia e mais fontes disponíveis. Com a distribuição por tipo de trabalho publicado a cada quinquênio, é possível verificar que só o decênio entre 2005 e 2014 concentra 50% da amostra coletada para um intervalo de quarenta anos, o que atesta a recente renovação do interesse pelo autor e sua obra. Neste período, vieram à luz 50% das teses e dissertações, 50% dos livros, 51,3% dos artigos e 45,8% dos capítulos, apresentações, prefácios e posfácios de livros. Uma parte importante dos itens reunidos nesta última categoria foi publicada pela Companhia das Letras juntamente às reedições de obras do autor: *Formação do Brasil contemporâneo* (2011), *Evolução política do Brasil e outros estudos* (2012) e, num só volume, *A revolução brasileira* e *A questão agrária no Brasil* (2014). Se esta conhecida editora adquiriu da Brasiliense e dos herdeiros de Caio Prado Júnior os direitos autorais para relançar estes livros no mercado editorial, é porque já havia indícios suficientes da existência de um público leitor em expansão. Quanto ao fato de que os artigos são a maior categoria, compondo 45,6% do total, talvez isso tenha menos a dizer a respeito da produção bibliográfica sobre Caio Prado Júnior em particular do que sobre a produção bibliográfica em geral.

Nesta nova fase, as polêmicas em torno do marxismo do autor voltaram a ganhar maior contorno político, tornando-se mais evidente que não há consenso de que Caio Prado tenha se desvencilhado daquilo que foi considerado por Gildo Marçal Brandão (1997, p. 195-230) como "marxismo de matriz comunista". De um lado, Lincoln Secco (2007; 2008a; 2010), André Kaysel (2012a) e outros, apesar de não negarem as proximidades entre o autor e a tradição do marxismo-leninismo, destacam e colocam no centro da discussão as suas diferenças e o papel seminal que cumpriu na sofisticação do marxismo latinoamericano. De outro, há quem considere que sua obra representa "a derrota do marxismo no Brasil", como faz João Alberto da Costa Pinto (2007; 2013), que chega ao extremo de incluir o autor na mesma linhagem do "nacionalismo corporativista" de Oliveira Viana e Alberto Costa.[31] Por sua vez, Daniel A. Alfonso (2008) defende a tese de que o autor contribuiu para o surgimento do "marxismo reformista no Brasil". As controvérsias em torno do marxismo caiopradeano são tamanhas que enquanto alguns intérpretes, como João Alberto, o tratam como stalinista, outros, como Felipe Demier (2007), encontram pontos de contato entre a obra do brasileiro e o pensamento do russo Leon Trotsky, o mais destacado opositor marxista de Stálin.

Contudo, Caio Prado Júnior e sua obra circulavam não apenas entre historiadores e militantes de esquerda, mas também em ambientes nos quais predominavam economistas liberais, como o Conselho Técnico da Confederação Nacional do Comércio (CNC), ao qual foi convidado a compor em 1956 para debater os "problemas nacionais" ao lado de nomes como Eugênio Gudin, Otávio Gouveia de Bulhões, Roberto Campos e San Thiago Dantas, para citar apenas alguns dos mais conhecidos.[32] Porém, não nos enganemos: a amplitude das relações e canais de diálogo

31 Apesar de considerarmos um exagero inserir Caio Prado na referida linhagem, não se pode negar pontos de contato do autor com Oliveira Viana. A esse respeito, ver Abaurre Gnerre (2006).

32 Participavam também: Gustavo Corção, Edmundo Macedo Soares e Silva, Glycon de Paiva, Seabra Fagundes, Temístocles Cavalcanti, Silvio Fróes de Abreu, Carlos Medeiros Silva, Adroaldo Junqueira Aires, Hermes Lima, Luiz Simões Lopes, Antonio Camilo de Oliveira, Antonia Viana de Souza, Dario de Almeida Magalhães, Edmundo Barbosa da Silva, José Augusto Bezerra de Medeiros, Manoel Azevedo Leão e Marcial Dias Pequeno (MACHADO NETO, 1956). Ao final do biênio 1957-1958, Prado Jr. recebeu agradecimentos polidos e elogiosos de Machado Neto pelo "nobre teor de sua contribuição aos nossos trabalhos" e pela "colaboração de tão alta categoria" ao término do referido período (MACHADO NETO, 1958). Na *Carta Mensal*, órgão do Conselho Técnico da CNC, o nome de Caio Prado Júnior consta como integrante entre janeiro de 1957 e agosto de 1961.

de Caio Prado não implicava concessões ideológicas. Segundo Florestan Fernandes (1989, p. 30), com quem mantinha relação de amizade, "ele não se vergava e não quebrava", mesmo sem sectarismos, sem corresponder a barreiras intelectuais e convivendo com o pluralismo político e teórico. A recíproca no tratamento não necessariamente é verdadeira, o que nos leva a questionar qual é a percepção sobre a contribuição do marxismo e de Caio Prado Júnior ao pensamento econômico brasileiro.

Caio Prado Júnior e o pensamento econômico brasileiro

Heitor Ferreira Lima (1976a, p. 3-4) afirma que, no Brasil, o marxismo não desempenhou o papel por ele representado na Europa para o pensamento econômico, onde surgiu contrapondo-se ao capitalismo, fenômeno então essencialmente europeu, enquanto as colônias e a periferia, especialmente a América Latina, ficavam em segundo plano e "sendo sempre encarada globalizadamente, sem consideração pelas suas peculiaridades". Somente após a Segunda Guerra Mundial o estudo da problemática brasileira no campo econômico teria recebido a contribuição marxista, mas ainda assim de modo incipiente e muitas vezes confundindo-se "com as aspirações da burguesia em seus anseios de crescimento e independência nacional". Apesar de ressaltar a existência de "contribuições individuais apreciáveis, que não podem ser menosprezadas", Lima não cita nenhuma.

Em sentido semelhante, Maurício Chalfin Coutinho (2001, p. 35) afirma ser possível "sustentar que a economia política marxista não exerceu um impacto decisivo no pensamento econômico brasileiro", uma vez que, "com raras exceções, a obra dos economistas assumidamente marxistas permaneceu imersa no caudal do desenvolvimentismo, raramente se distinguindo e/ou estabelecendo argumentos originais". Afinal, não haveria distinção marcante entre os autores marxistas e os demais. Pelo fato de o marxismo ser uma doutrina orientada para a ação e caracterizada, sobretudo, pela "existência de uma moldura partidária", seus adeptos não teriam se desvencilhado das contingências da luta política e das propostas de transformação social, mantendo-se pautados pelas vicissitudes do movimento comunista e disputas internas na esquerda. Por outro lado, em certa medida, isso os aproximaria dos "mais proeminentes economistas brasileiros", cujas principais características seriam a atenção dada aos problemas do desenvolvimento nacional e certo pragmatismo na reflexão, ou seja, pela importância dada às circunstâncias políticas.

Porém, com isso ainda não se elucida a declarada imersão dos marxistas no interior do pensamento desenvolvimentista. Basta dizer que os chamados monetaristas eram tão ou mais pragmáticos que os desenvolvimentistas, mas nem por isso podemos considerar que se assemelhassem. A explicação deve se deslocar, portanto, ao conteúdo das propostas. Neste quesito, o autor afirma que, com poucas exceções, tanto os economistas de esquerda quanto os desenvolvimentistas assumiam o programa de "reformas estruturais" e as explicações estruturalistas da inflação. Ademais, marxistas e socialistas também teriam adotado "sem maiores problemas" as análises da Comissão Econômica para a América Latina (CEPAL), da Organização das Nações Unidas (ONU), por considerarem que estas trariam substância a um programa de esquerda ao defenderem os capitais nacionais e lutarem contra um arcaísmo no meio rural. Contudo, estas são características peculiares do marxismo brasileiro predominante entre os anos 1930 e meados dos anos 1960. Nas décadas seguintes, entre as principais críticas ao pensamento desenvolvimentista e cepalino estariam aquelas formuladas por marxistas, mas elas não passarim de "raras exceções relevantes" (COUTINHO, 2001, p. 35-6).

Neste ponto, há uma evidente aproximação entre Mauricio Chalfin Coutinho (2001, p. 36) e Ricardo Bielschowsky. Enquanto o primeiro afirma que a participação do marxismo no pensamento social brasileiro "não chegou a se estender ao território da Economia" e pouco teria penetrado nos ramos da Economia Geral e Aplicada[33], o segundo considera que até mesmo entre os membros da corrente de pensamento que ele denominou como socialista, "o uso da própria economia marxista

33 *Ibid.*, p. 36.

foi limitado". Para Bielschowsky (2000, p. 182-3, grifos nossos) mesmo quando faziam uso de conceitos marxistas, "o contexto em que são usados tinha, porém, uma remota relação com o âmbito analítico próprio da teoria econômica marxista". Aliás, a rigor, seria mesmo "difícil, no caso dos socialistas, falar em teoria econômica subjacente às análises", pois "*toda* sua reflexão se fazia a partir da perspectiva revolucionária discutida e definida pelo Partido Comunista Brasileiro [...], *toda* a reflexão econômica da corrente socialista está subordinada e mesmo sobredeterminada pela discussão interna no partido a respeito de sua tática revolucionária e de sua plataforma de lutas sociais". A princípio, o autor parece não abrir margem nem para a existência de exceções no período de 1930 e 1964, em que estudou o chamado ciclo ideológico do desenvolvimentismo. Na verdade, porém, reconhece que as obras *História Econômica do Brasil* (1945), de Caio Prado Jr., *Capitais estrangeiros no Brasil* (1959), de Aristóteles Moura, e *Inflação e monopólio no Brasil* (1963), de Alberto Passos Guimarães, significaram momentos de destaque do pensamento econômico dos marxistas brasileiros (*Ibidem*, p. 185-200).

Essa tendência a diminuir a contribuição do marxismo no pensamento econômico brasileiro talvez decorra de uma hipótese levantada por Mantega (2002, p. 147-8), sendo a qual "o marxismo nunca foi aplicado de forma pura, mas mesclou-se com outras doutrinas e correntes de interpretação mais próximas, para dar conta de um objeto de análise – a realidade brasileira – que não se enquadrava imediatamente no figurino dessa teoria, formulada para analisar o capitalismo pioneiro da Inglaterra, Franca e Alemanha". Somadas às lacunas deixadas pelos fundadores e os primeiros adeptos do materialismo histórico-dialético, esta suposta inadequação teria obrigado os marxistas brasileiros e latino-americanos a "recorrer a autores como Keynes, Schumpeter, Kalecki e outros expoentes da Economia política para esmiuçar a dinâmica dos países de capitalismo retardatário." Assim, o pensamento materialista da esquerda brasileira teria sido forjado em um contexto de assimilação recíproca, abrangendo o marxismo, o keynesianismo, passando pela CEPAL e por vários autores não alinhados com a ortodoxia liberal. Esta hipótese parece plausível, mas se equivoca em um aspecto fundamental: tal ecletismo decorre não de uma inadequação da teoria marxista para analisar realidades diferentes daquelas para as quais Marx olhava, mas era produto das leituras dessa *teoria* que tentavam dela extrair *modelos*, ao invés de assimilar seu método de análise de realidades singulares. Ainda assim, Mantega (2002, p. 147) afirmou categoricamente que a "economia política marxista exerceu uma influência decisiva na constituição do pensamento econômico brasileiro", uma vez que entre "os pensadores que mais contribuíram para a formação de uma economia política crítica no Brasil destacam-se os representantes da esquerda marxista brasileira", especialmente Caio Prado Júnior:

> Se quisermos estabelecer um marco inicial para assinalar o advento da análise marxista da economia brasileira, adotaríamos, sem muita controvérsia, os três trabalhos publicados por Caio Prado Jr. entre 1933 e 1945, os quais representaram a primeira tentativa bem sucedida de aplicação do materialismo histórico ao caso brasileiro (*Idem*, 1984, p. 134).

Para este autor, das "três principais correntes do pensamento econômico brasileiro em sua primeira fase", que compreenderia o período entre os anos 1950 e início da década de 1970[34], duas são de inspiração marxista: o modelo democrático-burguês, representado principalmente pelas opiniões do PCB e seus intelectuais, e o modelo do subdesenvolvimento capitalista, na qual estariam inseridos Rui Mauro Marini, André Gunder Frank e Caio Prado Jr. A terceira corrente é a que Mantega denominou como representante do modelo de substituição de importações, na qual se inserem Celso Furtado, Ignácio Rangel e seus "herdeiros"

34 Sobre a existência de um pensamento econômico brasileiro desde pelo menos o século XIX, ver Daniel do Val Consentino, Roberto Pereira Silva e Thiago Fontelas Rosado Gambi (2019); João Antônio de Paula (2017).

(Maria da Conceição Tavares, Paul Singer e Luiz Carlos Bresser Pereira), que estariam sob influência direta das ideias da CEPAL (*Ibidem*, p. 20).

Apesar de também relacionar o pensamento de marxistas com sua filiação às correntes políticas e suas respectivas organizações – a III Internacional, vinculada ao pensamento de Lênin conforme a interpretação stalinista, e a IV Internacional, associada à Trotsky –, o autor dá destaque ao que existe de original nas formulações do modelo do subdesenvolvimento capitalista que os afastam tanto do desenvolvimentismo de inspiração cepalina quanto da orientação difundida pelo PCB. Não por acaso, na análise de Mantega e Maria Moraes (s/d), pensadores marxistas aparecem como protagonistas de uma discussão realizada entre 1964 e 1975, na qual se buscava novas interpretações para explicar a realidade econômica em rápida transformação e travavam-se duras polêmicas entre os representantes de diferentes correntes do pensamento econômico.

Trabalhamos com a hipótese de que as conclusões distintas sobre a contribuição do marxismo no pensamento econômico brasileiro se relacionam com três fatores. Primeiro, a falta de parâmetros precisos e compartilhados entre os autores para definir o grau da influência exercida pela economia política marxista no Brasil. Para uns, o critério mais adequado é a contribuição dada em termos de ciência econômica, ou sua dimensão analítica. Para outros, trata-se de saber a influência concreta que o pensamento econômico exercera na economia, ou sua dimensão normativa. O segundo fator diz respeito ao recorte temporal adotado, uma vez que a presença de marxistas com contribuições marcantes se concentra, sobretudo, a partir dos anos 1960. Assim, quando a ênfase é dada ao período entre 1930 e 1964, em geral predominam as avaliações sobre o pequeno peso do marxismo no pensamento econômico brasileiro. Quando, porém, a ênfase recai no período iniciado nos anos 1960, as análises ressaltam maior participação do marxismo na economia política brasileira. Note-se, ademais, que para Guido Mantega (2002, p. 160) a organização do atualmente famoso grupo de intelectuais em São Paulo, em 1958, para o estudo sistemático de *O Capital* e obras correlatas, constitui um passo decisivo para a consolidação do marxismo no Brasil em direção a uma análise materialista e dialética da sociedade brasileira.[35] Segundo Ricupero (2000, p. 10), é com o marxismo uspiano que passa a existir um marxismo brasileiro, pois os intelectuais marxistas vinculados a esta universidade teriam sido capazes de formular, nas décadas de 1950 e 1960, uma explicação do Brasil. Já Fernando Novais (2005, p. 293) afirmou que:

> (...) a discussão e a crítica das formulações da CEPAL parecem ter levado a uma revitalização do marxismo, passando-se de uma concepção um tanto tosca para uma visão mais aberta e refinada. Nesse sentido, poder-se-ia sugerir que o 'pensamento cepalino' se situa em face do marxismo latino-americano como, *mutatis mutandis*, a economia política clássica estava para a gênese do marxismo (2005, p. 293).

O terceiro fator é o lugar ocupado por Caio Prado nas análises que estes autores empreendem sobre o assunto. Como Prado Júnior tem expressiva produção intelectual anterior ao período de concentração de trabalhos marxistas mais significativos e como se trata de uma importante referência para aqueles que, entre os marxistas, reformularam as problemáticas, análises e propostas para a realidade econômica e social do país, a posição que ocupa no pensamento econômico brasileiro segundo cada autor pode indicar a maior ou menor importância que atribuem ao marxismo.

Assim, apesar de Mantega e Bielchoswky sugerirem que o agrupamento dos marxistas em correntes de pensamento econômico está vinculado à filiação de cada autor às correntes políticas do marxismo, extraem daí conclusões diferentes em relação à posição ocupada por Caio Prado Jr. Enquanto Bielschowsky o inclui na corrente que denominou de socialista, junto com os pensadores alinhados com a política oficial

---

35 A importância do grupo e seus seminários para o marxismo e a formação da intelectualidade brasileira foi relembrada no debate "Sobre os estudos d'*O capital* no Brasil" realizado em São Paulo no dia 22 de março de 2013, reunindo alguns de seus participantes (Roberto Schwarz, José Arthur Gianotti, João Quartim de Moraes e Emir Sader) e cuja transcrição foi publicada em livro (SCHWARZ *et. al.*, 2017).

do PCB, Mantega o afasta do correspondente modelo democrático-burguês, inserindo-o, como já foi dito, entre os partidários do modelo de subdesenvolvimento capitalista, que teria operado uma ruptura com a interpretação pecebista. Chalfim Coutinho (2001, p. 37-45), por sua vez, apesar de inserir o autor entre as "raras exceções" de pensamento original no marxismo, considerando sua iniciativa como "exemplar", afirma que "os estudos marxistas sobre o desenvolvimento econômico sofreram pouca influência da pesquisa histórica inspirada no marxismo". Para ele, teria sido "somente ao final da década de 1970, e por meio de uma nova onda de estudos sobre a escravidão, que houve uma penetração marcante da perspectiva marxista na investigação histórica", referindo-se aos trabalhos de Ciro Flamarion Cardoso, Fernando Novais e Jacob Gorender. Ademais, os "estudos que abordam o desenvolvimento econômico brasileiro a partir de uma perspectiva marxista surgiram, rigorosamente, em contraposição ao modelo estruturalista de desenvolvimento econômico". Esta consideração o leva a afirmar que o livro *Formação Econômica do Brasil* (1959), de Celso Furtado, influenciou "decisivamente a reflexão marxista dos anos 70", enquanto silencia a respeito da influência de Caio Prado Júnior no florescimento da crítica ao estruturalismo cepalino e ao modelo de substituição de importações, além de negligenciar a presença de sua obra na formação dos pensadores que ele mesmo considera como responsáveis pelos novos "estudos de desenvolvimento econômico influenciados pelo marxismo": Sérgio Silva, João Manuel Cardoso de Mello, Chico de Oliveira, Paul Singer, entre outros. Quando dá algum destaque a Caio Prado Jr., Coutinho limita-se ao tema da questão agrária.

Visto isso, consideramos que Mantega é quem dá mais ênfase à contribuição do marxismo à economia política brasileira, precisamente por ter visualizado o que existe de original no pensamento de Caio Prado Jr., bem como seus vínculos com a geração posterior de marxistas que assimilou e buscou superar dialeticamente suas teses sobre a relação entre as particularidades da formação histórica brasileira com o tipo de desenvolvimento capitalista que aqui se processou. No entanto, não corroboramos com a inserção de Prado Jr. no chamado modelo do subdesenvolvimento capitalista. As diferenças que ele mesmo ressaltou são suficientes para distanciá-lo do grupo:

> A contribuição de Caio Prado Jr. para o Modelo de Subdesenvolvimento Capitalista foi decisiva por ter fornecido uma extensa e minuciosa análise das relações de produção na agricultura brasileira desde os tempos da colônia até a época contemporânea, fundamentando a concepção de capitalismo colonial subdesenvolvido de Frank e Marini. Porém, a despeito disso, Prado Jr., manteve profundas divergências quanto ao rumo das transformações político-econômicas professadas por esses autores. Assim, embora crítico ardoroso da tese feudal e pioneiro na caracterização de um Brasil mercantil e capitalista desde os tempos de colônia, discordava de que o próximo passo da sociedade brasileira fosse uma revolução socialista, como supunham Frank e Marini. (MANTEGA, 1984, p. 236)

É justo registrar, porém, que tal procedimento, se não permitiu destacar o pensamento caiopradeano em sua singularidade, pelo menos contribuiu para evitar que ele fosse imerso acriticamente seja no desenvolvimentismo, seja na matriz clássica do PCB.

Caio Prado Júnior e a economia política

Inúmeros autores realizaram ricos e interessantes debates em torno do uso que Caio Prado Júnior fazia de conceitos formulados pela economia política, como circulação, produção, modo de produção, consumo, demanda e mercado interno. As interpretações mais recorrentes e influentes são aquelas que conferem à esfera da circulação a principal chave explicativa para a formação histórica do Brasil na obra de Caio Prado Jr., sendo menos frequentes as teses que defendem que o autor conferisse à produção o dinamismo que condiciona a economia do país. Afinal, em diferentes momentos, o próprio autor deixou explicita sua compreensão sobre o assunto, sem ambiguidades, deixando pouca ou nenhuma margem para interpretações distintas. Por isso, é também muito recorrente a citação de uma passagem de *Formação do Brasil contemporâneo* (1942) quando se debate criticamente a abordagem caiopradeana a respeito da prioridade dada à esfera da circulação: "A análise da estrutura comercial de um país revela *sempre*, melhor que a de qualquer um dos setores particulares da produção, o caráter de uma economia, sua natureza e organização. Encontramos aí uma síntese que a resume e explica" (PRADO JÚNIOR, 1942, p. 226, grifo nosso).

Esta compreensão, como muitas outras do autor, perduram ao longo de sua obra, que atravessa um período de mais de cinco décadas. Escrevendo em 1988, Florestan Fernandes (1999, p. 7) afirmou que Caio Prado Júnior "não se impôs uma revisão crítica", uma vez que "estava convicto da veracidade de suas descobertas e do seu retrato da evolução histórica do Brasil e de outras sociedades periféricas e marginais". Ao menos no que se refere à primazia dada ao mercado e à circulação na dinâmica econômica, esta ideia se confirma em uma passagem da tese para concorrer em 1968 – 26 anos depois de *Formação do Brasil Contemporâneo* (1942) – à Cadeira de História da Civilização Brasileira da Faculdade de Filosofia, Ciências e Letras da USP, na qual o autor polemiza com a chamada teoria ortodoxa sobre a explicação do processo de crescimento econômico:

> O simples fato da inversão, como pretende a teoria ortodoxa, ou mesmo o fato mais geral e amplo da origem e formação do capital e sua acumulação, pouco ou nada explica acerca dos fatos originários que impulsionam o crescimento. O que deve ser considerado e que dá conta desse crescimento é o que se encontra na base e por detrás das inversões (e que são, em si apenas, unicamente um momento e aspecto no processo global de produção). A saber, e essencialmente, as circunstâncias gerais e os fatores originários que condicionam, promovem e impulsionam a produção; é em primeiro e principal lugar, a conjuntura mercantil, isto é, as características da demanda (PRADO JÚNIOR, 1999, p. 26).

Portanto, apesar de levar em conta as condições nas quais a produção se organiza e as relações de produção se estabelecem, podemos dizer que Caio Prado considerava o mercado – esfera da circulação e realização de capital – como o principal elemento condicionante do desenvolvimento econômico.

Marcia R. Victoriano (2001, p. 34) reconhece as posições do autor a respeito da preponderância no momento da circulação e do capital mercantil e afirma que esta ênfase analítica "pode ser compreendida no âmbito de uma tendência que ocupou o pensamento marxista não só nacional, mas principalmente internacional, sobre a questão do subdesenvolvimento e da dependência externa". Situando o importante papel atribuído por Caio Prado Jr. ao capital mercantil metropolitano no *sentido da colonização*, boa parte de seus intérpretes concluiu que o autor pensa o Brasil como uma formação social cuja dinâmica interna seria fortemente condicionada pela externa. Mas alguns autores registraram que Caio Prado Jr. não pensava unilateralmente a presença marcante da esfera da circulação e do mercado externo no desenvolvimento histórico brasileiro. Para Pedro Cezar Dutra da Fonseca (1990, p. 154, grifo nosso), ele teria sido "precursor da Teoria da Dependência ao afirmar que são os processos sociais *internos* os responsáveis pela dinâmica histórica, e que, primordialmente, configuram seu sentido". De modo semelhante, para Antonio Carlos Mazzeo (2003, p. 164), reconhecer a presença "de certo superdimensionamento do papel da esfera da circulação" em sua obra não deve nos fazer esquecer que "o fundamental da análise caiopradeana não é apresentar a esfera da circulação desconectada da esfera produtiva". No mesmo sentido, Leandro Konder (1989, p. 136) considera que, para Caio Prado, a situação do mercado mundial deveria ser avaliada em função de nossa situação interna: "Nossos problemas eram os problemas da nossa sociedade e da nossa articulação com o mercado mundial". De fato, escrevendo nos anos 1960 e 1970, os formuladores das diversas teorias da dependência (de André Gunder Frank, Ruy Mauro Marini e Theotônio dos Santos a Fernando Henrique Cardoso e Enzo Faletto, entre outros), talvez tenham sido aqueles que mais se valeram desta interpretação do pensamento caiopradeano para fundamentar suas análises da realidade brasileira.

Como indica Lincoln Secco (2008a, p. 176; 2010, p. 11), realmente não se encontra com facilidade definições categóricas a respeito da economia brasileira na obra de Caio Prado Jr. Ele não se preocupava em desenvolver conceitualmente sua matéria ou classificar a realidade histórica, sua teoria estava entranhada na narrativa histórica, o que justificaria o uso escasso de categorias marxistas – mas não significa necessariamente seu desconhecimento. Isso levou Carlos Nelson Coutinho (1989, p. 116-7) a considerar que a "prioridade metodológica que ele conscientemente atribui à esfera da circulação em detrimento da esfera da produção" o faz conferir pouco peso ao conceito de modo de produção em seus trabalhos de história e, portanto, a "confundir, na análise da Colônia e do Império, o predomínio inequívoco de relações mercantis com a existência de um sistema capitalista (ainda que 'incompleto')". Ainda assim, Coutinho reconheceu que:

> (...) a prioridade atribuída à esfera da circulação não o impediu de definir de modo substancialmente adequado a formação econômico-social da era colonial, identificada por ele como um escravismo mercantil fundado na grande exploração rural, produtora de valores de troca para o mercado internacional (1989, p. 116-7).

Contudo, Mazzeo (2003, p. 163-4) contesta Coutinho: "longe de 'confundir' o capital comercial com o capitalismo complexo resultante da era industrial, Prado Jr. evidencia explicitamente que o caráter capitalista da colonização desde sua origem insere-se no amplo processo que irá desaguar no imperialismo". Para este intérprete, a análise de Caio Prado Jr. "demarca, ontologicamente – e rente à visão marxiana sobre a construção do capitalismo –, a noção de processualidade genética do próprio capital em seu momento de afirmação, a partir do século XVI, visto por Marx como o momento mesmo do nascimento da era capitalista".

Por sua vez, para Virgínia Fontes (2007), "Caio Prado Jr. considerava que a formação social brasileira, desde a colônia, já estaria plenamente imersa nas relações capitalistas dominantes externamente – então de caráter mercantil", tendo destacado "a importância da escravidão, considerada, porém, como uma modalidade de escravidão capitalista". Além disso, Fontes, se soma às interpretações de que para o autor as dificuldades do país "não residiriam na existência de restos feudais ou pré-capitalistas, posto que o caráter capitalista derivaria dos primórdios da colonização, mas adviriam de um capitalismo colonizado, incompleto". Seria, assim, "um capitalismo ainda a completar-se, quer por sua autonomização frente aos países centrais, quer pela interiorização do consumo e sua extensão às massas populares, quer, ainda, pela generalização de uma condição de vida mais próxima dos países centrais".

O objeto deste debate entre Coutinho, Mazzeo e Fontes já havia sido abordado por Florestan Fernandes (1999, p. 9-10), que identificou o grande peso do capital mercantil na obra do autor e teceu críticas: "Caio Prado Jr. se prende demais ao conceitual, à lógica dos conceitos que são essenciais em seu esquema descritivo e interpretativo", fazendo-o focalizar de modo insuficiente "as relações do capital mercantil com o capital industrial, e, após a II Grande Guerra e a ditadura militar, com o capital financeiro típico do capitalismo monopolista e da espécie de imperialismo que ele engendra, em nossos dias". Com os deslocamentos na economia, o capital mercantil não desaparece, mas perde sua função hegemônica e determinante: "O círculo vicioso persiste, mas não por sua conta. A investigação histórica deverá ir mais longe e aprofundar-se para explicá-lo".

Portanto, Caio Prado Jr. teria conseguido captar muito bem as continuidades históricas do *sentido da colonização*, a ausência de momentos de profunda ruptura na história brasileira e a capacidade de incidência das oscilações conjunturais dos mercados externos e do capital mercantil na dinâmica interna da economia brasileira. Por isso mesmo, porém, parece ter subestimado as mudanças no desenvolvimento do capitalismo em escala mundial e seus impactos nacionais, que não se deram de modo abrupto. Segundo Rubem Murilo Leão Rêgo (2000, p. 223-4), o autor identificou agudamente a especificidade brasileira, que "constituiu justamente na ausência de processos de ruptura com as formas econômicas e sociais básicas" e se traduziu na "eternização de elementos de atraso e de traços nunca inteiramente superados". Assim, esta "ideia de permanência dos traços coloniais pode ter induzido, em Caio Prado, a uma certa subestimação da mudança no movimento histórico da experiência brasileira." Dois fatores teriam contribuído para isso:

> A subestimação encontra-se no fato de não ter precisamente reconhecido as consequências do engendramento, internamente à sociedade brasileira, do processo endógeno de acumulação de capital que, assentado historicamente no dinamismo do complexo agroexportador cafeeiro, instaurou um novo padrão à conformação do capitalismo brasileiro. Por outro lado, também no fato de não ter inteiramente superado a compreensão de que a força da ação imperialista do capitalismo internacionalizado impunha uma absoluta impossibilidade de autodefinição dos rumos de nosso desenvolvimento. Em ambos os aspectos, é como não se desse conta de todos os contornos e implicações dos novos momentos da acumulação capitalista no Brasil (*Ibidem*, p. 224).

Neste sentido, a ênfase dada à esfera da circulação, na qual a continuidade mais se destaca, teria ofuscado a importância de uma análise pormenorizada e de conjunto das mudanças que gradualmente, sem rupturas, se processou na formação econômico-social brasileira e consolidou-se em meados do século XX, especialmente em suas formas de acumulação de capital. Para evitar anacronismos, cabe lembrar que a produção historiográfica de Caio Prado Júnior se encontrava desenvolvida antes que as referidas mudanças houvessem se consolidado e manifestado plenamente. Que o autor não tenha feito a mencionada revisão crítica nas obras posteriores talvez indique não uma subestimação deste processo, mas o reconhecimento de que não significou a superação, e sim a "reiteração do círculo vicioso", a persistência de "uma economia exógena, que não se destinava ao atendimento prioritário dos interesses internos"; talvez indique que tais transformações na estrutura produtiva "sempre foram avaliadas pelo critério social, isto é, se eram suficientes para atender às demandas sociais nacionais" (SOUZA, 2009, p. 264-6).

Em função da referida preponderância à estrutura comercial, aos mercados e ao capital mercantil, cunhou-se o epíteto de *circulacionismo*, conferido a Caio Prado Jr. e demais autores que se apoiaram na perspectiva por ele desenvolvida. O termo foi utilizado por diversos críticos, sendo Jacob Gorender (2010, p. 53, 201, 542) o mais proeminente, sobretudo a partir do clássico *O escravismo colonial* (1978), onde afirma que tal "vinculação do escravismo colonial ao mercado mundial fez nascer as chamadas teorias circulacionistas, cuja análise se concentra no *modo de circulação* e por meio deste pretende explicar o modo de produção (quando simplesmente não o omite)". Desconsidera-se que, "em última análise não é a circulação que desvenda a organização da produção, mas o contrário". Jacob Gorender propõe, assim, "a inversão radical do enfoque: as relações de produção da economia colonial precisam ser estudadas de dentro para fora, ao contrário do que tem sido feito, isto é, de fora para dentro".

Em defesa de Caio Prado Jr., Lincoln Secco (2008a, p. 177-8) considerou que os críticos do autor "não atentaram para o fato de que, na periferia, o estudo da esfera da distribuição é que conduz à totalidade", uma vez que "o dinamismo do modo de produção está no centro do sistema e é este que dita a lógica de reprodução global sistêmica". Neste sentido o autor não poderia nem deveria "dar atenção às formas de produção escravistas como se elas fossem o alfa e o ômega do processo de acumulação, pois esse processo se dá em escala mundial, e não nacional ou local". De modo semelhante, Andrés Ferrari e Pedro Cezar Dutra da Fonseca (2011, p, 192), consideraram que os argumentos de Gorender "para justificar que a escravidão colonial brasileira implicou um modo de produção autônomo, composto por um sistema de leis inerentes, não resultam convincentes", concluindo que a abordagem de Caio Prado Júnior é "mais próxima das concepções de Marx e permite uma compreensão mais apropriada da evolução da escravidão e da transição para o capitalismo na sociedade brasileira."

Talvez por isso o conceito de *sentido da colonização* tenha exercido influência tão forte no pensamento social brasileiro. É amplamente reconhecido o mérito de Caio Prado Jr. em inserir o moderno processo de colonização nos quadros da expansão marítima e comercial europeia. Ele teria inovado a abordagem da realidade brasileira "porque primeiro a situou no quadro mais geral do comércio europeu". Com tamanha repercussão, para o leitor contemporâneo, a noção de *sentido da colonização* soa hoje como uma obviedade, "parece mesmo o ar que respiramos: imprescindível, mas nem o notamos, já que se tornou senso comum" (SECCO, 2008a, p. 178-80). Não por acaso, é amplamente citada a seguinte passagem de *Formação do Brasil contemporâneo* (1942):

> Se vamos à essência de nossa formação, veremos que na realidade nos constituímos para fornecer açúcar, tabaco, alguns outros gêneros; mais tarde ouro e diamantes; depois algodão, e em seguida café, para o comércio europeu. Nada mais que isso. É com tal objetivo, objetivo exterior, voltado para fora do país e sem atenção a considerações que não fossem o interesse daquele comércio, que se organizarão a sociedade e a economia brasileiras. Tudo se disporá naquele sentido: a estrutura bem como as atividades do país (PRADO JÚNIOR, 1942, p. 26).

Dada a grande influência do autor na historiografia brasileira, por certo período, predominaram os estudos que analisavam a realidade do país a partir de suas relações de subordinação e dependência no contexto atlântico e mundial. José Roberto do Amaral Lapa (11982, p. 8, 39) apontou que somente no último quarto do século XX a questão do mercado interno colonial passou a ganhar a devida atenção dos estudiosos: "Antes, preferia-se cientificamente não o considerar. Era como se não existisse. Como se tivéssemos apenas uma economia de autoconsumo, desvaliosa sequer como objeto de estudo". Fazia-se necessário "rever a visão unívoca que o nosso conhecimento produziu até época recente", segundo a qual, o antigo sistema colonial "comportava um núcleo nervoso que chamava a si todo o poder de decisão", de onde "partiam as irradiações de imposição ou estímulo, às quais competia às colônias apenas responder como se fossem uma massa amorfa, sem qualquer sentido próprio, uma vez que o sentido só lhe era conferido pelo núcleo do qual e para qual viviam". O autor não cita Caio Prado Jr., mas é evidente que dialoga criticamente com a matriz historiográfica que constituiu e tinha forte projeção à época, inclusive porque havia recebido há pouco tempo um de seus aportes mais significativos com a publicação, em 1979, do livro *Portugal e Brasil na Crise do Antigo Sistema Colonial (1977-1808)*, de Fernando Novais.[36]

Segundo Bernardo Ricupero (2000, p. 140, 155, 133-4), entretanto, se no sistema colonial brasileiro havia uma articulação entre seus elementos constitutivos, que criava um todo social orgânico, existia também uma desarticulação entre a produção, voltada para fora, e o consumo da maior parte da população, elemento inorgânico do sistema. Em contraste com os países capitalistas centrais, onde a produção, de forma geral, criou o consumo, no Brasil e em países como o nosso, haveria uma desarticulação entre produção e mercado interno, por ter sido o externo o mercado principal. Para ele, Caio Prado Júnior pensa a relação entre colônia e nação em uma perspectiva dialética, ou seja, não apenas de oposição. Reconhece, portanto, que apesar de todos os seus problemas e gostando disso ou não, foi no passado colonial brasileiro que se inscreveram os fundamentos da nacionalidade e seria a partir dele que se poderia seguir em direção contrária. Lincoln Secco (2008a, p. 20) não apenas corrobora com essa leitura em suas linhas gerais como considera que "a aporia do inorgânico que precisa fazer-se portador de uma nova

36 Com revisões, trata-se de sua tese de doutoramento, defendida na USP em 1973.

economia (voltada ao interior e não ao exterior)" é um dos principais problemas legados pela obra de Caio Prado.

Sendo assim, podemos supor que a importância dada ao setor inorgânico na construção da nação no processo histórico corresponde, em grande medida, à importância dada ao mercado no desenvolvimento econômico. De acordo com Marcia R. Victoriano (2001, p. 29-30), Caio Prado Júnior considerava que a imobilização do capital na sua forma-mercadoria quando não é vendida compromete a inversão do ciclo produtivo do capitalismo, o que se explica pelo subconsumo latente no funcionamento do sistema capitalista. A autora considera que ao inserir a questão do subconsumo das massas trabalhadoras como principal entrave para o desenvolvimento, o autor polemizou com os economistas keynesianos, que propugnam a transformação do Estado no grande consumidor capaz de compensar com seus gastos o subconsumo das coletividades que vivem em regime capitalista. Afinal, o consumo produtivo estatal não seria capaz de compatibilizar de forma duradoura e equilibrada a potencialidade da produção moderna com o consumo, pois o subconsumo das massas trabalhadoras é que estaria na raiz da desarticulação entre produção e consumo.

Todavia, nota João Antônio de Paula (2006, p. 6-7), o marxismo de Caio Prado teria uma explícita vocação eclética, pois não hesitava em reconhecer certa validade – limitada, é certo – às teses keynesianas e estaria adotando o ponto de vista da centralidade do mercado interno no processo de desenvolvimento econômico. Isso teria significado inserir certas teses keynesianas na interpretação marxista da realidade econômica brasileira, como a do predomínio da categoria da demanda. Por sua vez, Cesar Mangolim de Barros (2007), apesar de não traçar a mesma identificação de Prado Jr. com algumas teses keynesianas, considera que ele teria uma "fixação mercadocêntrica". Isto o impediria de perceber que não é a demanda do consumidor que impulsiona o desenvolvimento do capitalismo, de que mesmo mantendo vastas parcelas da população em gritantes níveis de pobreza e miséria, o capitalismo no Brasil desenvolve-

-se criando tanto um mercado interno para as camadas altas e médias da população como um mercado *intercapital* que propiciavam as condições para a acumulação e reprodução de capital.

Ao tecer tais críticas, de modo implícito, Barros parece sugerir que Caio Prado Jr. era adepto das teses estagnacionistas – muito em voga no pensamento econômico brasileiro a partir da crise monetário-financeira em 1961-1962 e da recessão iniciada em 1963 –, que consideravam o Brasil condenado a permanecer em um longo período de estagnação econômica caso não resolvesse seus problemas de elevada concentração de renda que restringia o mercado interno de massas, o que exigiria a realização das aclamadas reformas de base, com destaque para a reforma agrária. Guido Mantega e Maria Moraes (s/d, p. 16) consideraram que a quase unanimidade entre os setores de oposição ao *establishment* quanto às graves consequências econômicas que trariam o permanente estrangulamento do mercado interno deixa entrever a aceitação geral das *teses subconsumistas*, desenvolvidas na virada do século por Rosa Luxemburgo e por vários reformistas que, de ângulos variados, procuraram fazer a crítica aos esquemas marxistas de reprodução do capital. No caso brasileiro, porém, os adeptos das teses subconsumistas baseavam-se "na falsa premissa de que as classes populares constituíam o grosso do mercado consumidor", sendo que este era formado principalmente "pela própria classe capitalista (seja sob a forma de demanda de bens de capital, seja sob a forma de demanda de consumo duráveis) e pela parcela mais abastada da classe média". Por outro lado, autores que consideram Rosa Luxemburgo subconsumista por derivar o problema da acumulação de capital a partir da circulação e o colocar do ponto de vista da demanda podem ser contestados: a marxista polonesa, apesar de seu enfoque na circulação, acentuava recorrentemente que só a produção capitalista gera mais-valia e criticava a tese de que o subconsumo dos trabalhadores seria responsável pelas crises (GOMES, 2016, p. 186-7).

Como bem notou Carlos Nelson Coutinho (1989, p. 121), Caio Prado Júnior apresentou em *A revolução brasileira* (1966) a "recusa de uma visão dualista – para a qual o lado 'atrasado' seria um empecilho, e não algo funcional, ao desenvolvimento do lado 'moderno'". Para o autor, as sobrevivências escravistas, que são frequentemente apontadas como restos semifeudais,

> [...] longe de constituírem obstáculos ao progresso e desenvolvimento do capitalismo, lhe tem sido altamente favoráveis, pois contribuem para a compressão da remuneração do trabalho, ampliando com isso a parte da mais-valia, e favorecendo por conseguinte a acumulação capitalista. O que sobra do escravismo representa assim um elemento de que o capitalismo se prevalece, e em que frequentemente se apoia, uma vez que o baixo custo da mão-de-obra torna possível em muitos casos a sobrevivência de empreendimentos de outra forma deficitários. É assim errado, e da maior gravidade para os efeitos da revolução brasileira, supor que tais remanescentes escravistas poderão ser eliminados, e eliminados com isso algumas formas mais brutais de exploração do trabalho, pelo simples progresso e maior difusão das relações capitalistas de trabalho e produção. [...] Acabamos de notar que as sobrevivências pré-capitalistas nas relações de trabalho da agropecuária brasileira longe de gerarem obstáculo e contradições opostas ao desenvolvimento capitalista, tem pelo contrário contribuído para ele (PRADO JÚNIOR, 1966, p. 150-1).

Esses remanescentes anacrônicos oriundos da escravidão, além de não desfigurar o caráter capitalista das relações de produção e o tipo de organização econômica na agropecuária brasileira, acabariam reforçando a exploração comercial e capitalista no campo, "pois tendem a reduzir a remuneração do trabalhador e, em consequência, acrescer a mais-valia e a rentabilidade da empresa" (*Ibidem*, p. 163). Como se vê, o autor não era adepto da tese do estagnacionismo.

Para compreender o modo como Caio Prado Júnior historicizava os conceitos da economia política e entrecruzava diacronia e sincronia, o universal e o singular em sua escrita da história, precisamos ter em mente o quadro mais amplo do pensamento econômico e da historiografia de seu tempo, e portanto dar atenção ao surgimento da economia política, ao diálogo que a historiografia passou a estabelecer com esta e outras ciências sociais e às diferentes maneiras pelas quais se incorporou a esfera econômica da existência na produção historiográfica, originando um campo específico de estudos, inclusive no Brasil.

2. HISTORIOGRAFIA E ECONOMIA POLÍTICA

A historiografia antes da economia política

Em suas obras de história escritas nas décadas de 1930 e 1940, Caio Prado Júnior incluiu a economia entre as esferas da existência a serem consideradas para a reconstituição da realidade brasileira do passado. De uma perspectiva marxista, o autor integrava-se a um movimento da história em direção ao diálogo com a economia política e as demais ciências sociais, que haviam se constituído desde meados do século XVIII e ao longo do século XIX.

Mas, como narrativa dos acontecimentos, a história é muito mais antiga. Sua escrita começa na Mesopotâmia do final do terceiro milênio a.C. com a monarquia de Akkad, que é a primeira a unificar o país sob sua autoridade e a recorrer a escribas para escrever a sua história, sendo possível evocar também o Oriente e os primeiros anais chineses, tais como os *Anais do país de Lu* (722-481 a.C.), os mais antigos conservados até hoje. Contudo, foi na Grécia do século V a.C. que se criou o historiador como figura subjetiva: "Os gregos são os inventores não propriamente da história, mas do historiador como sujeito que escreve" (HARTOG, 2013, p. 45-6). Trocar a evidência da visão divina possuída pela Musa pela evidência a ser estabelecida a partir da visão do historiador e assim distanciar-se do mítico para fazer história verdadeira significava pesquisar e investigar a verdade, submeter os indícios a seu questionamento e crítica, transformar o ver em saber; enfim, significava garantir a adequação entre a narrativa e o real, fazer com que ela esteja de acordo com as evidências (*Ibidem*, p. 80-1). Com Heródoto, Tucídides e Políbio, a história como um modo específico de discurso surgiu de separações sucessivas do gênero literário em busca da verdade. Substituindo as musas e os heróis como autores da narrativa, os historiadores gregos realizaram a passagem do lendário homérico para o terreno do histórico (DOSSE, 2012, p. 7-10).

Por sua vez, já em meados do século XX, o consagrado e influente historiador francês March Bloch (2001, p. 90-4) considerou o ano de 1681 – quando foi publicado o livro do beneditino Jean Mabillon, *De re diplomática* – como uma grande data na história do espírito humano: quando a crítica de documentos foi definitivamente fundada, deu-se o momento decisivo na história do método crítico. De acordo com as regras essenciais deste método, portanto "fora dos livres jogos da fantasia, uma afirmação não tem o direito de ser produzida senão sob a condição de poder ser verificada", cabendo ao historiador indicar a proveniência do documento e submeter-se a uma regra universal de probidade. Assim, iniciado na Antiguidade e fortalecido no Renascimento,[1] acentuou-se o corte entre realidade e ficção, entre história e literatura.

Portanto, do grego Heródoto ao francês Marc Bloch, um traço comum: a verdade como objetivo primordial a ser alcançado por historiadores – traço que nos acompanha até os dias atuais.[2] Do mesmo modo, a

1 Sobre a mudança da noção de autenticidade de documentos a partir da publicação póstuma do estudo do filologo Lorenzo Valla, em 1517, que modificou radicalmente o regime de verdade em história, possibilitou o desenvolvimento da erudição nos séculos XVI e XVII e, pois, a efervescência intelectual que permitiu o surgimento da diplomática com Jean Mabillon ver François Dosse (2012, p. 20-9).

2 "Com efeito, sejam quais forem os documentos utilizados e as questões formuladas, no estágio do estabelecimento dos fatos, está em jogo a fiabilidade, ou a

narrativa do acontecimento é inerente e constitutiva do saber histórico, incontornável ao longo de toda a trajetória da historiografia, apesar de suas mudanças, escolas e estilos. Como domínio do saber, a história sofre transformações e metamorfoses ao longo de sua história, mas mantém seus traços originais. Portanto, os historiadores não abandonam nem podem abandonar o propósito último e fundamental de reconstituição dos eventos, mas muda o modo de fazê-lo. O surgimento e o diálogo com as ciências sociais geraram significativo impacto sobre a história, fazendo deste um importante ponto de inflexão na história da história, o que permitiu considerar "moderna" a historiografia que realiza esse diálogo e "tradicional" aquela que não o fazia, mesmo porque produzida em uma época em que ainda não existiam ciências sociais (NOVAIS; SILVA, 2013, p. 9-23). Paulatinamente, esta mudança deu origem a uma nova forma de história em que as exigências próximas das ciências sociais se sobrepõem às da história tradicional, ainda que muitas delas sigam válidas. Neste processo, a história econômica teve papel privilegiado, pois de todos os ramos da jovem ciência humana, a economia foi a primeira que se constituiu num corpo de doutrina coerente – a ponto de Marx poder se colocar diante dela como crítico (CHAUNU, 1976, p. 69). Eis a importância de uma breve análise da trajetória da historiografia e do pensamento econômico entre a segunda metade do século XVIII e a primeira metade do século XX, período no qual ocorreu a gradativa inclusão da esfera econômica da existência na reconstituição do passado.

Na Europa, antes da economia e do pensamento mercantilistas, encarava-se o econômico como destituído de autonomia, sempre no âmbito da moral ou da religião. Com a expansão marítima e comercial, a

verdade, do texto fornecido pelo historiador para ser lido; daí depende o valor da história como 'conhecimento'" (PROST, 2015, p. 73). A primeira edição francesa do livro é de 1996 e a primeira brasileira é de 2008. "Da história, é preciso dizer o quanto seu relato é indispensável, pois nenhuma sociedade pode prescindir de seu estatuto de veridicidade e dos protocolos de pesquisa que asseguram sua coerência, sua fiabilidade, sua ética" (FARGE, 2015, p. 68). A primeira edição francesa é de 1997 e a primeira brasileira é de 2011.

navegação e as viagens comerciais tornaram-se tema de crônicas portuguesas e espanholas. No século XVIII, em um ambiente profundamente mercantilizado, as disputas entre os mercadores e os nobres levaram ambos a traçar uma história do comércio: os primeiros para reivindicar a importância da atividade e se afirmarem, os segundos para demonstrar que ele e o luxo são a causa da ruína dos Estados. De 1715 a 1817, são publicados estudos sobre a navegação e o comércio da antiguidade à queda de Constantinopla; sobre a marinha, o comércio e as artes da Barcelona antiga; sobre as relações mercantis e monetárias entre Firenze e Fiorentina no final do século XVI; bem como sobre a navegação e o comercio em Veneza, Pisa e Genova. Entretanto, ainda que nos anais monásticos e crônicas houvesse o registro de questões de caráter econômico-social – como as fomes, carestias, colheitas, regimentos, leis, moeda etc. – até o século XIX é esporádica e sem qualquer continuidade ou sistematização a atividade de documentar o que se passava na esfera econômica (GODINHO, s/d, p. 12).

Vista de outro ângulo, porém, a própria existência de tais documentos revela algo de significativo. Quanto mais complexa se tornava a vida mercantil, mais indispensável tornava-se o domínio das técnicas mercantis, dando ensejo às manifestações do espírito quantitativo, com a precisão das medidas e a criação de escolas e manuais para mercadores visando instruí-los na vida comercial. A nova mentalidade se expressava em diversos níveis: compras e vendas de mercadorias, empréstimo a juros, a técnica do câmbio, as letras de feira e de câmbio, a contabilidade etc. A própria difusão gradativa entre os mercadores do uso de algarismos arábicos – mais práticos e adaptados ao comércio e à precisão do que dos algarismos romanos – é indicativa da nova racionalidade em emergência. Não por acaso, a ocorrência das primeiras séries estatísticas, manifestação concreta do sentido da precisão, se deu nas áreas onde o mercado e o comércio eram mais desenvolvidos na época moderna: Veneza no final do século XVI, Inglaterra no final do século XVII. A contabilidade nacional tem sua origem apenas no século XIX, em um número ainda reduzido de países, mas tentativas de realizar o rendimento nacional, regularizar a cobrança de impostos e equilibrar os orçamentos demasiado imprecisos mediante levantamentos de dados quantitativos remontam aos séculos XVII e XVIII (ARRUDA, p. 1977, p. 463-7).

No período de transição em que existem nas formações sociais concretas estruturas econômico-sociais, políticas e ideológicas que nem são mais feudais, nem podem ser já chamadas exatamente de capitalistas, o universo ideológico medieval, católico, feudal, cede lugar ao universo ideológico moderno, secular, racionalista, individualista, burguês. Observa-se um processo de autonomização discursiva do político e do econômico, mas com uma defasagem: enquanto a possibilidade de pensar e produzir um discurso a respeito da política como realidade imanente, com lógica própria, desvinculada das preocupações teológicas e transcendentes tem início na obra de Maquiavel no início do século XVI, a economia seguia ainda como a administração doméstica, o controle dos negócios privados, sempre subordinado ao Estado, sempre mais como política do que como economia. As ideias então produzidas, que para nós poderiam ser econômicas, caracterizam, na verdade, um corpo de observações ou preceitos de política econômica, uma vez que aparecem ainda intimamente associadas a outros tipos de discursos, principalmente políticos e teológicos – seja em função dos interesses do Estado absolutista, seja pela sobrevivência de muitas das ideias econômicas escolásticas (FALCON, 1981, p. 18-47). Em suma:

> Enquanto as relações mercantis e capitalistas não haviam ainda abarcado o conjunto da produção e da vida social, a Economia permanecia, a rigor, escrava da política [...], a reflexão sobre a economia era a reflexão sobre um objeto que ainda não havia se constituído de modo independente. Pensá-la nessa conjuntura era, no fundo, pensar os meios práticos de fortalecer o poder do Estado. Economia não se configurava ainda como um domínio específico de investigação (MAZZUCHELLI, 2017, p. 49-50).

Entretanto, desenvolviam-se as condições para levar a cabo aquele processo de autonomização. Por um lado, a produção mercantil se generalizava, fenômeno que se consolidou a partir da revolução industrial inglesa. Quando as relações humanas passam a se estabelecer indiretamente por meio do mercado, quando os nexos de sociabilidade se dão pelas relações econômicas de troca, a economia como esfera da existência se emancipa da religião e da política, passa a ter dinâmica própria. A partir de meados do século XVII, diante da difusão do comércio e o aumento da concorrência; sob a influência crescente de uma nova filosofia individualista, que posteriormente serviu de base para o liberalismo clássico; e considerando que a sociedade lucraria mais num mercado em liberdade de concorrência onde o preço pudesse flutuar até encontrar seu nível adequado, inúmeros autores mercantilistas passaram a condenar os monopólios concedidos pelo Estado e outras formas de proteção e favoritismo na economia interna – mas não no comércio colonial e internacional. A ideia de que as restrições à produção e ao comércio dentro de um país eram prejudiciais aos interesses de todos difundiu-se cada vez mais em fins do séc. XVII e início do séc. XVIII. A livre busca do lucro mediante relações contratuais entre indivíduos tomava o lugar da ética cristã paternalista e, para ser eficaz, deveria contar com uma sociedade baseada na proteção dos direitos de propriedade e na certeza do cumprimento dos compromissos contratuais impessoais (*Ibidem*, p. 17-8; HUNT, 1989, p. 49-59).

Por outro lado, ao promover uma reviravolta na concepção de dúvida, o racionalismo contribuiu para o surgimento da noção de ordem natural e de leis naturais, cujos fundamentos estavam susceptíveis à análise racional, ao esforço de desvendar seu funcionamento. A ordem do mundo não mais seria revelada, mas desvendada. O desenvolvimento das chamadas ciências da natureza ensejou a tentativa de transposição de seus métodos de investigação dos fenômenos naturais para o estudo dos fenômenos da vida social e, posteriormente, da vida econômica em particular. À maneira do universo, a economia seria um todo ordenado sujeito a regras, propriedades e regularidades, cujas leis de funcionamento era preciso descobrir: do mesmo modo que a natureza, o mercado tenderia ao equilíbrio. A busca de vantagens individuais, a tendência à troca, a consequente concorrência e divisão do trabalho seriam uma propensão existente na natureza humana, uma tendência humana espontânea e natural que levariam a uma harmonia de interesses, à riqueza e à prosperidade. Aliás, de acordo com Smith (1985, p. 50, 277, 324), não seriam dos próprios interesses e não da benevolência do padeiro, do açougueiro e do cervejeiro que "esperamos nosso jantar"? O produto anual de uma nação não se dividiria "naturalmente" entre renda da terra, salário do trabalho e lucro do capital? Não seria o resultado do "curso natural das coisas" que nas sociedades em crescimento a maior parte do capital tivesse sido canalizada, primeiro, para agricultura, depois para a manufatura e só em último lugar para o comércio exterior? (MAZZUCHELLI, 2017, p. 17-21) A economia política clássica nascia, assim, integrada a uma filosofia moral e a uma espécie de sociologia histórica (HOBSBAWM, 2013, p. 142).

Do mesmo modo que o racionalismo iluminista contribuiu para o surgimento da filosofia do direito natural, ou jusnaturalismo, cuja influência se fez sentir em Adam Smith[3], ele igualmente compõe o quadro que deu origem às filosofias da história, também no final do século XVIII. Nos tempos modernos, o sujeito pretende-se soberano, livre, crítico, reflexivo e faz valer seu discernimento individual, mas agindo de acordo com a razão. Com o protestantismo, a fé religiosa tornou-se reflexiva, o mundo divino tornou-se uma realidade instaurada pelos sujeitos, recusou-se a autoridade da tradição e afirmou-se a soberania do sujeito individual. Depois, os iluministas pensaram a história sendo feita por um sujeito singular-coletivo, resultado da ação prático-crítica do presente, de modo revolucionário, à luz da razão, em busca do novo, do futuro como lugar da realização, das luzes do esclarecimento. Produzindo a história,

3 Registre-se, contudo, que Smith divergiu de formulações mais ortodoxas do jusnaturalismo: por um lado, aproximou-se do método empírico indutivo; por outro, afastou-se do componente altruísta do jusnaturalismo tradicional e propôs em seu lugar a busca do interesse individual, que resultaria em benefícios sociais tal como já havia sido exposto na *Fábula das Abelhas* de Mandevile (FRITSCH, 1985, p. XVII).

o sujeito produziria também a consciência histórica, permitindo que a filosofia conhecesse antecipadamente o sentido e a direção da história racional, uma vez que o processo histórico real coincidiria com a marcha da humanidade rumo à liberdade. Generalizava-se a noção de progresso como obra dos homens. A consideração do futuro tomava o lugar da consideração do passado (REIS, 2006, p. 29-34).

A ideia do sujeito singular-coletivo permitiu atribuir à história a força que reside nos acontecimentos humanos e impulsiona por meio de um plano, oculto ou manifesto, um poder frente ao qual o homem pôde considerar-se responsável ou em nome do qual pôde acreditar estar agindo. Não por acaso o conceito de filosofia da história emergiu no mesmo período em que se impôs um novo conceito de história. Das histórias à História, do plural ao singular o tempo tornou-se atuante. Em uma dimensão que escapa à narratividade dos relatos, o novo conceito ensejou também um novo tempo histórico que destruiu o caráter de modelo atribuído aos acontecimentos passados e instituiu em seu lugar a singularidade dos processos históricos e a possibilidade de sua progressão. A história não era mais a mestra da vida (*magistra vitae*), já não se poderia demandar os conselhos do passado, mas sim apenas de um futuro a se constituir como diferente do passado. As expectativas para o futuro se desvincularam de tudo quanto as antigas experiências haviam sido capazes de oferecer: a história não poderia mais servir de exemplo, o espaço de experiência não poderia ser estendido diretamente ao horizonte de expectativa (KOSELLECK, 2006, p. 41-60; HARTOG, 2015, p. 136-8).

Herdeiros da teleologia oriunda da tradição cristã, diversos pensadores acreditavam, então, em um movimento ascendente da humanidade rumo a um Estado ideal. As diversas filosofias da história tiveram, em comum, o objetivo de descobrir o sentido da história (BOURDÉ; MARTIN, 2012, p. 41-2). A teoria cíclica do tempo e seu esquema de eterno retorno, que concebia o tempo como elemento destruidor e corruptor, já havia sido questionada por Voltaire em meados do século XVIII, que desenvolveu uma concepção linear e secular da história em uma perspectiva de progresso, ainda que descontínuo. O passado deixava de ser um modelo a ser restituído, enquanto o futuro e o devir se abriam para a história, para a construção consciente do novo. Os ciclos deixavam de ser o retorno do mesmo e o eixo em torno do qual se movem passavam a ter um sentido dado pelo progresso de modo cumulativo (TERRA, 1986, p. 47-52).

Assim, segundo Kant (1986, p. 9), ao ocupar-se da narrativa das manifestações humanas, "que como todo outro acontecimento natural, são determinadas por leis naturais universais", a história deve "descobrir aí um curso regular". Assim, "o que se mostra confuso e irregular nos sujeitos individuais poderá ser reconhecido, no conjunto da espécie, como um desenvolvimento continuamente progressivo, embora lento, das suas disposições originais":

> Os homens, enquanto indivíduos, e mesmo povos inteiros mal se dão conta de que, enquanto perseguem propósitos particulares, cada qual buscando seu próprio proveito e frequentemente uns contra os outros, seguem inadvertidamente, como a um fio condutor, o propósito da natureza, que lhes é desconhecido, e trabalham para sua realização [...]. Como o filósofo não pode pressupor nos homens e seus jogos, tomados em seu conjunto, nenhum *propósito* racional *próprio*, ele não tem outra saída senão tentar descobrir, neste curso absurdo das coisas humanas, um *propósito da natureza* que possibilite todavia uma história segundo um determinado plano da natureza para criaturas que procedem sem um plano próprio. Nós queremos ver se conseguimos encontrar um fio condutor para tal história e deixar ao encargo da natureza gerar o homem que esteja em condição de escrevê-la segundo este fio condutor (KANT, 1986, p. 9-10).

Ainda que pareça estranho ou mesmo absurdo escrever uma história "segundo uma ideia de como deveria ser o curso do mundo, se ele fosse adequado a certos fins racionais", a elaboração desta história universal era vista por Kant não apenas como possível, mas também "favorável a este propósito da natureza". Pois servindo para "expor, ao menos em linhas gerais, como um *sistema*, aquilo que de outro modo seria um *agregado* sem plano das ações humanas", aquele fio condutor contribui não apenas para o "esclarecimento do tão confuso jogo das coisas humanas" como "para a arte de predição política das futuras mudanças estatais", além de abrir também "uma perspectiva consoladora para o futuro". Nele, a humanidade "se elevará finalmente por seu trabalho a um estado no qual todos os germes que a natureza nela colocou poderão desenvolver-se plenamente e sua destinação aqui na Terra ser preenchida" (*Ibidem*, p. 22-3). Pleno desenvolvimento e cumprimento de um destino: fins racionais rumo aos quais a história caminharia.

Também em Hegel, mas de modo dialético, a consideração filosófica da história tem o propósito de remover o contingente, as circunstâncias exteriores, para buscar o fim universal, absoluto, a realização da razão, devendo o pensamento tornar-se consciente deste fim da razão.

> Importa levar à história a fé e o pensamento de que o mundo do querer não está abandonado ao acaso. Que nos acontecimentos dos povos domina um fim último, que na história universal há uma razão – não a razão de um sujeito particular, mas a razão divina, absoluta – é uma verdade que pressupomos. A sua demonstração é o próprio tratado da história universal: esta é a imagem e o ato da razão. Mas a demonstração genuína encontra-se antes no conhecimento da própria razão; revela-se unicamente na história universal. A história universal é somente a manifestação dessa única razão, é uma das figuras particulares em que a razão se revela, uma cópia do protótipo que se exibe num elemento particular, nos povos (HEGEL, 1995, p. 32).

Porém, ainda que a razão absoluta predomine na história universal e nas histórias dos povos, não é permitida à filosofia a construção de ficções na consideração pensante da história, que se refere ao que aconteceu. Assim como Kant, Hegel não pretende excluir o empírico da elaboração da história. Mas entende que na tentativa de estabelecer a conexão dos acontecimentos, as causas e fundamentos do sucedido, o histórico encontra-se em relação de oposição com o filosófico, há contradição entre o sucedido e o pensamento. É preciso, pois, proceder de um modo historiográfico e empírico para conceber fielmente o histórico mediante o emprego da razão: como o historiador "não é passivo no seu pensar", como "traz consigo as suas categorias e vê através delas o existente", então é preciso ir além da superfície sensível. Afinal, "em tudo o que singularmente deve ser científico a razão não pode dormir, e há que empregar a reflexão". De modo recíproco, o olhar racional sobre o mundo concebe-o também como racional e a razão "atravessa a superfície e penetra a variedade do garrido tumulto dos acontecimentos". Certa de que "a razão é o que impera", a filosofia não inverte a verdade, pois está convencida de que "o sucedido se insere no conceito". Assim, para Hegel, é do conceito a atividade, ele concebe o acontecimento em incessante sucessão, promovendo o espetáculo da mudança, a variação, o surgimento e desaparecimento de indivíduos, povos, Estados. Por um lado, tudo "parece desvanecer-se e nada permanecer", mas por outro, "nova vida surge da morte": o espírito, que se realiza na história, consome a forma de sua configuração e eleva-se a uma nova formação (*Ibidem*, p. 27-37).

Diante de uma história guiada pela "astúcia da razão", com um sentido e um fim pressuposto filosoficamente, construído *a priori*, em direção ao qual se processa (progride) a mudança[4], perdeu força a atitude crítica que fez surgir a diplomática e ocorreu a derrota da erudição. Depois de um relativo eclipse, a erudição voltaria ser um valor primordial da pesquisa histórica com a escola metódica na segunda metade do século XIX (DOSSE, 2012, p. 29).

4 Diferentemente de autores como Alexandre Kojève e Luc Ferry, para quem Hegel foi um pensador da necessidade ou da negação da contingência, Bernard Mabille, Paul Ricoeur e outros consideram Hegel um pensador da liberdade ou que pelo menos a integra em sua filosofia da história (DOSSE, 2012, p. 239-47).

A historiografia econômica

As condições para o surgimento da história econômica já se encontravam reunidas no final do século XVIII. A atividade econômica e as lutas levadas a cabo pela burguesia e o campesinato haviam adquirido relevo e atraiam a atenção de historiadores. A economia política clássica, ampliando seu campo de observação ao passado na busca de regularidades e constâncias para atestar suas leis, ainda que não fizesse mais que digressões sobre a história, abriu caminho a novas abordagens de caráter histórico-econômico. Neste sentido, ainda que nenhum de seus pensadores possa ser considerado um típico historiador econômico, não se pode negar que havia em suas obras elementos ou ao menos preocupações comuns ao que seria, posteriormente, a disciplina. Por sua vez, a revolução industrial na Inglaterra havia induzido a reflexão sobre seus efeitos e a necessidade de reformas sociais. Os debates em torno das leis dos pobres (*Poor Laws*) levaram historiadores como F. M. Eden e Thomas Ruggles a investigar a história dos pobres e dos trabalhadores, publicando seus estudos em 1797. Ainda que tenha alguns precursores, como é o caso de autores que trataram da história do comércio, a história econômica nasce junto com a economia política clássica, a revolução industrial e o modo de produção capitalista. A história econômica se constituiu como uma esfera de interesse e um campo de estudos já elaborado no início do século XIX.[5] Encontrava-se, porém, ainda distante de sua institucionalização como disciplina acadêmica independente, plenamente conformada, e área de pesquisa autônoma, o que se daria apenas a partir do final do século XIX. Mas isso não ocorreu em associação direta aos desenvolvimentos da economia e da história, e sim como reação às tendências

5 Divergimos, portanto, do francês Pierre Chaunu (1995, p. 42), entusiasta e figura eminente no emprego das séries e do método quantitativo em história, para quem haveria apenas uma "arqueologia da história econômica" antes de 1929: "Tudo começa no horizonte de 1929 a 1930". Encontra-se aqui evidente aquela atitude que mencionamos no primeiro capítulo, em que "cada 'escola' se afirma em detrimento da anterior, chegando mesmo, quase sempre, a deformar, simplificar, reduzir o conteúdo daquela que pretende ultrapassar" (NOVAIS; SILVA, 2013, p. 3-4).

então predominantes nestas disciplinas: o marginalismo e o historicismo, respectivamente (KULA, 1977, p. 11-4; SAES; SAES, 2013, p. 3-4). Antes do século XIX, o chamado século da história, a situação da historiografia era bem diferente:

> Parecia indigno tratar da vida material, de satisfação de necessidades cotidianas. Nesse desprezo, é possível identificar mais uma vez o velho conceito de que o único trabalho digno do nobre ou do homem de condição superior é o político, com suas implicações administrativas ou militares. Tudo mais caía nas atividades modestas, remuneradas, dependentes, nas quais não se exercitava o mando. [...] o trabalho era para escravos ou servos ou pessoas sem qualificação, em que o recebimento por serviço retirava ao homem qualquer valor (IGLÉSIAS, 1959, p. 34-5).

Sobretudo depois da queda de Napoleão em 1815, a mudança dos tempos se fez sentir em áreas mais vastas e em setores mais amplos da sociedade e da economia. A revolução francesa e a revolução industrial varreram a ordem de privilégios nobres e trouxeram à tona a burguesia, a classe trabalhadora e as máquinas. A erudição histórica dava sinais de que começava a retomar seus passos. Neste momento, para além das obras centradas nos acontecimentos comerciais e mercantis que já vinham sendo escritas no século anterior, surgem estudos significativos sobre as finanças públicas de Atenas, a economia de Roma e a escravidão na antiguidade; e sobre a economia no período medieval. Por outro lado, apesar dos autores da economia política clássica terem incluído elementos de história em seus escritos econômicos e pensado o problema do desenvolvimento no tempo, dinamicamente, os temas históricos ficavam em segundo plano e as leis científicas da economia política eram consideradas universalmente válidas, pois resultantes da natureza humana. Assim, até a década de 1840, dois tópicos importantes ainda não haviam se integrado à história econômica: o sentido histórico na economia e a importância da economia no conjunto da história. Oriundas da Alemanha em processo de unificação e dando grande impulso à disciplina em formação, duas correntes pretenderam enfrentar estes tópicos: a escola histórica de economia política e o marxismo (GODINHO, s/d, 16-9).

No meio eminentemente historicista em que se movia o pensamento nacional alemão, não havia espaço para receptividade à economia política clássica, aceita em outros países do Ocidente. A escola histórica foi uma reação à corrente clássica da economia política. Seu precursor, Friedrich List, em *Sistema nacional de economia política* (1841) recorreu à história com mais intensidade e relacionou-a mais estreitamente com a economia do que haviam feito Adam Smith e Jean de Sismondi. Por sua vez, Wilhem Roscher, admirador de Leopold Von Ranke, a quem dedicou seu primeiro livro, *Compêndio de um curso de economia política segundo o método histórico* (1843), seguiu os princípios teóricos de longas e eruditas dissertações históricas em seu método de exposição. Estudando a história das doutrinas econômicas, Joseph Schumpeter e outros pesquisadores questionaram se List, Roscher e os discípulos deste último, Bruno-Hildebrand e Karl Knies, teriam fundado propriamente uma "escola" de economia política, alegando que seus discípulos e seus adversários os reuniram *a posteriori*, mais do que haviam estado na realidade. Mas isto não é fruto da casualidade, pois todos eles adotavam uma postura comum. Ainda que List seja mais economista que historiador e Hildebrand tenha sido o que menos se ocupou de história, todos se aproximaram do método historicista ao diferenciar as especulações econômicas da economia concreta de uma nação concreta e ao contestar o universalismo da escola clássica inglesa da economia política – uma vez que identificavam diferenças nacionais no desenvolvimento econômico e consideravam que as leis econômicas formavam conjuntos que teriam validade apenas no interior de seus respectivos sistemas. À luz da história, a economia deveria se importar com o específico, ou seja, com as contingências definidas no tempo e no espaço, não com o universal (*Ibidem*, p. 19; KULA, 1977, p. 14-21; ARRUDA, 1977, p. 468; IGLÉSIAS, 1959, p. 50-2).

> A Escola Histórica Alemã de Economia constituiu-se como perfeito contraponto tanto à economia política clássica, quanto à economia neoclássica. Seu ponto de partida, seu suposto epistemológico básico é que a economia é uma realidade absolutamente infensa a abstrações e generalizações, sendo descabida quaisquer tentativas de se estabelecer "leis gerais", "tendências uniformes", "previsões" ou "teorizações generalizantes" sobre uma realidade que é, sobretudo, singular, irrepetível, feita de oscilações, de situações decorrentes da dinâmica concorrencial, de diferenças regionais, setoriais, temporais. Se é assim, diziam eles, então não há sentido em se fundar a economia política a partir de uma teoria do valor (PAULA, 2017, p. 438).

Em seus trabalhos, os autores vinculados à escola histórica alemã conseguiram acumular um acervo impressionante de dados históricos relativos à esfera econômica da existência, mas não procederam a um tratamento propriamente teórico: ativeram-se a uma concepção de fato econômico análoga àquela que o historicismo tinha do acontecimento político e a fontes pouco frutíferas para a análise econômica. Seu esforço erudito permaneceu limitado, reduzindo sua contribuição para a economia política ao fornecimento de exemplos para ilustrar explicações estabelecidas por outras vias. Neste sentido, esta corrente não conseguiu alcançar o que seus representantes esperavam dela: a criação de uma verdadeira ciência econômica. Ao fim e ao cabo, em termos de economia, fizeram mais obra crítica do que construtiva. Tiveram mais influência na historiografia e, fora da Alemanha, mais entre economistas afeitos à história econômica, especialmente os britânicos W. Cunningham e W. Ashley, que estudaram na Alemanha. Neste caso em particular, trata-se de uma influência intermediada pelo principal continuador da escola histórica alemã, Gustav Schmoller, que se considerava um discípulo de Roscher e admirador da monarquia prussiana em torno da qual a Alemanha havia se unificado. Conquistando posições dominantes nas cátedras de economia política do Reich, em grande medida em função do apoio prestado ao regime, Schmoller e seus adeptos escreveram trabalhos com grande riqueza de fontes que até então não haviam sido utilizadas e que por muito tempo serviram de base para as gerações seguintes. Mais que sucessora, era uma "nova" escola histórica alemã que havia surgido, ainda que não tenha ido muito além da "velha" em termos de aportes teóricos à economia. Na verdade, levou ao extremo o pleito de sua antecessora, negando toda possibilidade de generalização, gerando uma profusão de monografias locais ou setoriais que, apesar de exaustivas, pouco acrescentavam em termos de análise do passado (GODINHO, s/d, p. 19-21; KULA, 1977, p. 19-23).

Quanto ao marxismo, este exerceu influência muito considerável na historiografia desde que surgiu no horizonte. Porém, em termos de produção própria em história econômica, a situação muda somente a partir dos estudos de Rosa Luxemburgo e de Vladimir Lenin sobre *O desenvolvimento industrial da Polônia* (1898) e *O desenvolvimento do capitalismo na Rússia* (1899), respectivamente. Entre o final do século XIX e as primeiras décadas do século XX, o materialismo histórico foi frequentemente compreendido como a interpretação econômica da história, cuja explicação encontrava-se na técnica ou nas relações de produção e as superestruturas permaneciam puramente passivas. Equivocada e habitualmente definido como um determinismo econômico, inclusive por alguns adeptos, separar a influência das ideias de Marx da influência marxista vulgar na análise histórica tornou-se um problema e gerou grande dificuldade na determinação de sua contribuição exata. Afinal, seu impacto entre historiadores foi identificado com certas ideias que, apesar de vigorosas, eram relativamente simples e, de algum modo, foram associadas a Marx e aos movimentos inspirados por seu pensamento, mas que não são necessariamente marxistas ou representativas do pensamento maduro de Marx. Sua teoria da base e superestrutura, quase certamente a que mais impacto teve na história e nas ciências sociais, gerou também muitas controversas, inclusive entre marxistas[6] (HOBSBAWM, 2013, p. 203-5; KULA, 1977, p. 19-23; GODINHO, s/d, p. 19-21). "O uso indiscriminado do que se convencionou como fórmula marxista, quando faltava o conhecimento indispensável da situação que se pretendia interpretar ou faltava inteligência crítica mais sutil, conduziu a simplificações" (IGLÉSIAS, 1959, p. 72).

Quais eram as principais ideias de Marx sobre a história? Primeiro, destaquemos aquelas que o levaram à ruptura com o idealismo hegeliano. Depois da morte de Hegel em 1831, a disputa de seu legado dividiu seus discípulos: a chamada direita hegeliana se prendia aos elementos conservadores de sua filosofia em apologia ao Estado prussiano, enquanto a esquerda hegeliana enfatizava a lógica dialética na análise histórica. Como estudante de direito em Berlim, Marx frequentou círculos intelectuais que o aproximaram de Ludwig Feuerbach, Bruno Bauer, Edgar Bauer e Karl Köppen, que compunham a esquerda hegeliana. Então, sob a influência do materialismo de Feurbach, escreveu uma crítica da filosofia do direito de Hegel (ELIAS, 2017, p. 44-6; NETTO, 2011, p. 28-9; 2012, p. 2-6). Aproximadamente 15 anos depois, o próprio Marx (2008, p. 47) assim relata seu percurso:

> O primeiro trabalho que empreendi para resolver as dúvidas que me assaltavam foi uma revisão crítica da *Filosofia do Direito*, de Hegel, trabalho cuja introdução apareceu nos *Anais franco-alemães*, publicados em Paris em 1844. Minhas investigações me conduziram ao seguinte resultado: as relações jurídicas, bem como as formas do Estado, não podem ser explicadas por si mesmas, nem pela chamada evolução geral do espírito humano; essas relações têm, ao contrário, suas raízes nas condições materiais de existência, em suas totalidades, condições estas que Hegel, a exemplo dos ingleses e dos france-

6 Uma breve síntese da referida controvérsia encontra-se em Jorge Larrain (2001, p. 27-9).

> ses do século 18, compreendia sob o nome de "sociedade civil". Cheguei também à conclusão de que a anatomia da sociedade burguesa deve ser procurada na Economia Política.

No transcorrer de 1844, em Paris, Marx se dedicou ao estudo da economia política, redigindo os *Manuscritos econômico-filosóficos*, que revelam um conhecimento ainda incipiente da matéria, mas ao mesmo tempo um manejo seguro da fenomenologia e da dialética hegelianas, que se aprofunda na sequência da colaboração intelectual com Friedrich Engels. A primeira batalha que travaram juntos foi contra o idealismo de "Bruno Bauer e consortes", com a publicação de *A sagrada família* (1845):

> A concepção *hegeliana* de História pressupõe um *espírito abstrato* ou *absoluto*, que se desenvolve mostrando que a humanidade apenas é uma *massa* que, consciente ou inconscientemente, lhe serve de suporte. Por isso ele faz com que, dentro da História *empírica*, exotérica, se antecipe uma História *especulativa*, esotérica. A História da humanidade se transforma na História do *espírito abstrato* da humanidade, que, por ser *abstrato*, fica *além* das possibilidades do homem real (MARX; ENGELS, 2003, p. 102).

O esforço para se desvencilhar dessa forma de idealismo prossegue e se aprofunda no biênio 1845-1846, quando Marx e Engels escrevem *A ideologia alemã*, criticando tanto os "velhos-hegelianos" como os "jovens-hegelianos": os primeiros, porque "haviam *compreendido* tudo, desde que tudo fora reduzido a uma categoria da lógica hegeliana"; os últimos, porque "*criticaram* tudo, introduzindo furtivamente representações religiosas por debaixo de tudo ou declarando tudo como algo teológico". Ambos concordavam quanto à "crença no domínio da religião, dos conceitos, do universal no mundo existente", com a diferença de que "uns combatem como usurpação o domínio que os outros saúdam como legítimo". Assim, por considerar que "as representações, os pensamentos, os conceitos – enfim, os produtos da consciência por eles autonomizada – são considerados os autênticos grilhões dos homens" os jovens-hegelianos se limitavam a combater estas "ilusões da consciência". Nenhum destes filósofos havia se questionado sobre as relações entre a filosofia e a realidade alemãs, entre a crítica e o meio material (MARX; ENGELS, 2007, p. 84).

Seria preciso partir de outros pressupostos, não os arbitrários, dogmas, mas pressupostos reais: "os indivíduos reais, sua ação e suas condições materiais de vida, tanto aquelas por eles encontradas como as produzidas por sua própria ação. Esses pressupostos são, portanto, constatáveis por via puramente empírica". A existência de indivíduos vivos, a organização corporal destes indivíduos, sua relação com a natureza, as condições naturais encontradas pelos homens seriam, portanto, os primeiros pressupostos. "Toda historiografia deve partir desses fundamentos naturais e de sua modificação pela ação dos homens no decorrer da história".

> O modo pelo qual os homens produzem seus meios de vida depende, antes de tudo, da própria constituição dos meios de vida já encontrados e que eles têm de reproduzir. Esse modo de produção não deve ser considerado meramente sob o aspecto de ser a reprodução da existência física dos indivíduos. Ele é, muito mais, uma forma determinada de sua atividade, uma forma determinada de exteriorizar sua vida, um determinado *modo de vida* desses indivíduos. Tal como os indivíduos exteriorizam sua vida, assim são eles. O que eles são coincide, pois, com sua produção, tanto com *o que* produzem como também o *modo como* produzem. O que os indivíduos são, portanto, depende das condições materiais de sua produção (*Ibidem*, p. 87).

Marx e Engels apresentam, assim, uma nova concepção de história, baseada no "suceder-se de gerações distintas, em que cada uma delas explora os materiais, os capitais e as forças de produção a ela transmitidas pelas gerações anteriores". Cada geração "continua a atividade anterior sob condições totalmente alteradas" ao mesmo tempo em que "modifica com uma atividade completamente diferente as antigas condições". Mas esta interação entre continuidade e mudança poderia ser especulativamente distorcida "ao converter-se a história posterior na finalidade da anterior". Deste modo, a finalidade (*telos*) da história não se insere na realidade concreta, é mera abstração humana: "o que se designa com as palavras 'destinação', 'finalidade', núcleo', 'ideia' da história anterior não é nada além de uma abstração da história posterior, uma abstração da influência ativa que a história anterior exerce sobre a posterior". É por isso que a dissolução do isolamento das nacionalidades singulares pelo modo de produção desenvolvido e pelo intercâmbio e a divisão do trabalho nas diferentes nações, transformando a história em história mundial e transformando o mercado mundial em um poder cada vez maior que é estranho ao homem e o submete, "não é um mero ato abstrato da 'autoconsciência', do espírito mundial ou de outro fantasma metafísico qualquer, mas sim uma ação plenamente material, empiricamente verificável, uma ação da qual cada indivíduo fornece a prova, na medida em que anda e para, come, bebe e se veste". O fundamento de toda a história deve passar a ser, assim, a sociedade civil em seus diferentes estágios, ou seja, uma forma de intercâmbio vinculada a um modo de produção. Diferentemente da concepção idealista da história, que precisa "procurar uma categoria em cada período", a concepção de história apresentada por Marx e Engels tem necessidade de "permanecer constantemente sobre o solo da história real" (*Ibidem*, p. 39-43).

Inverte-se Hegel: "Totalmente ao contrário da filosofia alemã, que desce do céu à terra, aqui se eleva da terra ao céu". Como é a vida que determina a consciência, não o inverso, "parte-se dos homens realmente ativos e, a partir de seu processo de vida real, expõe-se também o desenvolvimento dos reflexos ideológicos e dos ecos desse processo de vida". Vista desta maneira, "a história deixa de ser uma coleção de fatos mortos, como para os empiristas ainda abstratos, ou uma ação imaginária de sujeitos imaginários, como para os idealistas" (*Ibidem*, p. 94-5).

> Toda concepção de história existente até então ou tem deixado completamente desconsiderada essa base real da história, ou a tem considerado apenas como algo acessório, fora de qualquer conexão com o fluxo histórico. [...] a produção real da vida aparece como algo pré-histórico, enquanto o elemento histórico aparece como algo separado da vida comum, como algo extra e supraterreno. Com isso, a relação dos homens com a natureza é excluída da história, o que engendra a oposição entre natureza e história. Daí que tal concepção veja na história apenas ações políticas dos príncipes e dos Estados, lutas religiosas e simplesmente teoréticas e, especialmente, que ela tenha de *compartilhar*, em cada época histórica, da *ilusão dessa época* (*Ibidem*, p. 43-4).

A estas agudas críticas ao idealismo hegeliano e ao historicismo erudito que ignorava a produção da vida material na investigação histórica, se soma outra endereçada ao materialismo de Feuerbach por não ser histórico. Apesar de compreender o homem como "objeto sensível" – e nisto Feuerbach tem vantagem em relação aos materialistas "puros" – apresenta uma limitação decisiva:

> [...] apreende o homem apenas como "objeto sensível" e não como "atividade sensível" – pois se detém ainda no plano da teoria –, e não concebe os homens em sua conexão social dada, em suas condições de vida existentes, que fizeram deles o que eles são, ele não chega nunca até os homens ativos, realmente existentes [...]. Não nos dá nenhuma crítica das condições de vida atuais. Não consegue nunca, portanto, conceber o mundo sensível como a *atividade* sensível, viva e conjunta dos indivíduos que o constituem [...]. Na medida em que Feuerbach é materialista, nele não se encontra a história, e na medida em que toma em consideração a história ele não é materialista. Nele, materialismo e história divergem completamente [...] (*Ibidem*, p. 32).

Enquanto a concepção feuerbachiana do mundo sensível se limita à sua mera contemplação ou à mera sensação, "para o materialista *prático*, isto é, para o *comunista*, trata-se de revolucionar o mundo, de enfrentar e de transformar praticamente o estado de coisas por ele encontrado". Por isso, ao invés de "explicar a práxis partindo da ideia", deve-se "explicar as formações ideais a partir da práxis material", o que permite chegar à conclusão de que as formas e produtos da consciência "não podem ser dissolvidos por obra da crítica espiritual", e sim "apenas pela demolição prática das relações sociais reais" de onde elas provêm: "não é a crítica, mas a revolução a força motriz da história e também da religião, da filosofia e de toda forma de teoria". Daí a famosa tese sobre Feuerbach: "Os filósofos apenas *interpretaram* o mundo de diferentes maneiras; porém o que importa é *transformá-lo*" (*Ibidem*, p. 30, 43, 539).

Em Marx, o materialismo substitui o idealismo, a práxis assume o lugar da contemplação, a contradição substitui o equilíbrio, a revolução supera a crítica. Por sua vez, na condição de abstração humana, o sentido da história passa a ser reconhecido como construção intelectual *a posteriori*, não um pressuposto apriorístico. O poder estranho ao homem e que o submete no fazer histórico não mais se encontra fora da história, como plano da natureza ou razão divina absoluta, mas como construção social humana empiricamente verificada. Diferentemente do fim da história para o qual os homens necessariamente são levados pela "astúcia da razão" sem se dar conta, o comunismo é uma possibilidade que precisa ser conscientemente construída na realidade concreta com a atividade prática revolucionária. Com isso, não apenas a esfera econômica da existência humana entra na historiografia pela porta da frente como, no lugar das filosofias da história, entra em cena uma teoria da história. Assim, segundo Pierre Vilar (1982, p. 178-9), "*o marxismo não é uma filosofia da história*. [...] Para o marxismo, tudo o que é inexplicável é redutível ao ainda não explicado. [...] A partir do momento em que me esforço por compreender, suponho que *a história tem um sentido*: este postulado não é 'filosofia da história', é *a condição de uma ciência histórica*".

Por tudo isso, a influência de Marx no desenvolvimento da história econômica em âmbito mundial é amplamente reconhecida, inclusive por não marxistas (KULA, 1977, p. 17). Em livro publicado originalmente em 1946, o insuspeito R. G. Collingwood (1970, p. 126) dizia: "Se todo o tratamento moderno da história da filosofia remonta a Hegel como o grande mestre moderno da matéria, todo o tratamento moderno da história econômica, no mesmo sentido, remonta a Marx".[7] Não é por menos. Maurice Dobb (1978, p. 24) já havia afirmado, em 1937, que em Marx "se combinavam a ênfase descritiva e classificatória da escola histórica e a ênfase analítica e quantitativa da Economia Política abstrata" e Schumpeter (1961, p. 57-8) chamou atenção, em 1942, para a maneira singular como a combinação entre história e teoria econômica ocorreu:

> Os economistas sempre realizaram trabalhos de história da economia ou utilizaram-se de outros trabalhos. Os fatos da história econômica, porém, foram colocados em compartimento separado. Se entravam na teoria era unicamente no papel de ilustrações ou, possivelmente, de verificação de resultados. Misturavam-se, de maneira mecânica, com a teoria. Mas a mistura conseguida por Marx é de natureza química, isto é, introduziu-os no próprio argumento que produz os resultados. Foi ele o primeiro economista de categoria que viu e ensinou, sistematicamente, como a teoria econômica pode ser transformada em análise histórica e como a narrativa histórica pode ser transformada em raciocínio histórico.

Entretanto, esta avaliação certamente não era um consenso. Pelo contrário, muitos foram os detratores de Marx. Para além da ortodoxia liberal, a divergência de avaliações é atestada pela enfática posição de um expoente do pensamento econômico chamado heterodoxo, John

---

7 "If all modern treatment of the history of philosophy goes back to Hegel as the great modern master of the subject, all modern treatment of economic history goes back in the same sense to Marx".

Maynard Keynes (1931, p. 258), publicada em 1925, em forma de questionamento: "Como posso aceitar uma doutrina que estabelece como sua bíblia, acima e além de qualquer crítica, um livro de economia obsoleto que eu reconheço não apenas como cientificamente errôneo, mas também sem interesse ou aplicação no mundo contemporâneo?"[8] Segundo Joan Robinson (1965, p. 96), Keynes, na verdade, não compreendeu Marx e dizia que sua nova teoria iria tirar o chão dos marxistas, mas se tivesse partido de Marx teria evitado muitos problemas.[9] Quase um século depois, um acontecimento contrariou Keynes: a crise capitalista de 2007-2008 fez as vendas de *O Capital* aumentarem, triplicando nas lojas alemãs. Buscavam-se respostas e recorreu-se ao principal crítico do capitalismo, aquele que melhor compreendeu suas contradições. Na Alemanha, somente em setembro de 2008, uma única editora vendeu o equivalente ao que antes costumava ser vendido em um ano e as lojas relataram um aumento de 300% na venda do livro (BBC-BRASIL, 2008). Naquele mesmo mês, o socialdemocrata Peer Steinbrück (*apud* O GLOBO, 2008), ministro das finanças do governo de coalizão de Angela Merkel, deu uma declaração que corroborava com o fenômeno: "tudo o que está acontecendo mostra que algumas partes da teoria marxista não estavam tão erradas". Para Leo Panitch (2009, p. 145), a crise provocou o ressurgimento do interesse em Marx e se "demonstrou alguma coisa, é que Marx era o mais realista".

No momento em que Keynes refutava o autor de *O Capital*, uma importante geração de historiadores franceses – liderada por Marc Bloch e Lucien Febvre e influenciada por Marx, Schmoller, Simiand, Durkheim e Vidal de La Blache – davam os passos decisivos para realizar uma importante inflexão na historiografia em direção à economia, à socio-

8 "How can I accept a doctrine which sets up as its bible, above and beyond criticism, an obsolete economic textbook which I know to be not only scientifically erroneous but without interest or application for the modern world?"

9 "Keynes could never make head or tail of Marx. [...] he maintains that his new theory is going to cut the ground from under the feet of the Marxists. But starting from Marx would have saved him a lot of trouble".

logia, à antropologia e à geografia. Mas cabe notar que a contribuição dos *Annales* para a colocação do econômico entre as preocupações dos historiadores foi precedida pela ascensão e institucionalização da historiografia econômica na Inglaterra e nos Estados Unidos nas primeiras décadas do século XX.

No início da década de 1870, ganhava corpo o processo de concentração e centralização de capital que formava empresas gigantescas, confirmando Marx e contradizendo o pressuposto da livre concorrência da economia política clássica. Mas os economistas chamados neoclássicos deram novo vigor ao liberalismo neste momento, defendendo a mão invisível da concorrência no mercado e a política econômica do *laissez-faire* com teorias - como a dos rendimentos marginais decrescentes - originadas da confluência entre o utilitarismo e um elaborado arcabouço de álgebra e cálculo. Para que a corrente neoclássica se consolidasse como hegemônica no pensamento econômico, três obras pioneiras foram fundamentais: *Princípios de economia política* (1871), do austríaco Karl Menger; *A teoria da economia política* (1871), do inglês Stanley Jevons; e *Elementos de economia política pura* (1874), do suíço Leon Walras (HUNT; SHERMAN, 2010, p. 126-7; HUNT, 1989, p. 280; SAES; SAES, 2013, p. 3).

Ao contrário da teoria do valor-trabalho, elaborada a partir da observação da esfera da produção, a teoria do valor-utilidade se baseia na esfera do consumo individual. Se referia, portanto, não a relações de produção, mas a relações das mercadorias com a psicologia dos consumidores; em lugar de uma relação objetiva de custo, subjacente à produção, uma relação subjetiva entre mercadorias e estados individuais de consciência (DOBB, 1978, p. 23-5). Nesse aspecto, o contraste entre Marx e Jevons é evidente. Para desvendar o "segredo da fabricação de mais-valia" a partir da definição do valor como o trabalho incorporado à mercadoria, Marx (1983, p. 144-5) deslocou o olhar da esfera da circulação em direção à esfera da produção, onde ocorre o consumo da força de trabalho:

> O processo de consumo da força de trabalho é, simultaneamente, o processo de produção de mercadoria e de mais-valia. O consumo da força de trabalho, como o consumo de qualquer outra mercadoria, ocorre fora do mercado ou da esfera da circulação. Abandonemos então, junto com o possuidor de dinheiro e o possuidor da força de trabalho, essa esfera ruidosa, existente na superfície acessível a todos os olhos, para seguir os dois ao local oculto da produção [...]. Aqui há de se mostrar não só como o capital produz, mas também como ele mesmo é produzido, o capital.

Por sua vez, tratando a economia "como um cálculo do prazer e do sofrimento" na tentativa de demonstrar que "o valor depende inteiramente da utilidade", Jevons (1988, p. 3-4, 29, 105) rejeitava a definição dos teóricos do valor-trabalho e destacava o momento da troca, chegando até mesmo a a sugerir a substituição da palavra *valor* "pela expressão inequívoca *relação de troca*".

> Um estudante de Economia não poderá jamais ter esperança de alcançar ideias claras e corretas em sua ciência se conceber o valor de algum modo como uma *coisa* ou um *objeto*, ou mesmo como algo que esteja numa coisa ou objeto [...]. Há, sem dúvida, qualidades inerentes em substâncias como ouro e o ferro que influenciam o seu valor; porém, a palavra valor, na medida em que é correntemente utilizada, expressa somente, *a circunstância de sua troca em certa proporção por alguma outra substância* (*Ibidem*, p. 66).

Entretanto, a crítica não atinge Marx, para quem o valor não era um misterioso e intrínseco atributo das coisas, mas a expressão de uma relação social. Mercadorias continham valor em virtude da forma como se utilizava o trabalho humano nos diversos ramos da produção, por meio do processo de divisão social do trabalho. Aliás, seria cair no fetichismo da mercadoria atribuir às coisas abstratamente a causa das relações de troca, quando em realidade resultavam das relações sociais (DOBB, 1978, p. 53).

Para os marginalistas, a economia deveria ser compreendida, à maneira da física, como uma ciência exata, matemática, como a mecânica da utilidade e do interesse individual. Isso porque se partia de dois postulados de W. N. Senior enunciados em 1826: o primeiro, à maneira de Bentham, de que a riqueza são as coisas que direta ou indiretamente, produzem prazer ou previnem dor e que são susceptíveis de serem trocadas; e o segundo postulado, de que toda pessoa, em qualquer época e lugar, é desejosa de obter, com o menor sacrifício possível, a maior quantidade possível dos artigos da riqueza. Pressupondo tais características inatas ao ser humano, o valor das mercadorias passa a ser vinculado aos desejos e sensações individuais de quem as consome. As categorias econômicas são esvaziadas das relações sociais que engendram a produção e a troca, as singularidades históricas desaparecem e, assim, a abstração que define o objeto da ciência econômica concebe-o apartado da vida social, das relações sociais, e limitado às relações entre o ser humano e a natureza: "Processa-se dessa forma uma fratura que deixará sequelas profundas: a História deixa de ser uma fonte de conhecimento para a reflexão econômica e se converte na melhor das hipóteses, em um território de 'verificação' ou 'ilustração' dos 'princípios' e 'leis' da 'ciência econômica'" (MAZZUCHELLI, 2017, p. 34-41). Mimetizando as pretensões cientificistas da economia, o próprio nome foi abandonado, economia política foi substituído por *economics*:

> Isolando a "teoria", a economia pura, a análise econômica, de suas raízes e determinações históricas concretas, seus interesses de classe, seus comprometimentos ideológicos, a "economics" buscou se impor como a verdadeira ciência, neutra e objetiva, racional e universal, ao mesmo tempo que desqualificava como ideológicas e não científicas todas as outras correntes (PAULA, 2017, p. 437).

Avessos à ideia de Jevons e dos marginalistas, segundo a qual caberia à história apenas exibir e verificar a ação das leis econômicas nos diferentes estágios da sociedade, G. Schmoller e Cliffe Leslie, integrantes das escolas históricas alemã e inglesa, respectivamente, reagiram com suas críticas e receberam em seguida a resposta de Jevons e Menger, gerando o conhecido debate metodológico (*Methodenstreit*) da década de 1880, em que contrapunham-se teoria, abstração e dedução, de um lado; e história, realismo e indução, de outro. Frente ao crescente predomínio do marginalismo neoclássico, os economistas que se dedicavam à história econômica buscaram um espaço específico para sua atividade. (MAZZUCHELLI, 2017, p. 40; HOBSBAWM, 2013, p. 142-3)

Nas universidades britânicas de Cambridge e Oxford a história econômica passou a integrar os currículos dos cursos de economia em 1880, mas só criariam cadeiras específicas em 1928 e 1931, respectivamente. Já a London School of Economics (LSE) foi criada por membros do movimento fabiano em 1895 para se contrapor à influência de Alfred Marshall no ensino de economia na Grã-Bretanha, a quem se atribui papel importante na formação da vertente neoclássica e na reformulação da estrutura do curso de economia de Cambridge em 1903. Ele havia disputado com William Cunningham a cadeira de economia política da universidade e a assumiu em 1884 defendendo uma perspectiva mais teórica, enquanto seu oponente propunha um ensino com maior peso empírico. A LSE enfatizava a história econômica, a história do pensamento econômico, a estatística e a economia aplicada, tendo estabelecido a primeira cadeira de histórica econômica na Inglaterra em 1901, assumida pela professora Lilian Knowles, antiga assistente de pesquisa de Cunningham. Mas antes disso havia sido criada em Harvard, nos Estados Unidos, em 1882, a primeira cadeira de história econômica, assumida pelo inglês William Ashley, antigo professor de Oxford.

Em termos de publicação especializada em história econômica, a primeira surgiu na Alemanha, em 1893, com o lançamento da *Zeitschcrift für Sozial und Wirtschaftgeschichte*, que depois passou a se chamar

Vierteljahrschrift für Sozial und Wirtschaftgeschichte. Em 1908, surgiu a *Revue d'Histoire des Doctrine économiques et sociales* na França. Em 1915, foi a vez da Holanda, com o *Economisch-Historisch Jaarboek*. Editado por Keynes a partir de 1911, o *Economic Journal* da Royal Economic Society publicou em 1925 o primeiro número do *Economic History*, um caderno suplementar anual dedicado à matéria. No ano seguinte, é lançado nos Estados Unidos o *Journal of Economic and Business History*. Uma vez frustrada a tentativa de criar uma associação internacional de história econômica e social e uma revista própria dedicada ao tema em articulação com Henri Pirenne e Lucien Febvre no Congresso Histórico Internacional, realizado em Bruxelas em 1923, William Ashley retornou à Inglaterra compreendendo que iniciativa deveria ser local. Eileen Power tomou a dianteira: organizadora de uma sessão dedicada à história econômica na Segunda Conferência Anglo-Americana de Historiadores, realizada no Instituto de Pesquisas Históricas em julho de 1926, convidou Ashley para palestrar sobre "O lugar da história econômica nos estudos universitários" e colocou em debate a criação da nova sociedade e da revista de história econômica. Com 480 sócios (80 dos Estados Unidos) e 125 bibliotecas filiadas, era fundada a Economic History Society, sob a presidência de Ashley e publicando no início de 1927 o primeiro número de sua *Economic History Review* (KULA, 1977, p. 25-6; GODINHO, s/d, p. 26; SAES, 2017, p. 40-52).[10]

Nos Estados Unidos, o século XIX se encerrou com a American Historical Association (1884) e a American Economic Assocation (1885) já formadas, sendo que a *American Historical Review* havia começado a circular em 1895. Nos anos de 1880, os professores Charles Dunbar e Frank Taussing, entusiastas do papel da história para a análise da realidade econômica, se valiam de abundantes fontes das bibliotecas de Harvard para realizar pesquisas de história econômica. Foi por iniciativa deles que William Ashley havia criado a cadeira de história econô-

10 Os vice-presidentes da associação eram E. F. Gay e W. R. Scott; a secretaria foi dirigida por Eileen Power e F. W. Tickner e a tesouraria por J. A. White.

mica na universidade, tendo cumprido papel decisivo para sedimentar a área e organizar pesquisadores. Um levantamento de 1908 demonstrou que entre 116 economistas dos Estados Unidos, os que realizaram pós-graduação na Alemanha somavam 59, garantindo a influência da história econômica nos departamentos de economia. Em 1920, nos Estados Unidos, quatro universidades com cursos de economia tinham cadeiras de história econômica: Harvard, Columbia, Yale e Minnesota. Quando a *American Economic Review* foi lançada, em 1911, já circulavam o *Quarterly Journal of Economics*, de Harvard, e o *Journal of Political Economy*, de Chicago. O campo foi se especializando no período entre as guerras com o surgimento de organizações dedicadas a temas mais específicos, como a Agricultural History Association (1919) com sua revista *Agricultural History*, criada em 1927; e a Business History Society (1925), com o periódico *Journals of Economics and Business History*, que começou a circular em 1928. Entretanto, no mesmo período, aumentava o desinteresse dos economistas pela história. Por algum tempo, os pesquisadores dos Estados Unidos caminharam com a Economic History Society inglesa que ajudaram a fundar em 1926. E como os eventos e a revista da American Economic Association reservavam pouco espaço para os estudos de história econômica, os historiadores econômicos também passaram a organizar mesas para garantir sua presença nos congressos de economia. Depois da formação da Industrial History Society no encontro da American Historical Association de 1939, em Washington, temia-se pela fragmentação da área. Assim, em dezembro do mesmo ano, no encontro da American Economic Assocation, na Filadélfia, surgiu a iniciativa de criar uma sociedade de história econômica. No final do ano seguinte, em Nova Iorque, o encontro de história aprovou a formação da nova sociedade de história econômica, o que foi ratificado no encontro de economia dois dias depois, em Nova Orleans (SAES, 2017, p. 52-7).

Enquanto avançava a institucionalização da história econômica na Inglaterra e nos Estados Unidos, a historiografia francesa afastava-se do historicismo metódico de Langlois, Seignobos e Lavisse e caminhava em direção ao diálogo com as ciências sociais:

> Nos anos 1890 e 1910, a história metódica entra numa zona de turbulência. Vê-se no cruzamento de dois fogos: por um lado, os que lhe censuram o culto da objetividade e sua pouca atenção aos processos específicos do conhecimento histórico; por outro, os que denunciam um arraigamento excessivo no particular e no individual, o que provoca um déficit científico. Em ambos os casos, é a definição muito amplamente empírica das práticas históricas que é atacada com violência (DELACROIX; DOSSE; GARCIA, 2012, p. 124).

Neste sentido, em oposição à chamada história tradicional, acontecimental, a recém-criada sociologia, mais especificamente a de Émile Durkheim, propôs uma nova história, rompendo com a influência da filosofia nos estudos históricos e apoiando-se teoricamente nas novas ciências sociais. Os historiadores metódicos predominavam nas posições institucionais e os sociólogos queriam ocupar ou pelo menos compartilhar esse lugar. Assim, no que dependesse do projeto durkheimiano, a história perderia sua autonomia, se tornaria uma ciência social, mas auxiliar, submetida à sociologia, *a* ciência social a quem as demais deveriam fornecer os conhecimentos empíricos como materiais para as generalizações sociológicas (REIS, 2000, p. 37-8, 51-2; DELACROIX; DOSSE; GARCIA, 2012, p. 127-8). Com esta determinação, François Simiand (1906, p. 581) profetizou: "certamente não como disciplina auxiliar e agrupamento de materiais, mas como ciência autônoma e completa por si mesma, a história não tem sua razão de ser e está destinada a desaparecer: não possui, afinal, uma metodologia de explicação que lhe seja própria".[11] Para ele, a ciência supõe

11 "[...] non pas sans doute comme discipline auxiliaire et groupement de matériaux, mais comme science autonome qui serait complète par elle-même, l'histoire n'a pas sa raison d'être et est destinée à disparaître: elle n'a donc pas une méthodologie de l'explication qui lui soit propre".

certo grau de generalidade, não deve se limitar a uma descrição do particular, deve tender à busca de regularidades e à produção de leis, rejeitar o contingente em favor do regular, o individual pelo coletivo, o particular pelo geral, da monografia pela comparação. "Se, portanto, o estudo dos fatos humanos pretende constituir-se como ciência positiva, ela é conduzida a se desviar dos fatos únicos para ater-se aos fatos que se repetem, ou seja, a afastar o acidental para vincular-se ao regular, a eliminar o individual para estudar o social" (SIMIAND, 1903, p. 17).[12] Não por acaso destinou crítica semelhante às abordagens geográficas que analisavam pequenos espaços: "Limitar-se a uma região tão estreita é fechar o único caminho que permite distinguir entre coincidências acidentais ou não influentes e correlações verdadeiras, porque é fechar o caminho de comparação entre um grande número de conjuntos diferentes; em um assunto tão complexo, limitar-se a um único caso de observação é condenar-se de antemão a nada poder provar" (SIMIAND, 1910, p. 731).[13]

Em sentido análogo, a *Revue de synthése historique*, fundada pelo filósofo Henri Berr em 1900, promovia a elaboração de uma história afastada da filosofia e orientada para a observação empírica para reconhecer não apenas as singularidades, mas também as similitudes e recorrências. Ademais, o título do periódico revela sua intenção: produzir uma história-síntese, que levasse em consideração todas as esferas da realidade, da economia às mentalidades, e promovesse a colaboração de diversas disciplinas. A síntese deveria reconhecer a estrutura da história como feita da contingência dos acontecimentos, da necessidade, da determinação e da

---

12 "Si donc l'étude des faits humains veut se constituer en science positive, elle est conduite à se détourner des faits uniques pour se prendre aux faits qui se répètent, c'est-à-dire à écarter l'accidentel pour s'attacher au régulier, à éliminer l'individuel pour étudier le social".

13 "Se limiter à une région aussi étroite, c'est se fermer la seule voie qui permette de distinguer entre les coïncidences accidentelles ou non influentes et les corrélations véritables, puisque c'est se fermer la voie de la comparaison entre des ensembles différents assez nombreux; en une matière aussi complexe, se limiter à une seul cas d'observation, c'est se condamner d'avance à ne pouvoir rien prouver".

lógica da razão individual. Contudo, o diretor da revista não se alinhava às posições durkheimianas. Berr considerava que a sociologia de Durkheim padecia de um reducionismo ao levar em conta apenas a dimensão social, negligenciando o papel dos indivíduos, a psicologia. Ainda assim, tendo em vista a síntese, procedeu-se em favor do diálogo, o que resultou em ecletismo nas colaborações da publicação: suas colunas estavam abertas tanto a Langlois e Gabriel Monod quanto a Durkheim e Simiand. Lucien Febvre começou a colaborar com a *Revue de synthése historique* em 1903 como responsável pela crônica dos trabalhos de geografia. Marc Bloch estreou em 1912, revelando uma abordagem e uma terminologia similares às de Henri Berr. Em 1922, Lucien Febvre publicou *La Terre et l'evolution humaine: introduction géographique à l'hitoire* na coleção *L'evolution de l'humanité*, lançada por Berr dois anos antes. No mesmo ano em que publicou seu livro *Les rois thaumaturgues* (1924), Bloch foi convidado para contribuir na coleção, e propôs mais tarde a redação de *La société féodale*, que teve seu primeiro tomo publicado em 1939. Em testemunho pessoal prestado no início dos anos 1970, Fernand Braudel reconheceu Henri Berr como um membro antecipado dos *Annales* a quem se deveria olhar para saber como começaram (DOSSE, 1992, p. 43-4; DELACROIX; DOSSE; GARCIA, 2012, p. 133-5; REIS, 2000, 56-60).

Em suas resenhas na *Revue de synthése historique* Febvre rejeitava as críticas de Simiand à geografia, processo que culminou com seu livro de 1922, que endossava a perspectiva da geografia vidaliana de ressaltar a iniciativa e a mobilidade dos homens, contrapondo-se ao determinismo geográfico do alemão Friedrich Ratzel. Com a criação dos *Annales de Géographie* (1891) e a publicação do *Tableau de la géographie de la France* (1903), de Paul Vidal de La Blache, foram dados os passos decisivos para que geografia se tornasse uma grande componente da maneira francesa de escrever a história (DELACROIX; DOSSE; GARCIA, 2012, p. 110-1).

> Uma individualidade geográfica não resulta de simples considerações de geologia e de clima. Não é algo dado de antemão pela natureza. É preciso partir da ideia de que uma área (*contrée*) é um

> reservatório onde dormem energias das quais a natureza depositou o germe, mas cujo emprego depende do homem. É ele que, ao submetê-la ao seu uso, ilumina sua individualidade. Ele estabelece uma conexão entre traços esparsos; os efeitos incoerentes de circunstâncias locais, ele substitui por um concurso sistemático de forças. É então que uma área adquire precisão e se diferencia, tornando-se em sentido amplo como uma medalha esculpida pela efígie de um povo (VIDAL DE LA BLACHE, 1999, p. 143).

Assim, a geografia se revelava ao mesmo tempo como ciência dos lugares e dos homens, ressaltando as possibilidades, mais que as necessidades; permitindo ser pensada em complementaridade com a história. Nas primeiras décadas do século XX, sob a liderança da obra vidaliana, formava-se uma verdadeira escola geográfica francesa (REIS, 2000, p. 62; DELACROIX; DOSSE; GARCIA, 2012, p. 145-8). Disse Vidal de La Blache (1999, p. 145):

> Revoluções econômicas como aquelas que se desdobram nos nossos dias imprimem uma agitação extraordinária à alma humana; elas põem em movimento uma multidão de desejos, de ambições novas; elas inspiram em alguns lamentações, em outros, quimeras. Mas este dilema não deve nos subtrair o fundo das coisas. Quando uma rajada de vento agita violentamente uma superfície de água muito clara, tudo vacila e se mescla; mas, em um determinado momento, a imagem do fundo se desenha outra vez. O estudo atento daquilo que é fixo e permanente nas condições geográficas da França deve ser ou deve tornar-se mais do que nunca o nosso guia.

A influência desta escola geográfica está presente já nas obras de Bloch e de Febvre, "como eles próprios tinham prazer em sublinhar" (PROST, 2015, p. 36), mas encontraria seu apogeu em Braudel: a "rajada de vento" está para as palavras finais do *Tableau* assim como a "agitação de superfície" está para o prefácio do *Mediterranée* braudeliano.

Do mesmo modo que Ashley, Lucien Febvre reagiu ao insucesso da tentativa de criar uma revista internacional de história econômica e social sob a direção de Henri Pirenne, historiador belga internacionalmente reconhecido, que desde o final do século XIX já vinha criticando as insuficiências e problemas da escola metódica. Agora ao lado de Bloch, Febvre retomou a iniciativa em 1928, sendo apoiados principalmente por Albert Demangeon, diretor dos *Annales de Géographie*, para negociar com a editora Armand Colin. O primeiro número dos *Annales d'Histoire Économique et Sociale* veio a público em janeiro de 1929, sob a direção da dupla de professores da Faculdade de Letras de Estrasburgo. No comitê de redação, além de Pirenne e Maurice Halbwachs, cabe destacar a presença de Charles Rist, professor de economia política na Faculdade de Direito de Paris, e de Henri Hauser, professor de história econômica na Sorbonne, que seria sucedido por Bloch. Em um balanço da historiografia feito em 1914, Louis Ralphen, secretário da *Revue Historique* – portanto um dos mais autorizados representantes da corrente metódica –, nota que a história econômica e financeira, a história social, a história religiosa, a história dos costumes, a história artística e intelectual atraía os historiadores tanto ou mais que a história política e constitucional. Mas esse balanço não impediu que 49,9% dos artigos da *Revue Historique* entre 1929 e 1945 fossem dedicados à história política, enquanto apenas 17,5% foram dedicados à história econômica e 4,4% à história social. O contraste é nítido: no mesmo período, nos *Annales*, a história política representou apenas 2,8% dos artigos publicados, enquanto a história econômica contribuiu com 57,8% e a história social com 26,2% do total (DELACROIX; DOSSE; GARCIA, 2012, p. 149-50; DOSSE, 1992, p. 49-53).

Como destacou Marc Bloch em carta a André Siegfried, de 29 de janeiro de 1928, ele e Febvre eram devedores da palavra "social" – destacando o estudo da organização das sociedades, das classes etc. – ao lado da palavra "econômico" (DOSSE, 1992, p. 49). Depois, em 1944, na sua tragicamente inacabada *Apologia da história*, Bloch (2001, p. 131) lembrou que a ciência "decompõe o real apenas a fim de melhor observá-lo" e alertou do perigo que se corre "quando cada projetor pretende ver tudo sozinho; quando cada canto do saber é tomado por uma pátria".

Observava-se na França uma importante diferença em relação aos anglo-saxões no percurso da história econômica: a proximidade da área com historiadores em detrimento dos economistas, como era mais comum entre os pesquisadores ingleses e estadunidenses – talvez porque as faculdades de economia só foram autorizadas a funcionar na França a partir de 1959, sendo que antes disso os economistas recebiam formação nas faculdades de Direito como uma especialização. Além disso, por contar com um periódico como os *Annales*, os historiadores econômicos franceses não precisaram de uma instituição própria, autônoma, até que a chamada Nova História viesse a questionar a dominância dos estudos de história econômica na historiografia. Assim, enquanto a Economic History Society inglesa foi fundada em 1926 e a Economic History Association dos Estados Unidos foi criada em 1940, o surgimento da Association Française d'Histoire Économique em 1965 pode ser considerado relativamente tardio (SAES, 2017, p. 65-6).

Nascida pouco antes da quebra da bolsa de Nova Iorque ocorrida em outubro de 1929, que deu início à Grande Depressão, a revista dos *Annales* respondeu às questões de uma época que deslocava o olhar dos aspectos políticos em direção aos econômicos e sociais. Afinava-se o instrumental de análise quando a crise despertou nos historiadores o interesse pelos ciclos e flutuações econômicas e, portanto, a atenção para os números, as séries estatísticas, os orçamentos e contabilidades nacionais. A queda dos preços e o declínio da produção e do emprego sublinharam o papel das flutuações de longa duração, bem como abalavam vários dos postulados e concepções da economia clássica e neoclássica. No âmbito da teoria econômica, a intervenção estatal – com destaque para o *New Deal* de F. D. Roosevelt nos Estados Unidos – trouxe três importantes mudanças: a emancipação da macroeconomia, a orientação para pesquisas empíricas e a tendência a pesquisar sobre a longa duração. Neste sentido, o mais divulgado texto do economista soviético Nicolai Kondratiev sobre os grandes ciclos (ou ciclos longos) da economia[14], tendo sido publicado originalmente em 1925 e até então disponível apenas em russo ou alemão, foi traduzido para o inglês e apareceu na *Review of Economic Statistics* em 1935. Foi também nesse contexto que Ernst Labrousse lançou a obra que se tornaria referência do método quantitativo em história econômica: *Esquisse du mouvement des prix et de revenues em France au XVIIIe siécle* (1933) (DOSSE, 1992, p. 22; ARRUDA, 197, p. 469; MARIUTTI, 2009, p. 311).

Diversos estudos dos ciclos foram produzidos no período da Grande Depressão: *Secular movements in prices and production* (1930), de Simon S. Kuznets; *Le salaire, l'évolution sociale et monnaie* (1932), *Recherches ancienne et nouvelle sur le mouvement général de prix du XVIe au XIXe siécle* (1932), *Les fluctuations économiques à longue période et la crise mondiale* (1932) e *Inflation et stabilization alternées: le mouvement economique aux Etats Unis* (1934), de François Simiand; *Les hausses et les baisses des prix de longue durée* (1933), de J. Lescure; *Economic progress and economic crisis* (1933), de Johan H. Ackerman; *The american trasure and the price revolution in Spain* (1934); *Money, prices and wages in Valencia, Aragon and Navarra 1351-1500* (1936), de Earl J. Hamilton; e *Recherches et documents sur l'histoire dês prix em France de 1500 à 1800* (1937), de uma equipe sob a direção de Henri Hauser (GODINHO, s/d, p. 51).

Ao final da primeira metade do século XX, deparava-se com uma historiografia que mantinha sua pretensão de acessar a verdade ao narrar os acontecimentos do passado, mas reformulando seus conceitos: nem a verdade é imediatamente dada pelas fontes ao historiador, pois depende dos problemas e das questões que este, no tempo presente, lança às evidências legadas pelo passado, nem a narrativa se limita ao acontecimento, ao Estado, à política e à curta duração; uma historiografia que recebeu a

14 "Em razão da terminologia utilizada por Kondratiev e, também, pela nítida preferência dos economistas pelos ciclos curtos, os ciclos de Kondratiev tendem a ser considerados como ciclos ou ondas longas. No entanto, se levarmos em conta a hipotética existência de tendências seculares, que possuem duração muito maior (cento e cinquenta anos), os ciclos de Kondratiev seriam mais bem qualificados como ciclos de *média duração*". (MARIUTTI, 2009, p. 52).

influência do materialismo dialético e, assim, integrou à análise histórica a produção da vida material, as classes sociais e suas lutas; que entrou em diálogo e colaboração com as ciências sociais para se apropriar se seus conceitos e teorias, explicar os processos históricos e poder reconstituí-los, portanto sem abandonar sua atenção ao particular e negando-se a se tornar disciplina auxiliar e assessória; uma historiografia que havia acumulado dados em profusão sobre a história econômica, e passava a dar a eles um tratamento conceitual e teórico sistemático; enfim, uma historiografia que dialogou com economistas e produziu um ramo especializado, a história econômica, para dar conta da análise de uma sociedade em que a economia se destacava cada vez mais como uma esfera da existência com suas regularidades e contingências. Em linhas gerais, este é o quadro da historiografia ocidental resultante das mudanças observadas nas primeiras décadas do século XX, quando se deu o encontro da historiografia brasileira com a economia e a chegada do marxismo no Brasil.

A historiografia econômica brasileira

Entre os historiadores brasileiros, especialmente os que se dedicam à análise historiográfica, é de certo modo consensual que a organização sistemática da preservação da memória histórica no Brasil tem como marco de nascimento a fundação do Instituto Histórico e Geográfico Brasileiro (IHGB), em 1838 (ARRUDA; TENGARRINHA, 1999, p. 33). A primeira edição da *Revista do IHGB* trazia um relato de sua fundação:

> Em sessão do conselho administrativo da Sociedade Auxiliadora da Indústria Nacional, de 18 de agosto deste ano, leu o seu primeiro secretário, marechal Raymundo José da Cunha Mattos, uma proposta, por ele assinada e também pelo secretário adjunto o cônego Januário da Cunha Barbosa, para a criação de um Instituto Histórico Geográfico Brasileiro, filial da Sociedade Auxiliadora, pedindo que se obtenha a necessária aprovação da assembleia geral da mesma sociedade (INSTITUTO, 1839a, p. 5).

No dia seguinte, com a assembleia reunida, depois de algumas reflexões em favor, "foi unanimemente aprovada a proposta em todas as suas bases, e louvados na ata desta sessão os seus proponentes – *pela ideia da criação de um Instituto, do qual grandes vantagens se devem esperar em prol da pátria e para a glória de seus membros*". Sua instalação ocorreu a 21 de outubro, um domingo, no salão de sessões da Sociedade Auxiliadora (*Ibidem*, p. 7). O primeiro artigo de seus estatutos, aprovados em 25 de novembro, inscreve a finalidade da instituição: "coligir, metodizar, publicar ou arquivar os documentos necessários para a história e geografia do Império do Brasil; e assim também promover os conhecimentos destes dois ramos filológicos por meio do ensino público, logo que seu cofre proporcione esta despesa". Para tanto, previa-se "sustentar correspondências com sociedades estrangeiras de igual natureza", ramificar-se "nas províncias do Império para mais fácil desempenho dos fins que se propõe" e publicar um periódico trimestral:

> Nesta revista se publicarão, além das atas e trabalhos do Instituto, as memórias de seus membros que forem interessantes à história e geografia do Brasil; e assim também as notícias ou extratos de história e geografia das obras publicadas pelas outras sociedades e pessoas literatas, estrangeiras ou nacionais, precedendo a respeito delas o relatório de uma comissão do seu seio, para esse efeito nomeada (INSTITUTO, 1839b, p. 18).

Apesar do caráter privado, o Instituto nasceu com forte proximidade com o Império. No bojo do processo de formação do Estado Nacional, a criação do IHGB materializou o empreendimento de pensar a história brasileira como meio de construir uma identidade nacional própria, que singularizasse o Brasil no conjunto de nações. Assim, os letrados do Instituto se entregaram à tarefa de pensar o Brasil segundo os postulados próprios de uma história comprometida com a gênese da Nação. O Estado como eixo central a partir do qual se observa a história do Brasil é um traço marcante desta história nacional (GUIMARÃES,

1988, p. 5-6). Assim, no período de 1839 a 1864, 47% dos artigos publicados na *Revista do Instituto Histórico e Geográfico Brasileiro* (RIHGB) se dedicavam à história política, sendo apenas 15% à história social e 7% à história econômica. No período seguinte (1865-1889), observa-se um decréscimo na participação da história política para 43% e um significativo aumento da história social para 27%, enquanto a contribuição da história econômica permanece estável em 7%. No período imperial já havia uma tendência, mas é na década de 1890, início do período republicano, que se observa uma inflexão em favor de textos mais reflexivos sobre a condição do país e uma evidente influência das teorias cientificistas, especialmente do positivismo, do darwinismo social e do determinismo geográfico. De todo modo, a participação da história econômica na *RIHGB* permaneceu relativamente estável, representando crescimento para 12% no período 1890-1914, seguido de queda para 8% entre 1915 e 1938 – enquanto a participação da história social continuou aumentando: compareceu respectivamente com 44% e 55% dos artigos publicados nos dois períodos indicados (POPPINO, 1953, p. 316).

O fim do Império e a proclamação da República levaram mudanças ao IHGB: não apenas deixava de estar "debaixo da imediata proteção de S. M. I. [Sua Majestade Imperial] o senhor D. Pedro II" (INSTITUTO, 1839a), mas também via o Império ser gradativamente incorporado como *passado* nacional, enquanto a República se tornava o presente e o futuro. Em seu discurso na comemoração de um ano da proclamação, Deodoro da Fonseca deixava claro que o passado era nação, não era monarquia. Durante os governos militares de Deodoro da Fonseca e Floriano Peixoto, havia certo desconforto com a nova situação e dúvidas sobre a continuidade do IHGB. Além de produzirem uma historiografia compromissada com o projeto político monárquico, os membros do Instituto tinham cargos importantes na burocracia do Império. Incertezas e retaliações acossavam o IHGB, que chegou a ter suas portas temporariamente fechadas entre 12 de agosto de 1893 e 15 de janeiro de 1894, em função do recrudescimento da Revolta da Armada, no Rio de Janeiro.

Para garantir a sobrevivência do Instituto, seu então presidente, Olegário Erculano de Aquino e Castro (1891-1906), adotou uma estratégia de negociação com os governos republicanos. Havia também uma diferença entre os sócios do Instituto na recepção da República: uns considerando--a um desencontro, outros como inevitável. Mas na reaproximação entre o IHGB e a vida do governo iniciada no período de Prudente de Moraes (1894-1898) prevaleceu a noção de que 1889 foi mesmo um desencontro, deixando a imagem de início da ordem republicana aos governos civis e de força e violência aos governos militares. O primeiro presidente civil do país compareceu à sessão de aniversário de 1894 do Instituto, mas não se sentou na cadeira do "Imediato protetor do Instituto Histórico". O respeito a D. Pedro II, falecido em dezembro de 1891, indica que também para os governos civis republicanos o passado imperial era um passado nacional. (HRUBY, 2008, p. 3; SOUSA, 2015, p. 213-30).

Mas a retomada de prestígio do IHGB junto ao Estado teve seu momento decisivo quando a presidência do Instituto foi exercida pelo Barão de Rio Branco (1908-1912), cargo que acumulou junto com o de Ministro das Relações Exteriores (1902-1912). Em 1890, o Instituto se gabava por ter auxiliado disputas por fronteiras fornecendo documentos e estudos cartográficos e evocava sua inserção internacional quando chamado a prestar contas de seus serviços à pátria. Havia associação entre a diplomacia da Primeira República e o IHGB: Joaquim Nabuco e Rio Branco operavam de forma próxima ao Instituto (SOUSA, 2012, p. 56-7). A reorientação da política externa brasileira, em consonância com as reivindicações do manifesto republicano de 1870 e com a crescente recepção do panamericanismo, passava a promover a aproximação com as repúblicas vizinhas e com os EUA. Em 1906, o Rio de Janeiro foi sede da terceira Conferência Internacional de Estados Americanos. A temática americana tomou maiores proporções no Instituto, que organizou em 1922, como parte das comemorações do centenário da Independência, o Primeiro Congresso Internacional de História da América. Neste período, ingressaram no IHGB diversos sócios que se destacaram por obras sobre o continente americano, como Rocha Pombo, com seu *Compêndio de História da América* (1899), e Arthur Orlando, autor de *Pan-Americanismo* (1906). Fundada em 1909 com o patrocínio do Itamaraty comandado por Rio Branco, então presidente do IHGB, a *Revista Americana* (1909-1919) contava com diversos colaboradores que eram sócios do Instituto, entre os quais: Oliveira Lima, Joaquim Nabuco, Clóvis Beviláqua, João Pandiá Calógeras, Hélio Lobo e Silvio Romero. Mais de uma vez, textos publicados originalmente na *Revista do IHGB* foram reproduzidos na *Revista Americana* (SILVA, 2016, p. 3-5). Para o Estado brasileiro, integrar o país com o mundo americano significava identificá-lo com o regime republicano e com a modernidade.

Ainda assim, o movimento de aproximação do IHGB ao republicanismo no final do século XIX e ao panamericanismo no início do século XX não significou uma reorientação teórica e metodológica da historiografia produzida no interior do Instituto e seus equivalentes regionais. Na verdade, reforçou a orientação predominante. José Honório Rodrigues (1966, p. 17) criticou duramente a "apologia do passado e a consequente defesa do *status quo*" que prevaleceu entre historiadores antes do que chamou de "revisionismo" ou "tendência revisionista" na historiografia brasileira: "a razão de Estado, a razão conservadora, os grandes homens imperiais e republicanos explicam e conduzem o nosso processo histórico, onde falta sempre a presença do povo – visto como quase infeto, deseducado e errado, pois foram os seus pecados que originaram os nossos insucessos".

Pode-se dizer que a *História geral do Brasil* (1857), de Francisco de Adolfo Varnhagen, com acento na esfera política, alicerçada nos pressupostos da história diplomática e administrativa e circunscrita ao que se passa nas classes dominantes e elites dirigentes, condensava toda uma geração de pesquisas iniciadas com a fundação do IHGB e consolidava seu projeto. Tornou-se cânone da historiografia ao longo da segunda metade do século XIX. A pedido da Livraria Laemmert, a terceira edição da obra de Varnhagen foi preparada por Capistrano de Abreu, contendo notas de sua autoria. "Tem me dado um trabalhão: ele [Varnhagen] é muito mais descuidado e inexato do que pensava a princípio", disse Capistrano (1903 *apud* RODRIGUES, 1966, p. 88) em carta a Guilherme Studart. Mas estaríamos enganados se pensássemos que se tratava apenas de revisão erudita e metódica, meramente interessada na exatidão das informações, pois Capistrano – profundo conhecedor das lacunas e deficiências da historiografia brasileira de sua época, que dizia ser uma casa edificada na areia – estava consciente da necessidade de renová-la. Assim, em 1907, no mesmo ano em que foi publicado o primeiro dos três volumes da terceira edição da *História geral do Brasil*, o autor lançou os *Capítulos de História Colonial*, rompendo com a tradição vigente e mobilizando a geografia, a etnografia, a história econômica e social para delinear um quadro original da história do Brasil. Em conjunto, sua obra foi além da história setorial e meramente narrativa e caminhou rumo a uma história global e explicativa, ou pelo menos compreensiva – sem deixar de ser uma narrativa. Situa-se, portanto, como um historiador que abriu o caminho e lançou a ponte entre a fase da historiografia brasileira marcada pelo IHGB e a fase da moderna historiografia, inaugurada com a chamada geração de 1930 – Gilberto Freyre, Sérgio Buarque de Holanda e Caio Prado Júnior à frente, conforme a fórmula consagrada por Antônio Candido (1995, p. 9) – e os cursos universitários de história. (ARRUDA; TENGARRINHA, 1999, p. 38-9; NOVAIS, 2005b, p. 313-6)

Capistrano, que começou a aprender alemão quando chegou ao Rio de Janeiro em 1875, tinha fortes vínculos culturais com o país: 80% dos livros de língua estrangeira de sua biblioteca pessoal eram alemães. Essa influência se fez sentir em sua obra. Com Friedrich Ratzel, Oscar Peschel e J. E. Wappoeus aproximou-se da geografia e foi leitor de Karl Bücher e Gustav von Schmoller, integrantes da nova escola histórica alemã: recomendava a leitura do primeiro a João Lúcio de Azevedo e Paulo Prado, enquanto do segundo dizia ser um "espírito superior e luminoso" e autor de "um livro monumental" de economia política (RODRIGUES, 1970, p. 175-83). De todo modo, ainda que integre a economia em sua narrativa, o livro de Capistrano não figura entre os que podemos chamar propriamente de história econômica. O mesmo pode ser dito tanto da

História do Brasil, de Rocha Pombo, publicada em 10 volumes de 1905 a 1917 – na qual "encontram-se capítulos informativos e interessantes a respeito da história econômica do Brasil", na avaliação de Caio Prado Júnior (1945, p. 309) –, quanto de *Formação Histórica do Brasil* (1930), de João Pandiá Calógeras, com diversos capítulos de caráter econômico.

No Brasil, a história econômica tem início somente no século XX. A rigor, podemos situar na década de 1920 o momento em que surgem as primeiras obras de história econômica produzida por brasileiros e que buscam abordar a história econômica do Brasil em seu conjunto. Antes disso era feita a investigação em torno de produtos, de exploração mineral, de transportes, do meio circulante, de bancos, mas não de um retrato da economia no seu todo. Exemplos desse tipo são, entre outros, a *História financeira e orçamentária do Império do Brasil desde a sua fundação* (1889), de Liberato Castro Carreira; *As minas do Brasil e sua legislação* (1904-1905) e *La politique monétaire du Brésil* (1910), de Pandiá Calógeras (RODRIGUES, 1969, p. 167; IGLÉSIAS, 1959, p. 81; SAES, 2009, p. 183; ALMEIDA, 2012, p. 7).[15]

Qual o motivo do aparecimento tardio da historiografia econômica em nosso país, quando comparado com a historiografia geral? Mais uma vez, é o processo de autonomização da esfera econômica que explica:

> É que só em nosso século os assuntos econômicos despertam atenção de políticos e estudiosos. É claro que já se tinha em conta, antes, a realidade econômica, mas esta não constituía objeto de maiores cuidados, entrelaçada que estava nas teias da política, em suas manifestações administrativas, legais. Não se concedia ao econômico a importância que ele tem. [...] As

15 Apesar de não serem propriamente obras de história, Almeida (2012, p. 7) também menciona o *Balanço do Império no reinado actual: estudo político-financeiro* (1877), de Tito Franco de Almeida, e *Agriculture et les industries au Brésil* (1889), de Pires de Almeida, escrito para apresentar as possibilidades econômicas do país na exposição universal de Paris naquele ano, realizada para a celebração do centenário da revolução francesa.

> exceções que se poderiam apontar, de políticos ou publicistas que diagnosticaram a situação, apontando-lhe mazelas e corretivos, não desmentem que assim era, pois o que importa é a caracterização do conjunto. A "inteligentzia", em postos de direção ou em seus escritos, exprimia apenas uma realidade. Nesse acalanto viveu-se até que a primeira grande guerra fez sentir os seus efeitos (IGLÉSIAS, 1959, p. 78-9).

O padrão de desenvolvimento da indústria brasileira tornou-se mais complexo a partir da Primeira Guerra Mundial. A escassez de matérias-primas e insumos básicos que deixaram de ser exportados pelos países envolvidos no conflito, o que incluiu maquinaria e equipamentos, deixou evidente a necessidade de diversificar a produção industrial para atender um mercado interno em crescimento. Neste momento, o investimento na indústria de transformação e a expansão industrial estavam diretamente relacionados ao desempenho do setor agroexportador, relação que foi paulatinamente alterada, sem ser integralmente superada, a partir da década de 1930. De 1907 a 1920, dobrou o número de operários, quadruplicou o valor da produção e triplicou o número de estabelecimentos, bem como o capital investido. Contudo, ainda que aquela diversificação tenha sido tentada durante a guerra, foi ao longo dos anos 1920 que teve seu impulso decisivo. Iniciava-se, assim, um período de transição para um sistema econômico dominado pelo capital industrial, tanto em termos de acumulação como de contribuição para o crescimento do Produto Interno Bruto (PIB), transição que se completaria apenas na segunda metade dos anos 1950. Assim, nos anos 1920, com o crescimento da atividade industrial, as classes a ela vinculadas – capitalistas industriais e operariado fabril – ampliaram-se e fortaleceram-se, bem como os centros urbanos e, com eles, os chamados setores médios: comerciantes, funcionários públicos, profissionais liberais etc. Essa nova configuração econômico-social que se formava implicou na regulamentação de uma política social e na luta destes novos setores por participação política, mas o sistema político vigente mostrava-se incapaz de absorver os novos segmentos sociais em ascensão e as oligarquias regionais disputavam influência sobre as políticas de Estado. Compreende-se, pois, porque os historiadores se voltaram aos aspectos econômicos e sociais, neste momento, de um modo que não haviam feito até então (SUZIGAN, 1986, p. 246-7; 345-7; LIMA, 1976b, p. 335; VIZENTINI, p. 1983, p. 18-9; SODRÉ, 1967, p. 227; IGLÉSIAS, 1959, p. 81).

Neste sentido, além de ser um marco para o tenentismo (Revolta do Forte de Copacabana), o modernismo (Semana de Arte Moderna) e o comunismo (fundação do PCB), o ano de 1922 é uma data que também se insere na historiografia econômica brasileira: por iniciativa do Ministério da Fazenda, em celebração ao centenário da Independência, foi publicado o *Histórico da formação econômica do Brasil*, de Vitor Viana, na qual se observava a crescente importância da economia política, que "tomou corpo no século XIX" e no século XX teria "um predomínio muito maior". Segundo o autor, apesar de "sempre" ter produzido e comerciado, "agora a produção e o comércio tornam-se conscientes", sendo que "depois da guerra as preocupações econômicas se acentuaram".

> Nos jornais, nas revistas, no parlamento sobressaem artigos e discursos de ordem econômica e financeira. Os oradores famosos da nova geração na França, na Inglaterra, nos Estados Unidos, na Alemanha, são especialistas em questões comerciais e financeiras; velhas revistas literárias e artísticas abrem rubricas de economia, finanças, agricultura, indústria, comércio; e assim tudo demonstra que para corrigir as perturbações da guerra os homens se preparam para empreender com consciência uma grande obra de criação de novas riquezas (VIANNA, 1922, p. 97).

Concebido como uma tentativa de renovação na qual teve "de estabelecer novas relações, de criar noções e estabelecer doutrinas", o autor do livro vaticinava na sua conclusão: "A história do Brasil está por fazer". Talvez por isso fosse tão apegado à noção de ineditismo, ressaltando ter feito demonstrações "pela primeira vez" ou "sem ter precedente" (*Ibidem*, p. 233). Apesar de, na maior parte das vezes, manter-se restrito ao que se passava nas elites intelectuais e governantes e na história político-administrativa da vida financeira do país, o autor dá sinais de incorporar alguns elementos da incipiente história econômica e social que se constituía, sobretudo, fora do país. Em um sentido específico, diferenciava-se do historicismo da escola metódica. As leis científicas viriam em primeiro lugar e os fatos seriam sua confirmação: "precisamos definir as principais leis econômicas, de ciência econômica; resumir *depois* os fatos e as conquistas primordiais da produção e da repartição das utilidades e depois mostrar o que existe no país e no mundo para ser convenientemente aproveitado" (*Ibidem*, p. 100, grifo nosso). Aliás, levando-se em conta que a justificativa para este empreendimento seria suprir uma deficiência de conhecimento sobre os princípios clássicos da economia entre os brasileiros - uma vez que seria "indispensável ter todos os conhecimentos para poder agir, saber para prever, prever para prover" –, Viana demonstra vínculos com as filosofias da história, que ficam mais evidentes em outra passagem:

> O método evolucionista, que é o preferido das ciências positivas, depois das demonstrações de Spencer, ainda não foi aplicado com consistência e boa fé na sociologia moderna. A velha filosofia dos históricos era sob este ponto de vista mais racional e científico [sic]. Para estudar o *homem verificava a sua evolução através da história* e para encontrar as leis de seu desenvolvimento procurava analisar esse próprio desenvolvimento e não se perdia em soluções unilaterais. [...] O homem idealiza, sonha, deseja maior bem-estar e mais amplas garantias. A realização desses ideais, desses sonhos, desses desejos se subordina, porém, a circunstâncias históricas, que às vezes ele pode desviar ou comandar e que outras vezes escapam à sua ação (*Ibidem*, p. 79).[16]

16 Mais adiante, a adesão de Viana (1922, p. 142) às filosofias da história fica explícita: "Há em toda a história como que uma teleologia; tudo se conduz como se procu-

O homem teria encontrado estas leis de seu desenvolvimento ao constituir a economia política clássica, cabendo a ele agir de acordo com seus postulados, entre os quais o de que o "homem trata sempre de obter o máximo de resultados com o mínimo de esforço" e o de que "foi sempre governado pelas necessidades econômicas". Se nem sempre os seguiu conscientemente é porque se desviava "de seus verdadeiros interesses para atender às superstições, aos mitos, aos sentimentos que, no seu entender, representava o que mais lhe convinha". Isso precisaria mudar para se obter riqueza e prosperidade. Se por um lado o homem "só prospera quando pode trocar produtos e vive numa comunhão de interesses recíprocos", por outro lado, o "estímulo individualista para trabalhar" seria a pedra de toque: "O esforço do trabalho de cada um contribuiu sempre para o progresso geral e desse progresso geral aproveitaram todos". Neste sentido, "se a solidariedade social é uma condição de progresso o comunismo é um elemento de empobrecimento e ruína". Portanto, não se poderia descuidar e ignorar a economia política. "Se há uma ciência da riqueza, da troca e do trabalho social, como consentir que os que produzem e façam comércio, e os que pretendem legislar a respeito ignorem os mais comezinhos princípios verificados na observação secular e demonstrada nos fatos?". Ao questionamento provocativo se segue uma repreensão ao que diz ser um equívoco, a saber: "considerar *escolas econômicas* o que apenas são fórmulas de aplicação". A negação é assertiva: "Não há diversas escolas econômicas; há uma *ciência*, que é a escola clássica e há então *economistas* de *aplicação*, isto é, formuladores de uma política de ocasião". Ecos da filosofia do direito natural que orientou Adam Smith também se fazem sentir: "Os economistas clássicos dizem verdades universais, como se relacionam os fenômenos, como se repetem, como são necessários. Fazem ciência e quando aplicam não querem sair das verdades naturais. A sua política, a sua arte consiste em pedir que cada qual proceda de acordo com as leis naturais em busca de um conforto e isto constitui o melhor esforço social" (*Ibidem*, p. 93-101).

---

rasse uma finalidade". Assim, compreende-se melhor porque o autor faz tanto uso da noção de "predestinação" ao se referir a processos e a sujeitos históricos.

Assim, não é fortuito o destaque dado a José da Silva Lisboa, o Visconde de Cairu, "primeiro economista brasileiro", na narrativa do processo de independência. "A influência dos economistas da transformação do Brasil, de 1808 a 1830, não foi registrada pelos nossos historiadores. Essa influência foi grande", diz Viana. Enquanto o Marquês de Pombal é comparado ao mercantilista Colbert, Cairu é apresentado como discípulo brasileiro de Adam Smith e Jean Baptiste Say. E do mesmo modo que Vicent de Gournay proclamou a célebre fórmula *laissez-faire, laissez-passer*, "preparando a revolução francesa, que foi uma consequência de suas ideias de liberdade", José da Silva Lisboa recomendava ao final do regime colonial: *deixai fazer, deixai passar, deixai vender.* Neste sentido, "a abertura dos portos, a abolição dos monopólios, a livre circulação entre as diversas capitanias que até então não existia, a liberdade de indústria" foram não apenas "necessidades provenientes da transladação da Corte para o Brasil como também aplicação da escola liberal que dominara os espíritos dos intelectuais e altos funcionários" (*Ibidem*, p. 165-70).

Enfim, apesar da pretensão do título da obra, o autor apresentou mais aspectos da política econômica e financeira do que temas relacionados à história do desenvolvimento da atividade econômica (RIBEIRO, 1999, p. 11). Filosofia da história com traços de idealismo; narrativa atenta às esferas político-administrativas e seus protagonistas; elementos de diálogo com as nascentes ciências sociais, vide algumas digressões sociológicas e antropológicas; economia política clássica com traços de utilitarismo neoclássico, vide menção à "repartição das utilidades" e à "ciência econômica": eis os traços principais da teoria da história que orienta o livro de Victor Viana.

No ano seguinte, José Gabriel de Lemos Brito lançou os *Pontos de partida para a história econômica do Brasil* (1923), que recebeu de Caio Prado Júnior (1945, p. 309) o seguinte comentário: "O autor estuda diferentes aspectos da evolução econômica brasileira no período colonial, mas sem unidade e com pouco espírito crítico". Na obra também se fazia presente a influência das filosofias da história: "Os povos caminham para sua finalidade histórica, levados, conduzidos por uma visão do inconsciente, mas seguem sempre para o ponto remoto, longínquo, por caminhos cujos términos os coetâneos não podem perceber, mas que esse instinto da finalidade clareia e assegura" (BRITO, 1939, p. 62).

A terceira edição do livro, publicada em 1980, vem acompanhada de uma nota da Companhia Editora Nacional, apresentando-a como um "estudo de vanguarda", e "pioneiro em 1923", uma vez que "a historiografia brasileira não se interessava sistematicamente pelo econômico" e cuidava "só de aspectos políticos ou administrativos, como a sucessão de governos e atos públicos de aparência relevante". Como "não era feita de acontecimentos sensacionais, nem envolvia personalidades tidas como decisivas", a estrutura econômica "ficava de lado". Ainda que reconhecesse o *Histórico da formação econômica do Brasil*, de Victor Viana, como o "primeiro livro dedicado à história econômica do Brasil", este seria "breve e ligeiro em tamanho e tratamento", enquanto o texto de Lemos Brito é "alentado e rico de perspectivas originais". Em suma, segundo a editora: "Se Victor Viana lança a base, Lemos Brito a consolida" (COMPANHIA, 1980, p. IX). Ainda que a diferença entre ambos seja nítida, também é certo que a editora carrega nas tintas, provavelmente em função do objetivo propagandístico.

No prefácio da primeira edição o autor revela a origem da empreitada: a solicitação de Miguel Calmon, presidente da Sociedade Nacional de Agricultura, para que escrevesse um estudo que seria a introdução a uma obra sobre a economia rural do Brasil, que trataria das diferentes especialidades da agricultura e da pecuária. Não por acaso, Lemos Brito reconheceu que seu livro se dedicava "mais que aos outros ramos da nossa atividade, à agricultura e à pecuária". Identificando uma "supremacia da agricultura no desenvolvimento do país", o autor vinculava-se à tese da vocação agrária do Brasil, "um país de lavoura e de criação", sendo que teria vindo do solo "os dias mais felizes da nacionalidade, e ainda nos virão décadas sucessivas de benéfica prosperidade". Daí a "homenagem desestudada, e por essa razão ainda mais valiosa, a essa classe benemérita":

> Foram os agricultores e os criadores aqueles que fizeram a grandeza econômica do Brasil. Os que lhe desbravaram a terra, os que incorporaram à pátria os bravios sertões, os que a defenderam de armas na mão, e, depois, os que a integraram nos penosos torneios diplomáticos, todos os que, na frase lapidar do escritor, atravessaram o palco nacional - construindo, pelejando, semeando - bem merecem da posteridade reconhecida pela conspicuidade de seus feitos; o Brasil, porém, não exagera o seu reconhecimento dando aos que lhe semearam os campos, lhe desenvolveram a criação do gado, assegurando-lhe a permanente prosperidade, esse lugar de destaque, a que fizeram jus pela sua tenacidade, pelo seu espírito de sacrifícios (BRITO, 1939, p. XXIV).

O livro tem, portanto, um sentido político explícito, pois se posiciona em uma contenda que, sobretudo entre as décadas de 1920 e 1940, colocou em posições opostas os defensores da vocação agrária do país e os setores que postulavam sua industrialização. Daí a necessidade de que "as lições do passado e as generosas aspirações do presente" preparassem a referida classe de proprietários agricultores "para a tremenda concorrência dos mercados, estimulada pela guerra". Daí, igualmente, o pleito para que "os poderes públicos não esmoreçam no auxílio dedicado, posto tardio, que lhes começam a dispensar" (*Ibidem*, p. XXIV). É provável que Lemos Brito esteja se referindo às ações governamentais da Primeira República que vinham sendo tomadas visando enfrentar o problema da superprodução e da desvalorização do café, como a assinatura do Convênio de Taubaté (1906), dando início ao que Edgard Carone (1969, p. 125) considerou como a "época das intervenções do Estado na história do café".

Mas atender ao pedido de Miguel Calmon era também aceitar "o papel de pioneiro nestes áridos rincões da nossa história". Afinal, enquanto "a história do Brasil está ainda por escrever na sua parte mais atraente e fácil, a dos acontecimentos políticos", mesmo depois de já ter recebido contribuições de historiadores antigos e modernos, por sua vez, "a economia estava pedindo, e continua a pedir, o seu historiador paciente, arguto e que tenha por si as garantias imprescindíveis da tranquilidade de espírito, sem a qual todo esforço acabará disperso e fragmentário". Evitar a fragmentação exigiria reconstituir o fio que prendia os fatos uns aos outros, não descendo "ao excesso das minúcias", evitando o "abuso das datas, as largas nomenclaturas" que acabam por tomar "o aspecto de altas paliçadas que impedem as projeções do espírito, que obstam ao desenvolvimento das ideias gerais, que cortam ao meio o fio dos raciocínios". Seria preciso, ao contrário, captar "os planos gerais, as leis gerais, os fenômenos em seu conjunto", não deixando dúvidas "quanto à naturalidade dos fenômenos econômicos verificados no Brasil". Entretanto, não se poderia "abandonar o comentário dos fatos", devendo fazê-lo, na verdade, de modo a procurar "o encadeamento de uma evolução que, *prima facie*, se nos afigura fragmentária, mas que se liga, concatena e solda em todos os seus elos, vindo por etapas sucessivas até o momento culminante que atravessamos". Neste sentido, o autor considera que escreve a história "sob a luz da moderna orientação" e sabe que isso envolve diferenciar-se da ficção, motivo pelo qual faz o alerta de que "todos os dados e todas as opiniões que emito se acham fortemente amparados na verdade histórica apurada na crítica insuspeita de historiadores nacionais e portugueses" (BRITO, 1939, p. XVIII-XXI).

Note-se que ambas as contribuições à historiografia econômica brasileira, marcando seu início, originaram-se de instituições que não se dedicavam especificamente à pesquisa ou ao ensino. No caso da *Formação econômica do Brasil* (1922), de Victor Viana, foi o governo central que encomendou o texto; e no caso dos *Pontos de partida para a história econômica brasileira* (1923), de Lemos Brito, foi a Sociedade Nacional da Agricultura quem o fez. Por sua vez, marcando uma inflexão importante da historiografia brasileira, a *História econômica do Brasil* (1937), de Roberto Simonsen, tem origem acadêmica: o livro é composto pela série de conferências que o autor proferiu ao ministrar o curso de História Econômica do Brasil do terceiro ano da Escola Livre de Sociologia e Política de São Paulo (ELSP), fundada em 1933. Nas palavras de Simonsen: "Com a mesma surpresa com que nos vimos compelidos a pronunciar o discurso oficial da sua fundação, vimo-nos na contingência de aceitar o lançamento desta cadeira, nova ainda no meio brasileiro" (SIMONSEN, 1978, p. 20). Se por um lado, não inaugurou a historiografia econômica brasileira, por outro Simonsen foi pioneiro de sua institucionalização acadêmica. Contudo, mesmo tendo antecessores, o autor deixou marcas mais profundas e perenes.

> [...] ninguém contribuiu mais do que Simonsen para traçar os rumos da uma história do Brasil com base na economia, porque ele escreveu um livro onde lança como que as grandes linhas do que é e do que deve ser a história econômica brasileira, e, a partir daí, tudo o que se escreveu é, de certa maneira, um desdobramento do seu livro. Poder-se-ia dizer, então, que é um livro daquela categoria que os teóricos de literatura chamam de "livro seminal", um livro que lança raízes, lança sementes e desdobramentos. [...] Este livro teve vários seguidores, vários desdobramentos. Poucos anos depois, Caio Prado escreveria um livro com o mesmo título, em 1945, e alguns anos depois, em 1959, Celso Furtado escreveria a *Formação econômica do Brasil*, que é também um marco nessa trajetória dos estudos de história econômica – sem falar na grande contribuição que dava pelas universidades com as teses que se multiplicam, de mestrado, doutorado, de livre-docência e até de conquista de cátedra, que versam sobre a história econômica brasileira, assunto que antes não era levado na devida consideração. O marco, portanto, essencial desses estudos é Simonsen (IGLÉSIAS, 2009, p. 216-7).[17]

A Escola Livre de Sociologia e Política de São Paulo foi o primeiro centro de formação sistemática de sociólogos no Brasil, o que simboliza a presença do diálogo entre a história e as ciências sociais no desenvolvimen-

17 Palestra proferida no dia 17 de junho de 1997, em sessão de comemoração aos 64 anos da Escola de Sociologia e Política de São Paulo, na Federação das Indústrias do Estado de São Paulo (Fiesp).

to da historiografia econômica brasileira. Em seu discurso na fundação da ELSP, em 1933, postulando para as ciências sociais o mesmo patamar das demais ciências em termos de objetividade, e por isso rejeitando o autodidatismo e o ponto de vista puramente acadêmico do debate doutrinário, Roberto Simonsen se emparelhava com os propósitos do surgimento da Escola de produzir conhecimento interessado, orientado à aplicação (DEL VECCHIO, 2009, p. 13). Isso porque, segundo o Manifesto de Fundação da ELSP, para mudar o "ambiente de hesitações, experiências e desequilíbrio" que identificavam na situação do país, seria necessário alterar um fator considerado básico: "a falta de uma elite numerosa e organizada, instruída sob métodos científicos, ao par das instituições e conquistas do mundo civilizado capaz de compreender antes de agir, o meio social em que vivemos". Desejoso de uma "renovação benéfica" após a "guerra civil" em São Paulo no ano anterior e "na luta por refazer-se dos efeitos dessa guerra e das aflições que a antecederam", o povo queria agir, mas não estaria encontrando o que diziam ser "a mola central de uma elite harmoniosa, que lhe inspire confiança, que lhe ensine passos firmes e seguros" (D'OLIVEIRA *et. al.*, 2009, p. 237). Ou seja, o povo carecia de liderança à altura do momento e a ELSP surgia para suprir esta necessidade, formando uma elite ilustrada para, cientificamente amparada, conduzir o país. O sentido do manifesto de fundação da ELSP dado por seus autores foi captado por Simonsen:

> Nesse documento, demonstravam que não tendo podido ver triunfante pela força das armas o seu ponto de vista, compreendiam, mais do que nunca, a profunda desarmonia existente entre as nossas aspirações e a realidade político-econômico-social do país. Pregavam a urgente necessidade de se criarem escolas de formação de "elites", em que se divulgassem as noções de política, sociologia e economia, despertando e criando uma consciência nacional, capaz de orientar a administração pública, de acordo com a realidade do nosso meio, concorrendo, assim, para

> fazer cessar, dentro do Brasil, a incompreensão reinante de que São Paulo era, e é, a vítima principal (SIMONSEN, 1978, p. 19).

Mas se *História econômica do Brasil* (1937) surgiu de uma iniciativa acadêmica, a origem de seu autor era outra. Assim como Pandiá Calógeras, Roberto Simonsen era engenheiro, formado pela Escola Politécnica de São Paulo. Foi empresário com empreendimentos em diversos ramos: construção civil, frigoríficos, borracha, cobre, cerâmica, têxtil. A partir de dissidência da Associação Comercial - cujas lideranças vinculadas aos negócios de importação não aceitaram a tentativa de os industriais assumirem o comando da entidade com seu protecionismo - foi fundador, em 1928, ao lado de Francisco Matarazzo, do Centro das Indústrias do Estado de São Paulo (Ciesp), órgão que precedeu e depois integrou a Federação das Indústrias do Estado de São Paulo (Fiesp). Ao discursar no ato de fundação do Centro, buscou manter uma plataforma comum com o setor agrário, reconhecendo que a base da estrutura econômica do Brasil estaria na cultura da terra, mas ao mesmo tempo sustentava que "no estágio atual da civilização, a independência econômica de uma grande nação, seu prestígio e sua atuação política como povo independente no concerto das nações só podem ser tomados como consideração devida, possuindo este país um parque industrial eficiente, na altura de seu desenvolvimento agrícola" (SIMONSEN, 1932, p. 171 *apud* MARINGONI, 2010, p. 43). Naquele momento, Simonsen era reconhecido como a mais expressiva liderança industrial brasileira, criticando o livre-câmbio e reivindicando medidas do governo em apoio às atividades industriais, como proteção alfandegária, crédito, isenções fiscais e tarifárias. Entretanto, esse pensamento era ainda marginal no país, assim como era a própria indústria. A defesa de um desenvolvimento com base na acumulação de capital na indústria se fortalece a partir deste momento, mas só passa a ser hegemônico na segunda metade dos anos 1950 (BIELSCHOWSKY, 2000, p 247-52).

Neste sentido, o livro teve acolhida muito favorável não apenas por ser a primeira do gênero com tamanha envergadura e abrangência e pelos dados estatísticos que reuniu (SZMRECSÁNYI, 2004, p. 17), mas também porque levava a assinatura da principal liderança industrial de um país em industrialização, um precursor do desenvolvimentismo, corrente que dominou o pensamento econômico brasileiro até os anos 1970, pelo menos. Ademais, a interpretação da trajetória econômica do país presente no conjunto de sua obra estava vinculada a um arcabouço institucional: a Escola Livre de Sociologia e Política de São Paulo, destinada à formação de quadros dirigentes; o Serviço Nacional de Aprendizagem Industrial (SENAI), para a qualificação profissional de trabalhadores; e as associações industriais, como a Fiesp e a Confederação Nacional das Indústrias (CNI), que contavam com órgãos e equipes de análise e pesquisa da evolução econômico e financeira do país.[18] A preocupação central de Simonsen era a "elaboração de nosso progresso", com vistas ao futuro. Porém, mantendo-se "objetivistas, realistas, examinando os fatos econômicos, tais como se apresentaram na formação do Brasil", a história tem contribuição a dar: "A observação de nosso passado já oferece, neste sentido, farta messe de ensinamentos" (SIMONSEN, 1978, p. 21).

Formado na tradição do ensino da Escola Politécnica de São Paulo, a matemática e a estatística contribuíram à análise histórica de Simonsen.

> Obra rica de informações, dá excelente ideia do que foi a economia até as vésperas da independência, embora na exposição as partes nem sempre apareçam com o devido entrelaçamento. Ainda que não referta de citações, revela amplo conhecimento de quanto se escrevera sobre o país; traz inúmeros dados estatísticos e importantes cálculos de produção, preços e valores, de consulta e estudo obrigatório para os interessados. Simonsen procurou seguir a tendência, muito frequente em historiadores da economia, de fazer sua obra quanto possível sob o signo da mensuração. Daí a abundância de números que contém. É pena que nem sempre diga os critérios que adotou para obter tais resultados, nem

18 Sobre o compromisso de Simonsen com a formação de quadros técnicos e profissionais qualificados, ver Heitor Ferreira Lima (1963, p. 99-105).

> mencione as fontes de que se serve. Livro importante de história, é mais de economista e financista que de historiador: sua experiência de homem de negócios e líder, servido por erudição em história e outros campos do conhecimento, lucidez e objetividade, é que explica o êxito da obra (IGLÉSIAS, 1959, p. 82-3).

Por outro lado, talvez compartilhando a avaliação de que lhe faltava o devido entrelaçamento das partes, Caio Prado Júnior (1945, p. 309) havia considerado o livro de Simonsen nada mais que um "trabalho sobretudo informativo".

Na medida do possível, Simonsen apoiou-se na bibliografia disponível sobre a história da economia brasileira, como era o caso do livro de João Frederico Normano, *Brazil: a study of economic types* (1935), traduzido para o português poucos anos depois, conforme informado pelo autor, como *Evolução econômica do Brasil* (1939):

> O meu trabalho encontrou o seu "Ministro da Propaganda" na pessoa do Dr. Abelardo Vergueiro Cezar, Deputado Federal. O seu interesse e entusiasmo, a cooperação da recentemente fundada "Sociedade Brasileira de Estudos Econômicos", a orientação do trabalho pelo Dr. Theodoro Quartim Barbosa, e o esforço abnegado dos snrs. Roberto Peake Rodrigues e Laercio Brandão Teixeira, tudo isso deu em resultado a tradução em português do meu livro, que é agora oferecida ao público.
>
> Espero que meu trabalho contribua para o desenvolvimento da mentalidade econômica e influencie a política econômica do Brasil, em cujo grandioso futuro acredito sinceramente (NORMANO, 1939, p. III).

Caio Prado Jr. (1945, p. 309) avaliou o estudo como "superficial e apressado, com algumas perspectivas de conjunto interessantes". Entre elas, uma que o marcou em profundidade:

> Todos os estágios da evolução econômica coexistem, hoje, no Brasil; e o historiador econômico tem oportunidade de tratar com um desenvolvimento finalmente condensado. Pode marchar em diversos estágios por todos os séculos. Aqui, simultaneamente, existe o mundo primitivo no sertão, economia medieval nas cidadelas do interior, e civilização moderna nas cidades (NORMANO, 1939, p. XXI).

Na tese com que se inscreveu no concurso para professor catedrático de economia política na faculdade de Direito da USP, Caio Prado Jr. (1954, p. 6, 17, 66-8) afirmava que havia se acumulado "lado a lado, e frequentemente numa confusão inextricável, formas econômicas de contraste chocante que pertenceriam, numa evolução mais regular, a épocas largamente afastadas entre si". Neste sentido, o país seria "uma colcha-de-retalhos, a julgar pelos critérios e padrões estabelecidos no terreno da ciência econômica". Tomada de conjunto, a fisionomia do Brasil "reproduz no espaço um fato histórico: é como a projeção num único plano e momento, da evolução cíclica do país". Em síntese: "Infância, juventude, adolescência, maturidade, velhice e senilidade encontram-se assim presentes em nosso país e sua economia, hoje como em qualquer época do passado. Assim também todas as fases de desenvolvimento, desde as primeiras e mais rudimentares de pioneirismo semibárbaro, até as de um superdesenvolvimento".

Na introdução que preparava para o segundo volume de *Formação do Brasil contemporâneo*, jamais finalizado, o autor fazia uma avaliação crítica da historiografia brasileira: "não é com a historiografia existente – ou a maior parte dela – que se chegará a fazer dos conhecimentos históricos não apenas uma disciplina científica, mas um instrumento de previsão e planejamento social, que são o fim último e exclusivo da pesquisa histórica" (PRADO JÚNIOR, s/d-a). Ademais, seu juízo sobre a historiografia econômica em particular era profundamente crítico:

> [...] infelizmente a nossa literatura econômica nada tem de abundante. Sobretudo neste capítulo de interpretação histórica; porque há que distinguir entre cronologia ou relação de fatos, e interpretação. Aquela, com todo interesse que pode apresentar, não constitui senão trabalho preliminar, matéria prima de que se utiliza a verdadeira investigação histórica, cujo fim é penetrar os fatos, explicá-los, relacioná-los entre si, fazer-lhes a síntese. Numa palavra, elaborar cientificamente o assunto (PRADO JÚNIOR, 1945, p. 7).

Note-se, porém, que o autor reconhecia a presença de uma parcela minoritária da historiografia então existente que mereceria ser poupada da crítica. De fato, no período em que escrevia essas linhas, quando a história econômica ainda não era uma disciplina bem definida no Brasil, diversas teses identificadas com a área vinham sendo produzidas e defendidas na Faculdade de Filosofia, Ciências e Letras (FFCL) da Universidade de São Paulo (USP), entre as quais a de Eurípedes Simões de Paula, *O Comércio Varegue e o Grão-Principado de Kiev* (1942); Astrogildo Rodrigues de Mello, *A política colonial de Espanha através da encomendas* (1942); e Olga Pantaleão, *A penetração comercial da Inglaterra na América Espanhola, 1713-1783* (1944). Destacam-se as teses de doutorado e livre-docência de Alice Piffer Canabrava, respectivamente, *O comércio português no Rio da Prata, 1580-1640* (1942), e *A indústria do açúcar nas ilhas inglesas e francesas do Mar das Antilhas, 1697-1755* (1946), textos de caráter monográfico que se diferenciam substancialmente da tradição anterior de produzir grandes interpretações (SAES, 2017, p. 249-52).[19] De toda forma, cabe registrar que em nenhum destes casos a economia brasileira, especificamente, era tomada como objeto de investigação histórica.

Este era o quadro geral da historiografia econômica brasileira entre os anos 1930 e meados da década de 1940, quando Prado Júnior em-

19 Sobre a tradição historiográfica da USP, ver Capelato, Glezer e Ferlini (1994). Sobre a produção historiográfica de Alice Piffer Canabrava, ver Erbereli Júnior (2014).

preendeu os estudos que resultaram em três importantes contribuições à historiografia: *Evolução política do Brasil* (1933), *Formação do Brasil contemporâneo* (1942) e *História econômica do Brasil* (1945). Tendo em vista que a obra de Celso Furtado sobre a história econômica brasileira começou a ser produzida e publicada depois que estas obras já estavam escritas, não analisaremos este autor. Entretanto, cabe o registro de que foi influenciado pela historiografia caiopradena. Apesar do economista não atribuir a Caio Prado Júnior o conceito de "sentido da colonização" utilizado em *Economia colonial no Brasil nos séculos XVI e XVII* (1948) – sua tese de doutoramento na Sorbonne, publicada no Brasil somente em 2001 –, Celso Furtado fez citações de *Formação o Brasil contemporâneo* (1942). Entretanto, em *A economia brasileira* (1954) e *Formação econômica do Brasil* (1959), o autor não faz menção alguma a Caio Prado Júnior – o que, segundo Secco (2008a, p. 167), teria feito o autor sentir-se desprestigiado.

3. FORMAÇÃO DE CAIO PRADO JÚNIOR

Economia política

No Brasil, pouco depois da abertura dos portos, o ensino de economia política teve início com o decreto de 23 de fevereiro de 1808, assinado na Bahia pelo Príncipe Regente de Portugal, que se tornaria mais tarde o rei D. João VI e considerava "absolutamente necessário o estudo da Ciência Econômica" no momento em que "o Brasil oferece a melhor ocasião de se pôr em prática muitos dos seus princípios, para que meus vassalos sendo melhor instruídos nele, me possam servir com mais vantagem". O escolhido para a "propriedade e regência de uma Cadeira e Aula Pública" foi José da Silva Lisboa, que, segundo lhe constava, "tem dado todas as provas de ser muito hábil para o ensino daquela ciência sem a qual se caminha às cegas e com passos muito lentos, e às vezes contrários nas matérias do Governo" (BRASIL, 1808). Com a promulgação do decreto, lançou-se a base jurídica para que se estabelecesse no Rio de Janeiro a primeira cadeira de ciência econômica, tendo sido designado como seu professor o autor dos *Princípios de Economia Política* (1804), futuro Visconde de Cairu, considerado, assim, o pioneiro do ensino da disciplina no país.

As Aulas de Comércio da Corte foram criadas a partir do Alvará de 15 de julho de 1809, sendo mantidas e fiscalizadas pela Real Junta de Comércio, Agricultura, Fábricas e Navegação, e destinavam-se a quem quisesse se tornar um profissional do comércio. Em 1845-1846, houve uma reformulação das Aulas de Comércio no Rio de Janeiro, mas manteve-se na formação o primado da atividade comercial, uma tradição vinculada à própria atividade primário-exportadora que predominava na economia brasileira e que tem significativa continuidade no sistema educacional. Além da capital do Império, apenas em Pernambuco se estabeleceu outra Aula de Comércio, a partir de cursos jurídicos, com a criação conjunta das Faculdades de Direito de São Paulo e Recife em 1827, o que fortalece a clássica associação entre o direito e a economia política, já observada no currículo das Aulas de Comércio.[1] A integração da economia política no quadro das disciplinas voltadas à formação do jurista se dava a partir do domínio firmado do jurídico sobre o econômico. Sob o predomínio do ponto de vista do jurista, nas Faculdades de Direito, o estudo da economia política era entendido como formação da cultura geral. Em 1856, as Aulas de Comércio foram transformadas no Instituto Comercial do Rio de Janeiro, marcando uma maior especialização das disciplinas, mas sem se desvincular dos conhecimentos jurídicos. Ao invés de noções gerais, definiram-se seis áreas de estudos: contabilidade, escrituração mercantil, geografia e estatística comercial no primeiro ano; direito mercantil e economia política no segundo ano. Com isso, pretendia-se aproximar a organização do ensino comercial aos padrões das escolas de Leipzig e Paris, que almejavam uma formação que fosse além dos conhecimentos do mero caixeiro. Uma terceira vertente se constituiu a partir de 1873, com a criação da Escola Politécnica do Rio de Janeiro, um desdobramento da Escola Central, oriunda do fracionamento da antiga Academia Real Militar, em 1858. No curso de Engenharia Civil

1 De acordo com o decreto de 11 de agosto de 1827, nas Faculdades de Direito de São Paulo e Recife a economia política seria a primeira cadeira do quinto e último ano (BRASIL, 1827), o que significa que não fazia parte da formação básica dos futuros juristas.

incluía-se economia política, direito administrativo e estatística, enquanto o curso de Ciências Físicas e Matemáticas incluía matemática financeira e atuária. Somaram-se à Politécnica da capital a Escola de Minas de Ouro Preto, fundada em 1876, e a Escola Politécnica de São Paulo, fundada em 1892 como Escola Superior de Matemática e Ciências Aplicadas à Arte e à Indústria, que incluía o ensino de economia política, direito administrativo e estatística. Entre os engenheiros de então, encontramos uma formação mais próxima dos problemas e preocupações dos economistas modernos: indústria, exploração dos recursos naturais, a dimensão quantitativa, entre outros aspectos da atividade econômica (CANABRAVA, 1984, p. 23-7).

Assim, o século XIX se encerrou contando basicamente com três vertentes do ensino de economia política: a das faculdades de direito, sob o ângulo do jurista; a das escolas politécnicas e de engenharia, atenta aos aspectos técnicos; e a do ensino comercial, voltado à formação dos homens de negócios. Foi somente na primeira década do século XX que o ensino de economia e da administração surgiu como ramo autônomo da graduação no ensino superior, precedido e acompanhado de vigorosa expansão do ensino comercial e como seu desdobramento – integrando-se, portanto, na tradicional vertente comercial, que remonta às Aulas de Comércio da Corte. A Academia de Ciências Comerciais do Rio de Janeiro, fundada em 1902, serviu como paradigma para o padrão de ensino oficial de Comércio. Assim, em 1923, cerca de doze escolas distribuídas em oito estados tinham seus diplomas equiparados aos da Academia do Rio de Janeiro. Também em 1902 é reconhecida como instituição de ensino superior de economia a Escola Prática do Comércio de São Paulo, que depois passou a se chamar Escola Álvares Penteado. Mas o ensino superior de economia foi instituído nacionalmente somente em 1905, por meio da sanção presidencial do decreto legislativo nº 1.339, de 9 de janeiro. Pouco depois, em 1909, fundou-se a Escola de Comércio do Rio Grande do Sul, que se tornaria a Faculdade de Ciências Econômicas da Universidade Federal do Rio Grande do Sul (UFRGS) em 1945. Estreitamente vinculada às ciências sociais, uma nova vertente veio a se constituir já nos anos 1930, com o ensino de economia política na Faculdade de Ciências Econômicas e Sociais, de 1931; na Escola Livre de Sociologia e Política de São Paulo, fundada em 1933; e no curso de ciências sociais da Faculdade de Filosofia, Ciências e Letras (FFCL) da Universidade de São Paulo, fundada em 1934 (CANABRAVA, 1984, p. 28-30; PAULA, 2017, p. 483-5).

Antes do surgimento dos cursos de ensino superior de ciências sociais e de economia, este campo do conhecimento era em grande medida vinculado às ciências jurídicas e seu ensino ocorria nas Faculdades de Direito. Podemos dizer que um primeiro momento de dissociação entre estas áreas se deu com a chamada Reforma do Ensino Livre, que instituiu uma nova regulamentação para o ensino primário e secundário da Corte e para o ensino superior em todo o Império. O Decreto nº 7.247 de 19 de abril de 1879 dividiu as Faculdades de Direito em duas seções, uma de ciências jurídicas e outra de ciências sociais, sendo que a cadeira de economia política compunha o currículo desta última. Com a proclamação da República e os debates constituintes, novas modificações foram introduzidas nos cursos de direito. A reforma de 1891 introduziu uma terceira seção, chamada "notariado", e o Decreto nº 11.530 de 1915, ao reorganizar o ensino superior da República, determinou que no curso de direito a cadeira de economia política e ciências das finanças passaria a ser lecionada no 2º ano do curso de Direito (FACULDADE, 1999).[2]

Junto à fundação da USP, com o objetivo declarado de "promover a alta cultura econômica e comercial e fornecer preparação científica para as profissões e ofícios de direção, atinentes à atividade econômica e comercial" (SÂO PAULO, 1934), criou-se o Instituto de Ciências Econômicas e Comerciais da USP, mas que, diferentemente da FFCL, não foi instalado. Viria a funcionar somente a partir de 1946 como Faculdade de Ciências Econômicas e Administrativas (FCEA). Em 1938, foram criadas a Faculdade de Ciências Econômicas do Ceará e a Faculdade de Ciências Econômicas e Administrativas do Rio de Janeiro. Nos anos 1940, diversos cursos de economia foram criados no Brasil, como a

2 Visita realizada em dezembro de 2013.

Faculdade de Ciências Econômicas da Universidade Federal de Minas Gerais (UFMG) em 1941. Ainda assim, várias instituições técnicas e profissionais já vinham promovendo debates e veiculando material sobre temas de interesse para a comunidade de estudos econômicos antes que as faculdades de ciências econômicas tivessem começado a atuar de maneira sistemática nos campos do ensino e da pesquisa na área (PAULA, 2017, p. 485-6). "Ainda que com dificuldades, esses cursos nasceram porque se desejava difundir no país o ensino de Economia como ciência positiva, construída de um modo ou outro sob o fundamento da racionalidade instrumental", afirma Euletério F. S. Prado (2007, p. 7). Neste sentido, o ano de 1945 é um marco também para o pensamento econômico brasileiro, na medida em que é promulgado o decreto-lei 7.988, de 22 de setembro, que moderniza o ensino de economia no Brasil, estipulando novo padrão oficial no ensino superior de economia, administração e ciências contábeis. De acordo com Alice P. Canabrava:

> O texto marca um ponto de inflexão nos quadros mentais do país, com a tomada de consciência quanto à complexidade que havia alcançado a economia brasileira como fato do novo Brasil emergente, e seu condicionamento à formação de profissionais especializados no estudo dessa realidade. [...] Dificilmente o Brasil poderia manter os níveis já alcançados quanto ao desenvolvimento econômico e aumentar o seu ritmo, sem a formação de pessoal credenciado para seu estudo, do ponto de vista científico, técnico e empresarial. Revelava a nova mentalidade dos grupos dirigentes e de setores das elites intelectuais, desenvolvimentistas e nacionalistas, voltada para as possibilidades materiais e humanas do país. Enfim, a nova consciência consagrava a importância do fator "econômico" no processo social associado à imagem do Brasil "moderno", ou seja, industrial e urbano, que está a se projetar, sob os nossos olhos, em contraste com o do passado, agrário e rural (CANABRAVA, 1984, p. 31-2).

Emblemático, neste sentido, é o famoso debate entre Roberto Simonsen e Eugênio Gudin (2010) em 1944 e 1945, que tinha uma face explícita (a planificação da economia brasileira) e uma implícita (o modelo brasileiro de desenvolvimento e o papel da industrialização). Enquanto o primeiro destacava a importância da industrialização e da planificação da economia para o desenvolvimento e a produção de riqueza, o segundo era avesso ao planejamento e buscava adaptar os postulados clássicos do liberalismo para o ganho de produtividade da economia primário-exportadora brasileira, alinhando-se com os defensores da vocação agrária do país. Em certo sentido, podemos dizer que este debate foi precursor dos confrontos entre desenvolvimentistas e monetaristas que se aguçou nos anos 1950, se prolongou por décadas e, guardadas as particularidades históricas, em certa medida chega até os dias atuais. Naquela ocasião, por um lado, em contraste e oposição ao Estado Novo, havia uma intensificação de manifestações em favor de um maior liberalismo econômico; por outro lado, a ideologia desenvolvimentista resistiu a este clima liberalizante e reforçava a conscientização sobre a importância histórica do avanço industrial (BIELSCHOWSKY, 2000, p. 266-7).

Ambas as posições se manifestavam em veículos de expressão pública, que cresciam em quantidade e importância nas discussões. Em meados dos anos 1940, o crescente interesse por assuntos econômicos pode ser visto na profusão de artigos, palestras e conferências, acompanhando a grande valorização da reflexão econômica e o prestígio dos próprios economistas. Incentivava-se a criação de instituições, assessorias técnicas e grupos de estudos e pesquisas de organizações públicas e privadas, e ressaltava-se com frequência a necessidade de elevar o padrão técnico das análises econômicas, seja em relação ao suporte teórico como à elaboração e utilização de estatísticas (*Ibidem*, p. 267). Nos anos 1940 reformulou-se o programa de ensino das faculdades de economia, realizou-se o primeiro Congresso Brasileiro de Economia, instalou-se o Conselho Nacional de Economia e organizaram-se o Instituto Brasileiro de Economia, a Fundação Getúlio Vargas e a Superintendência da Moeda e do Crédito (Sumoc). Na década de 1950, Getúlio Vargas organizou uma assessoria econômica junto à Presidência da República que elaborou planos importantes para a constituição da Petrobrás e para a eletrificação e criou a Comissão Nacional de Desenvolvimento da Indústria Automobilística, do qual se originou o Grupo Executivo da Indústria Automobilística, que foi o responsável por sua implantação no país (LIMA, 1976a, p. 192-3). Mediante a lei nº 1.411, de 13 de agosto de 1951, e o decreto nº 31.794, de 17 de novembro de 1952, a profissão de economista foi regulamentada. Nos anos 1960 foram criados diversos cursos de pós-graduação em economia e em um seminário na cidade de Itaipava, no Rio de Janeiro, realizado em 1966, traçou-se as linhas básicas de uma política de pós-graduação em economia no Brasil em consonância com as tendências dominantes na academia anglo-saxã, fazendo com que a profissionalização da economia do país fosse hegemonizada pela perspectiva neoclássica (PAULA, 2017, p. 483-7). Toda essa efervescência em matéria de assuntos econômicos pode ser vista como uma expressão nacional e incipiente de um fenômeno mais amplo que se intensificaria com o tempo: na segunda metade do século XX, a economia como ciência ganhou um caráter técnico e profissional no mundo todo à medida que o sistema capitalista em permanente expansão foi se tornando gradualmente mais e mais regulado. Trata-se de uma mudança que não ocorreu isoladamente nos meios científicos produtores da teoria econômica, mas se deu também, em simbiose, nos centros dedicados à Economia Aplicada e nas instituições de ensino de graduação e pós-graduação (PRADO, 2007, p. 7).

Mas Caio Prado Júnior é de uma geração muito anterior. Filho de Caio da Silva Prado e Antonieta Penteado da Silva Prado, nasceu em 11 de fevereiro de 1907, em São Paulo, no seio de uma família rica e tradicional importante. A proeminência de sua genealogia e seu sobrenome se percebe pelas ruas da cidade. No centro, a praça[3] e a rua Antônio Prado (1840-1929)

---

3 No local onde hoje se situa a Praça Antônio Prado encontrava-se a Igreja da Nossa Senhora do Rosário dos Homens Pretos, ladeada pela capela do Bom Jesus da Pedra Fria e por um sobrado de propriedade de José Raposo e Maria

homenageiam aquele que, na linhagem paterna, tornou-se deputado federal em 1869, senador em 1886, conselheiro do Império em 1888 e intendente da cidade de São Paulo em 1899 – cargo que corresponde atualmente ao de prefeito. Seu nome também está registrado em logradouros de Bauru, Campinas, São José do Rio Preto e Sorocaba. A Rua Álvares Penteado rende homenagem à tradicional linhagem materna, assim como a Rua Conde Silvio Álvares Penteado, em Pinheiros, em referência ao presidente honorário perpétuo da Escola Prática de Comércio Álvares Penteado. Em Higienópolis, hoje é possível caminhar pela Rua Dona Veridiana, em referência à Veridiana Prado (1825-1910), que se casou com o meio-tio de Prado Jr., Martinho Prado (1811-1881), organizava encontros da alta estirpe paulistana em seu palacete e comandou um dos salões culturais mais importantes do século XIX na cidade. No mesmo bairro, a Rua Martinico Prado homenageia o avô paterno do autor, Martinho da Silva Prado (1843-1906), que passou pelos bancos acadêmicos da Faculdade de Direito de São Paulo nos anos de 1860, integrou o 7º Batalhão de Voluntários da Guerra do Paraguai a contragosto da família, tornou-se promotor público da capital paulista no período 1867-1869 e foi deputado constituinte pelo Partido Republicano Paulista (1890-1891). O tio-avô, intelectual renomado, tem seu nome inscrito na Alameda Eduardo Prado (1860-1901), nos Campos Elísios. Na Consolação, a Rua Caio Prado faz referência a seu pai, Caio da Silva Prado (1872-1947), filho de Martinico. Na Vila Mariana, a Av. Prefeito Fábio Prado (1887-1963) homenageia seu tio, irmão do pai, que administrou a cidade entre 1934 e 1938. Também não são poucas as escolas públicas na cidade que levam o nome de membros das famílias Prado e Penteado.[4]

As honrarias concedidas nos indicam que a família de Caio Prado Júnior era uma das principais entre as classes dirigentes da cidade em franca ascensão na primeira metade no século XX. Sobretudo a partir do des-

---

do Carmo Sertório Raposo, sua esposa. Sobre a Igreja e os conflitos que resultaram em sua desapropriação e demolição em 1903-4 por parte do então prefeito Antônio Prado ver Lincoln Secco (2008b).

4 A pesquisa sobre os nomes das ruas e das escolas foi realizada na plataforma Google Maps.

locamento da atividade cafeeira para o estado e sua considerável expansão de 1850 em diante, a história da família Silva Prado está intrinsecamente relacionada à história de São Paulo (WIDER, 2007, p. 22). A estirpe portuguesa dos Prado tem origem em Bragança, no século XIII. Seu fundador no Brasil foi o sargento-mor Antônio da Silva Prado, que aqui chegou em meados do séc. XVIII, tornando-se comerciante e pequeno proprietário de terras no interior de São Paulo. O terceiro Antônio Prado (1788-1875) se engajou na luta pela independência, ajudou na mobilização paulista e doou recursos para formar o exército da província. Estava entre aqueles que acompanhavam D. Pedro I na visita a São Paulo em 1822, testemunhando a Proclamação da Independência no dia 7 de setembro. Mais tarde, tornou-se barão de Iguape, título concedido por D. Pedro II. Seu enriquecimento proveio de suas atividades no comércio de açúcar e da coleta de impostos, tornando-se um dos principais acionistas do Banco do Brasil. Sua filha, Veridiana, bisavó de Caio Prado Júnior, casou-se com Martinho Prado com um generoso dote que possibilitou a aquisição da fazenda Campo Alto em Mogi-Mirim, que se tornou uma fazenda-modelo na produção de café e fez a fortuna da família. Depois de uma viagem a Paris, Veridiana tentou transportar para São Paulo hábitos da cultura europeia, entre os quais o de organizar salões em sua casa e receber figuras proeminentes da época, como os intelectuais Afonso Arinos, o geólogo estadunidense Orville Derby, Teodoro Sampaio e outros. Até mesmo D. Pedro II foi recebido em seu palacete (LIMA, 1989, p. 15-6; WIDER, 2007, p. 21-6).

Assim como seus pais e tios, Caio Prado Júnior passou parte de sua infância sob a tutela de governantas alemãs, criado nos moldes de uma educação rigorosa, ainda que permeável a certas transgressões, menos rígida, uma espécie de liberdade vigiada, o que favorecia o fortalecimento da individualidade e personalidade próprias. Mas, em certa medida, Caio incorporou traços da educação religiosa recebida quando criança, nutrindo o curioso sonho de tornar-se papa, o que revela seu apreço, então, por ideais de disciplina, obediência, fidelidade doutrinária e hierarquia. Só na família Prado, os netos de Martinico somavam 72 crianças que, acompanhadas de pajens ou governantas, passeavam em circuitos restritos e brincavam nas calçadas da Av. Angélica, na casa de dona Veridiana ou na Vila Penteado. As características de personalidade eram avaliadas e direcionadas para uma inserção futura nas esferas do poder e da riqueza característicos da linhagem familiar. Assim, desde cedo Caio Prado Júnior era estimulado a ler e escrever, correspondendo ao incentivo: foi aluno brilhante do Colégio São Luís, de orientação jesuítica, um dos melhores de São Paulo, tendo recebido prêmio escolar de francês em 1918 e menções honrosas por seu desempenho. Seus boletins escolares mostram que teve certa facilidade para as diversas áreas do conhecimento: matemática, biologia, história, filosofia e literatura. Apesar dos livros constituírem um eixo básico da formação das crianças da família, o conhecimento livresco não substituía a experiência concreta e vivida. Tal interesse pelas coisas práticas e concretas, característica marcante de sua personalidade, eram também estimulados: a vida ao ar livre, a exploração da natureza, os esportes e os exercícios físicos, bem como o envolvimento com a administração e os negócios familiares. Mas seu irmão Eduardo, que tinha uma doença cardíaca rara, requeria atenção redobrada de seus pais e, com frequência, era levado para tratamentos na Europa. Em uma dessas ocasiões, Caio foi levado pelos avós para Eastbourn, na Inglaterra, onde cursou um ano de estudos na escola Chelmsford Hall ao lado de seu irmão Carlos (IUMATTI, 2007, p. 54-79; 2018, p. 117, 255).

Antecipando uma tendência posterior, a família tinha um instrutor particular de ginástica e procurava manter hábitos alimentares considerados saudáveis, o que incidiu sobre a personalidade do jovem Caio, que gostava de praticar atividades físicas: natação no Clube Tietê e corrida no Paulistano, além de fazer equitação, andar de bicicleta, jogar tênis e futebol (WIDER, 2007, p. 30-1). Note-se também que "nos livros-caixa e de contas correntes de Caio da Silva Prado, há pagamentos a clubes como o Paulistano, o Touring Club, o Clube de Campo de São Paulo, o Clube dos 200, o Automóvel Club, a Sociedade Hípica Paulista e o São Paulo Golf Club, aos quais apenas restritos setores das elites tinham acesso" (IUMATTI, 2001, p. 52). Na São Paulo dos anos 1920, uma série de atividades e hábitos físicos, sensoriais e mentais designados como "diversões" eram exercitados em doses metódicas. Os *clubs* eram os espaços que centralizavam estas atividades e, surgidos como modelos das elites, passavam a se difundir pelos bairros, periferias e várzeas da cidade como desdobramento das uniões operárias. O turbilhão de mudanças na metrópole em formação era um fenômeno que surpreendia a todos, "tanto espacialmente, por sua escala e heterogeneidade, quanto temporalmente, tão absoluta era a sua ruptura com o passado recente". Tal situação era "favorável aos mais jovens, que não tinham que aprender com o passado ou com a cultura herdada, se atirando sem reservas ao turbilhão da metrópole e incorporando diretamente dele as novas potencialidades, sentidos e condutas infundidos pelos modernos sistemas e tecnologias metropolitanas" (SEVCENKO, 1992, p. 40). Neste quadro se inseria a prática de esportes, introduzida precocemente na cidade por patronos da comunidade inglesa e por figuras como o próprio conselheiro Antônio Prado, pioneiro na criação de um velódromo em terras de sua propriedade.

> Fosse como simples exercício, como metáfora, como ritual ou celebração, o esporte tanto viria preencher o vazio da ruptura abrupta ocorrida na rotina cotidiana das comunidades, como traria o potencial de novas alternativas de adaptação e um novo repertório de atitudes congeniais a um mundo em imprevisível fermentação. Uma vez mais, naturalmente, eram os mais jovens aqueles que melhor poderiam perceber e assimilar essas potencialidades criadas pelo esporte em meio à confusão do caos urbano. Por isso mesmo, por estar fortemente identificado com os mais jovens e lhes propiciar os indícios de um novo estilo de vida, desembaraçado dos entraves de um passado recente mas já obsoleto, o esporte se torna a moda e a moda adquire um acento desportivo. Assumir ostensivamente os sinais associados ao novo ativismo atlético constitui um meio de patentear de forma inequívoca a distância entre as gerações e a diferença entre as mentalidades (*Ibidem*, p. 49).

Assim, ainda que muitos se refiram a Caio Prado Júnior como membro da famosa geração de 1930, parte importante de sua formação se deu na década de 1920, marcada pela ascensão do movimento modernista e pela crise da Primeira República. Naquele período, movimentos de vanguarda de diversas matizes submeteram toda uma tradição cultural a uma revisão. Sua apologia do espírito moderno, traço que unificava as diferentes correntes vanguardistas, renunciava aos vínculos com o passado, levando a expressões como o futurismo, o surrealismo e o expressionismo. No Brasil, oscilando entre a imitação e a originalidade, estas vanguardas estavam condicionadas pela própria formação da sociedade brasileira, com a condição colonial pautando os conflitos e o dilema entre o regional e o universal, o nacional e o cosmopolita, a identidade original e os modelos metropolitanos. No pensamento social, na literatura e nas artes, o redirecionamento das reflexões buscava a compreensão da realidade brasileira partindo de suas especificidades, valorizando as expressões artísticas de cunho popular, dos segmentos ainda pouco afetados pela sociedade industrial. Foi neste ambiente que, aos quinze anos de idade, Caio Prado Júnior participou da Semana de Arte Moderna, realizada no Teatro Municipal de São Paulo em 1922 – evento financiado em parte pelo primo de seu pai, Paulo Prado, que deu início, no seio do modernismo brasileiro, ao ensaísmo de cunho historiográfico ao qual se seguiram, posteriormente, Sérgio Buarque de Holanda, Sérgio Milliet, Gilberto Freyre e Caio Prado Júnior (MARTINEZ, 2008, p. 33-5).

Desde sua fundação, em 1827, a Faculdade de Direito de São Paulo cumpriu importante papel na formação dos dirigentes da oligarquia paulista. Membros proeminentes da família Prado por lá passaram e compõem parte da memória das Arcadas do Largo do São Francisco.[5] Porém, apesar de ter cursado o bacharelado em direito entre 1924 e 1928, a passagem de Caio Prado Júnior pelas Arcadas é pouco lembrada. Marcus Orione, professor titular no Departamento de Direito do Trabalho e Seguridade Social (DTB), relata, por exemplo, que ao sugerir que uma sala da Faculdade de

5 Nomes como Martinho Prado Júnior e Eduardo Prado aparecem com relativo destaque em Martins e Barbuy (1998).

Direito da USP fosse nomeada em homenagem a Caio Prado Júnior, foi questionado, sob o argumento de que haveria outros nomes ilustres que tiveram uma ligação mais estreita com a casa para serem homenageados. Aos defensores da proposta interessa saber por que as ligações e passagens de Caio Prado Júnior pela Faculdade de Direito são tão pouco conhecidas atualmente pelos que circulam neste ambiente e por quais motivos "os fatos não se encontram muito na fala dos poucos interlocutores que conhecem a história do Caio Prado" (ORIONE, 2013).

O percurso do autor como estudante do ensino superior se deu em três momentos distintos. Primeiro, como aluno de graduação da Faculdade de Direito de São Paulo, onde obteve o título de bacharel em Ciências Jurídicas e Sociais em 1928. Durante o curso, Caio Prado Júnior vinculou-se ao grupo estudantil articulado ao redor do jornal *A Chave*, mas não compôs a diretoria do Centro Acadêmico XI de Agosto. Seu desempenho escolar foi mediano, tanto nos exames preparatórios para ingressar na Faculdade (1921-1923), quanto ao longo da graduação (1924-1928). Depois, teve passagem nas Arcadas como aluno do curso de Doutorado desta mesma Faculdade, no qual fez matrícula em 1932 junto à 2ª Seção (Teoria Geral do Estado e Economia e Legislação Social). Caio Prado Jr. não concluiu o curso, possivelmente em função do levante armado de 1932, que levou à interrupção do ano letivo, dada a participação de professores e estudantes no movimento paulista; ademais, os anos seguintes demonstram uma reorientação de seus interesses políticos, pessoais e intelectuais. Por fim, em um terceiro momento, foi estudante de graduação da 5ª Subseção (Geografia e História) da Faculdade de Filosofia, Ciências e Letras (FFCL) da USP, na qual se matriculou em 1934, prosseguiu os estudos em 1935, mas não concluiu o curso, por ter sido preso na onda de repressão aos levantes de novembro, embora não tivesse participação efetiva na preparação e realização das ações armadas. (MARTINEZ, 2008).[6]

6 A trajetória de Caio Prado Jr. na FD e na FFCL é narrada principalmente nos capítulos "Viveiro de Ideais" (p.40-66), "Faculdade de Filosofia, Ciências e Letras" (p. 164-83) e "5ª Subseção: Geografia e História" (p. 183-218).

Quando ingressou nos cursos jurídicos, em 1924, a Faculdade de Direito seguia sua tradição como centro propagador do ideário liberal e uma espécie de laboratório da política nacional, onde seguidas gerações de estudantes vinham sendo modeladas pela política, pela valorização do nacional em sua especificidade, da razão e da cultura como instrumento de organização e condução da vida social. Destinada aos filhos dos setores mais abastados de São Paulo, o curso de direito representava não um meio de ascensão social, mas de preparo intelectual para o exercício de funções dirigentes da vida política. Entretanto, nesta década visualizava-se uma gradativa mudança no perfil discente, com o ingresso de estudantes trabalhadores que buscavam no exercício do ofício de advogado a almejada ascensão social, alimentando as preocupações e reivindicações com a qualidade do ensino, as dimensões práticas do ofício e o valor das taxas cobradas. Este não era o caso de Caio Prado Júnior, que se vinculou ao segmento estudantil daqueles que buscavam formação cultural necessária às futuras funções dirigentes (*Ibidem*, p. 40-4).

Cursando o 2º ano da Faculdade de Direito, em 1925, o jovem estudante teve aulas de economia política e ciências das finanças com o professor José Joaquim Cardoso de Melo Neto, que as ministrou com base no *Curso didáctico de economia política ou sciencia do valor* (1913), de José Luís de Almeida Nogueira, seu antecessor na cadeira, falecido em 1914. Atestando sua vinculação ao antecessor, Melo Neto revisou a 5ª edição do livro em 1936 e discursou em homenagem a seu autor em pelo menos duas ocasiões: na inauguração do retrato de Almeida Nogueira na sala da Faculdade de Direito que levava seu nome, em 1942, e na aula inaugural dos cursos de 1953 (NOGUEIRA, 1936; MELO NETO, 1942, 1953).[7] Nesta

7 "José Luís de Almeida Nogueira nasceu em São Paulo, no município de Bananal, em 1851, e faleceu em 1914. Realizou seus estudos preparatórios na França, onde cursou humanidades. De volta ao Brasil, bacharelou-se pela Faculdade de Direito de São Paulo, em 1874. Jornalista, deputado, escritor, tornou-se catedrático em 1891, e designado para a cadeira de Economia política e Ciência das Finanças em 1896. [...] Sucessor de Almeida Nogueira, José Joaquim Cardoso de Melo Neto, catedrático de Economia Política, nomeado em 1918, foi governador

última ocasião, lembrou a todos que o homenageado tinha "o propósito permanente de levar a seus discípulos a convicção de que a matéria lecionada não sendo Direito, sem ela o Direito se esvaziava daquele conteúdo social que o coloca no ápice das ciências, porque o faz a ciência da coexistência humana". Entretanto, se por um lado o direito perderia seu conteúdo social caso o componente econômico fosse destituído de seus propósitos, por outro, em seu ensino era necessário "colocar, nítida e inconfundivelmente, a Economia no campo do Direito Público", não importando que isso fosse feito "com a preocupação de reduzir as funções do Estado à atividade jurídica" (MELO NETO, 1953, p. 106-11). Assim, considerando-se privilegiado por ser sucessor de José Luis de Almeida Nogueira, Melo Neto inseria seu mestre (e a si mesmo) em uma tradição:

> A cadeira de Economia Política, nesta Faculdade, sempre esteve entregue a homens dedicados aos estudos de economia e finanças, na parte em que tais conhecimentos são indispensáveis ao desenvolvimento dos fenômenos jurídico-políticos. Professores todos adeptos da escola clássica e por isso mesmo procurando incutir em seus discípulos a regra de não intervenção do Estado na ordem econômica. [...] Mas, o certo é que, na consecução de seu desiderato, estudavam a produção, circulação e consumo da riqueza em função do Estado. Eram juristas, forrados de economistas e como tais, jamais encararam o fenômeno econômico isolado e sempre e só conjugado com o ato jurídico (*Ibidem*, p. 111).

Nenhum desses homens deixou de "dar a seus alunos a impressão de que a Economia Política, como sua própria denominação o indica, era matéria essencial num curso de Direito". Mas rejeitavam a noção de economia política pura, que inventou o chamado *homo economicus*, bem

---

e interventor federal no Estado de São Paulo, além de exercer outros cargos na administração pública. Seu curso era ministrado com base no livro de Almeida Nogueira" (PAULA, 2017, p. 482).

como os economistas a ela vinculados que se encontravam "insulados muitos deles em seus teoremas, como se possível fora enquadrar o fenômeno humano da produção e circulação da riqueza dentro de uma fórmula matemática" (*Ibidem*, p. 112). Registrava-se que o homenageado – e por extensão a tradição do ensino de economia política da Faculdade – reconhecia a legitimidade da intervenção do Estado na economia.

Mesmo tendo apresentado seu livro como sendo "inspirado pelos ideais do mais puro liberalismo, na melhor acepção da palavra" e manifestado sua adesão à "escola inovadora" de Henry Dunning MacLeod – economista escocês crítico da economia política clássica –, Almeida Nogueira não levava "a extremas consequências o princípio individualista, quando em conflito com os interesses fundamentais da comunhão social":

> Tais interesses, temo-los também como direitos da coletividade, oriundos da solidariedade humana. Deve, pois, a sociologia, consagrar princípios tendentes a operar a harmonia dos direitos da sociedade com a liberdade humana, e não menos os direitos da humanidade com a liberdade social.
> Se a produção da riqueza não é fenômeno que possa resultar do exclusivo esforço da atividade particular, mas antes da ação do indivíduo com a colaboração, aparente ou oculta, da sociedade, não é lógico nem equitativo contestar-se a legitimidade da interferência do Estado nos fenômenos da distribuição, circulação e consumo das riquezas (NOGUEIRA, 1936, p. 8).[8]

---

8 Na sequência, Nogueira afirmou: "Como se pode inferir dessa generalização, as reservas restritivas que fazemos aos princípios sociológicos de MacLeod interessam antes o direito público do que propriamente a doutrina econômica. Não nos obrigarão, portanto, nas páginas deste livro, senão as pouquíssimas discrepâncias das suas lições sempre lógicas e dos seus autorizados conceitos" (*Ibidem*, p. 8). Assim, pode-se dizer que no Largo São Francisco havia "uma escola maclaeodista" (GREMAUD, 1998, p. 146) quando Caio Prado Júnior era estudante de graduação. Sobre a recepção das ideias de MacLeod no Brasil, ver Corrêa (2015)

Neste sentido, o Estado também deveria incidir na definição do valor da moeda e do câmbio. Para o autor, as oscilações do câmbio, "desde que com frequência se repitam – são sempre perniciosas para a prosperidade do país", sendo considerado "grave problema econômico e aspiração patriótica a necessidade de estabilização do câmbio".

> Pouco importa que a legislação positiva tenha fixado nominalmente o valor da moeda (já vimos que, com efeito, esse valor é puramente nominal). Não é suficiente esta fixação *teórica* do valor; pois o valor *não se fixa* por lei. [...] É preciso, além da fixação de uma taca legal, tornar efetiva a intenção do legislador mediante medidas harmônicas com o ensinamento da Economia Política (*Ibidem*, p. 375-80).

A condução da política monetária e econômica do país exigiria o ensino de economia política. Em sua biblioteca, Caio Prado Júnior tinha um exemplar da edição de 1920 do *Curso didáctico*.[9] Em seu histórico escolar, consta que ele foi aprovado "plenamente", mas não "com distinção" nesta cadeira (FACULDADE, 2008, p. 265). Mas isso não foi empecilho para que, em setembro de 1926, Caio Prado Júnior participasse do primeiro Congresso dos Estudantes de Direito, em Belo Horizonte, Minas Gerais, defendendo perante uma comissão formada no encontro a quebra do padrão monetário e a fixação do câmbio, obtendo aprovação unânime (MARTINEZ, 2008, p. 53).

> Tanto quanto assuntos de ordem político-constitucional preocuparam-nos, também problemas de natureza político-econômica, como aqueles de relevância, mormente no momento que atravessamos. Caio Prado Jr. expôs, perante a comissão competente, seu ponto de vista sobre a quebra do padrão

9 O acervo da biblioteca pessoal de Caio Prado Júnior encontra-se sob a guarda da Biblioteca do Instituto de Estudos Brasileiros da Universidade de São Paulo (IEB-USP).

> monetário e a fixação do câmbio, defendendo a necessidade de tais providências. Adotada pela comissão, que a transformou em parecer, foi esta opinião defendida pelo nosso colega, em plenário, alcançando como as outras aprovação unânime (RIBEIRO, 1926).

Portanto, a proposta apresentada por Caio Prado Júnior alinhava-se às posições de Almeida Nogueira, bem como às críticas de Roberto Simonsen ao livre câmbio. Além disso, se Caio Prado Júnior leu o *Curso didáctico* enquanto cursava economia política na Faculdade de Direito, em 1925, viu os comentários de Almeida Nogueira sobre o pensamento socialista: "Não obstante essa incontestável virilidade com que ainda se apresentam os representantes da denominada ortodoxia econômica na sua evolução atual, não há, todavia, como negar que o período contemporâneo seja principalmente *socialista*". Mas o socialismo teria um "tremendo problema" para conseguir transportar seus princípios "do ideal para a realidade prática". Sua avaliação sobre Marx a este respeito é ilustrativa: "Causa estranheza e o fato é notado pela crítica, a lacuna fundamental que deixou Marx, na parte positiva da sua obra. Hábil e temeroso com a picareta da demolição, revela-se incapaz de reedificar depois de haver destruído" (NOGUEIRA, 1936, p. 74, 82-3).[10] Difícil dizer como Caio Prado teria recebido estas críticas naquele momento, mas a julgar pela adesão do autor ao marxismo poucos anos depois, pode-se afirmar, pelo menos, que caso tenha surtido algum efeito, não foi duradouro. É provável que esta não tenha sido a primeira vez que o jovem estudante tenha entrado em contato com o pensamento dos socialistas. No primeiro

10 O autor, portanto, compartilhava em parte da opinião de Clovis Bevilaqua (1902, p. 22), que foi professor catedrático da Faculdade de Direito de Recife, sobre Marx: "Infelizmente suas doutrinas parece que têm mais um caráter revolucionário do que construtor". Mas, diferentemente de Nogueira, Bevilaqua nutria simpatias por Karl Marx e Ferdinand Lassale: "Ambos esses escritores se impõem à nossa simpatia, não tanto pela vida aventurosa que levaram quanto pelo seu fervor em prol do proletariado e pelo cunho científico que (principalmente Karl Marx) procuraram imprimir a seus escritos. Marx queria um *socialismo científico* [...]".

semestre de 1924, dois estudantes – M. de Campos Maia (1924a, 1924b) e um discente que assinava sob o pseudônimo Economicus (1924a, 1924b) travaram um debate sobre a legitimidade ou a ilegitimidade do juro em quatro artigos publicados nas páginas do jornal *A Chave*, citando autores como Johann Karl Rodbertus, Pierre-Joseph Proudhon, Ferdinand Lassale e Karl Marx, configurando as primeiras manifestações sobre o socialismo e o comunismo entre os estudantes da Faculdade. Em suas memórias, Paulo Duarte relata ter perguntado a Melo Neto se este falava algo sobre a economia soviética em seu curso de economia política, ao que este teria respondido que não tomava conhecimento da existência de uma economia política soviética (MARTINEZ, 2008, p. 60).

Marxismo

Naqueles anos, o situacionista Partido Republicano Paulista (PRP), principal partido das classes dominantes, exercia firme controle sobre a vida partidária e o aparato de Estado em São Paulo, apesar das cisões que já havia experimentado. Fundado em 1870, o PRP tinha uma visão sobre os crescentes conflitos sociais e lutas operárias que, nas palavras de Washington Luís, na condição de candidato a presidente do estado em 1920, traduziu-se com a ideia de que a agitação operária seria uma questão que interessaria mais à ordem pública do que à ordem social. Em nome do progresso, a repressão à desordem; para solucionar conflitos sociais, o aparato policial. Entretanto, desde os anos de 1910, mas principalmente depois das greves de 1917, somadas à insatisfação com o sistema político e à defesa dos ideais democráticos e da lisura dos processos eleitorais, outras propostas para solucionar os conflitos sociais surgiram entre as classes dominantes, no sentido de apaziguar e neutralizar os antagonismos de classes. Surgido em 1926 a partir de uma cisão do PRP, o Partido Democrático de São Paulo (PD) criticava o simplismo do projeto de dominação social baseado na repressão ao mesmo tempo em que se colocava como alternativa ao radicalismo que enxergavam, por exemplo, no Bloco Operário e Camponês (BOC), o braço institucional do Partido Comunista.[11] Liderado por Antônio Prado, tio-avô de Caio, o PD se constituiu a partir de três grupos políticos: o que se organizava em torno do jornal *O Estado de S. Paulo*, com Júlio de Mesquita; outro grupo liderado pelo advogado e então deputado estadual José Adriano Marrey Jr.; e o grupo da Faculdade de Direito, tendo à frente Waldemar Ferreira e Francisco Morato (MOREIRA, 1988, p. 25-9, 52-7).

Quando Caio Prado Júnior finalizava o curso de direito, ocorriam as eleições municipais, em outubro de 1928, e o Partido Democrático não elegeu nenhum de seus cinquenta candidatos à Câmara Municipal da capital, levantando grandes suspeitas de fraude. Indignado, o jovem filiou-se ao PD sem demora e, corroborando com liberalismo, moralidade, reformismo e pacifismo político – ideais do PD que já havia incorporado anteriormente em seu artigo *A crise da democracia brasileira* (1927) – passou a colaborar com a organização e as atividades promovidas pelo partido. Tendo o PD aderido à *Aliança Liberal* em agosto de 1929, Caio Prado Júnior participou ativamente da campanha de Getúlio Vargas à Presidência da República, quando sofreu sua primeira detenção. Ele integrava a comissão de recepção organizada pelo partido para a chegada de seu candidato à capital paulista agendada para o dia 2 de janeiro de 1930. Durante o corso do candidato adversário, Júlio Prestes, na Avenida Paulista, em 31 de dezembro de 1929, Caio Prado Júnior bradou: "Viva Getúlio Vargas!" Horas depois, quando deixava o baile de *réveillon* do Automóvel Club Paulista[12] na madrugada do dia 1º de janeiro de 1930, a polícia o deteve sob a alegação de "desacatar" o candidato governista. O jovem militante foi libertado naquele mesmo dia: a punição esperava-se exemplar (MARTINEZ, 2008, p. 70-1). Quando Vargas chegou a São Paulo para sua campanha, Caio Prado prosseguiu cumprindo suas funções na comissão de recepção: dirigiu o veículo que conduzia o candidato e esteve com ele em reunião na casa de José Carlos Macedo Soares, que se tornaria o ministro das Relações

11 Sobre a experiência do BOC, ver Dainis Karepovs (2006).

12 Segundo Wider (2007, p. 38), Caio Prado foi detido ao sair do Club Athlético Paulistano.

Exteriores do novo governo (SECCO, 2008a, p. 29). Assim lembrava Caio Prado Júnior (1980a) deste período de atividade política em sua vida:

> Entrei na política em 1928 inscrevendo-me no Partido Democrático fundado naquele mesmo ano em oposição ao dominante e exclusivo partido de então: o Partido Republicano Paulista. Não ocupei cargo algum, fui um simples militante, mas, posso dizer, muito ativo: propaganda, organização nos bairros da Capital e no Interior do Estado, comícios. Trabalhei ativamente pela candidatura de Getúlio à presidência da República, e entre outras atividades fui um dos organizadores da recepção do candidato em S. Paulo. Nessa campanha eleitoral sofri minha primeira prisão quando dei um viva a Getúlio Vargas em público e na presença de Julio Prestes, Presidente de S.P. e candidato oficial da presidência federal - aliás eleito. Depois da eleição participei, em S. Paulo, do preparo da revolução de 1930. Trabalhei na ligação de conspiradores, estímulo de hesitantes, sabotagem de vias de comunicação que eventualmente seriam utilizadas por forças destinadas a obstruir o avanço das forças revolucionárias que viriam do Sul.[13]

Contudo, afastou-se do Partido pouco tempo depois da vitória garantida pelas armas em 1930. Em entrevista concedida em 1978, Caio Prado (1981, p. 303-5) disse que havia se afastado do PD ao perceber que o trabalho de fazer "um levantamento dos abusos do regime, principalmente os atos de corrupção", que havia realizado na Delegacia Revolucionária de Ribeirão Preto, "não daria em nada". "Foi a partir de então que tomei outro rumo", disse.[14]

---

13 A carta sob a guarda do IEB é uma cópia, sendo que a original encontra-se no acervo do Instituto Moreira Salles do Rio de Janeiro (IMS Rio) (PRADO JÚNIOR, 1980b). Agradeço a Elisabete Marin Ribas a informação sobre a localização do acervo de Francisco Iglésias.

14 Ao ser procurado alguns anos depois por Victor Rebouças (1935) lhe solicitando uma declaração do estado em que foi encontrada a escrituração e os serviços da repartição, Caio Prado Jr. (1935) alegou: "Como o Sr. deve estar lembrado, a

Em 23 de outubro de 1931, um dia depois de enviar ao presidente do conselho do partido no diretório do bairro de Santa Cecília, no qual exercia a função de tesoureiro, um relatório sobre a situação financeira (PERICÁS, 2016, p. 32), encaminhou ao presidente da legenda sua carta de desfiliação:

> Sou levado a dar este passo por discordar radicalmente da atitude que o Partido tem assumido há muito. Formado como partido de combate a uma situação política, vencida esta, cabia-lhe reorganizar-se sobre bases compatíveis com o novo estado de coisas. No entanto nada se fez. O Diretório Central mantém-se, senão inativo, pelo menos completamente afastado de qualquer diretriz política claramente traçada. Em vez disto só se cuida de "fazer política", no sentido que V. S. compreenderá. Como ingressei no Partido para combater por ideias, e não para alcançar posições políticas para mim ou para meus amigos; e como este mesmo Partido, depois de uma luta, que sem favor merece o qualificativo de gloriosa, está desmentindo as suas tradições, encaminhando-se pela mesma senda da situação decaída. Julgo-me no dever de dar por finda minha modesta mas sincera colaboração (PRADO JÚNIOR, 1931).

Encontrou outro rumo no marxismo, cuja difusão na América Latina se concentrou inicialmente no chamado Cone Sul, ao final do século XIX. Os primeiros partidos socialistas da região que conseguiram se consolidar surgiram na Argentina (1895), sob a liderança de Juan B. Justo; no Chile (1906), sob a liderança de Luis Emilio Recabarren; e no Uruguai (1912), com Emilio Frugoni. Estes militantes foram os primeiros a tentar

Comissão de Sindicância, de que fiz parte, não chegou ao fim de sua tarefa, e um mês apenas depois de ter iniciado o trabalho, foi dissolvida. Quanto ao exame dos livros da Municipalidade de Ribeirão Preto, ele foi abandonado ainda em começo. Além disto, fazem [sic] quase cinco anos que isto se deu, e durante este período nunca mais tive contato algum com a questão. Nestas condições meu conhecimento a respeito é muito limitado".

aplicar as categorias marxistas na compreensão de aspectos das sociedades latinoamericanas, ainda que de forma rudimentar e esquemática e sob a herança do positivismo (VILABOY, 2007, p. 316-7). Antes disso, cumpriu importante papel para o acolhimento do marxismo na América Latina a fundação da primeira sessão da Associação Internacional dos Trabalhadores (AIT) em Buenos Aires em 1872, bem como a publicação da primeira versão em espanhol do *Manifesto Comunista* no periódico mexicano *El Socialista*, em 1884, a divulgação das obras de Marx na capital argentina, a partir de 1890, pelo periódico *El Obrero*, e a tradução de *O Capital* para o espanhol por Justo, diretamente do original alemão, em 1898 (PERICÁS, 2016, p. 14-5).

Ao raiar o século XX, o movimento socialista internacional contava com algumas obras publicadas a partir do trabalho de seleção e compilação feita por Engels, entre republicações de obras esgotadas, nova publicação de obras que Marx havia deixado incompletas ou inéditas, bem como novos textos do próprio Engels. Entre 1867 e 1875 havia sido disponibilizado um *corpus* da obra de Marx, com destaque para o *Manifesto Comunista* (1848), *O Capital*, tomo I (1867) e *A guerra civil na França* (1871). Por sua vez, enquanto o livro *Para a crítica da economia política* (1859) não havia tido nova publicação, *O 18 de brumário de Luis Bonaparte* (1852) foi republicado em 1869. Já nos doze anos que separam a morte de Marx (1883) e a de Engels (1895), foram lançadas 75 edições do *Manifesto* em quinze línguas, sendo então as edições nas línguas do então império czarista em número maior do que as do original alemão. Entretanto, o principal esforço propagandístico e de formação política dos movimentos socialistas que vinham se fortalecendo no final do século, com destaque para o Partido Socialdemocrata Alemão (SPD), parece ter se concentrado em sínteses populares da doutrina de Marx. A publicação e a popularização das obras clássicas foram transformadas a partir da revolução russa de 1917, com um notável aumento na década de 1920 (HOBSBAWM, 2011, p. 166-71).

Não apenas Moscou passaria a organizar frentes de propaganda e projetos editoriais para projetar sua imagem e difundir o marxismo, como a repercussão do triunfo bolchevique gerou um público interessado entre os militantes dos movimentos socialistas e dos partidos comunistas que passaram a se formar em todo o mundo. Assim, com seus diversos canais de propaganda e comunicação, a III Internacional Comunista (IC), criada em março de 1919, foi a mola dinâmica do processo de difusão do marxismo e da literatura revolucionária. Tendo em vista que o francês era a língua mais conhecida do mundo latino em geral e da América Latina em particular, e que parte da população letrada no Brasil o conhecia suficientemente bem, explica-se a persistência da IC em editar seu material nesta língua ao lado do inglês e do alemão em um primeiro momento. Mas a fundação do Partido Comunista Argentino (1918), seção argentina da Internacional Comunista, contribuiu ainda mais para a difusão do marxismo em língua espanhola, inicialmente com a edição da revista quinzenal *Documentos del Progreso* e de uma coletânea de livros marxistas. A partir de 1926, em uma segunda fase de expansão da literatura por parte da III Internacional, intensifica-se o interesse em publicar textos em espanhol. Além do argentino, a América Latina já contava então com partidos comunistas no México (1919), no Uruguai (1920), no Chile (1922) e no Brasil (1922) (CARONE, 1986, p. 29-37).

O nome de Marx começa a circular no Brasil depois de 1871, em função da repercussão da Comuna de Paris. Enquanto João Alfredo, ministro do Império, fez menção ao comunismo e ao "materialismo alemão" em discurso na Câmara dos Deputados, Joaquim Serra, iniciador do movimento abolicionista no parlamento, fez menção nominal a Marx no órgão oficial do Partido Liberal, *A Reforma*, naquele mesmo ano. Mas uma primeira exposição das ideias de Marx no Brasil surgiu nas páginas do jornal republicano recifense *O Seis de Março*, edição de 25 de março de 1872, por meio de um artigo intitulado "O Dr. Carlos Marx", no qual se procurava resumir sua vida e obra até então. Por sua vez, na década de 1880, Tobias Barreto foi o primeiro a citar *O Capital* na edição alemã (MORAES FILHO, 2007, p. 11-29; CHACON, 168-81; BATALHA, 2007, p. 11-29; KONDER, 2009, 95-119). Contudo, até o século XIX se encerrar, havia apenas menções pontuais e esparsas a respeito de Marx e do marxismo. Fora uma ou outra exceção, até a I Guerra Mundial, não havia no Brasil nenhuma análise, satisfatória ou não, do materialismo dialético, nem mesmo tradução de trechos ou artigos de Marx e Engels. Havia, no entanto, alguma circulação de suas obras editadas em francês e, em menor escala, em italiano ou espanhol (CARONE, 1986, p. 31-2).

A revolução russa e a agitação revolucionária que se seguiu na Europa, com destaque para a Alemanha e a Hungria, exerceram um efeito catalisador nas lutas da classe operária brasileira e impactaram também naqueles que tinham uma visão crítica da desigualdade social no país. O ano de 1919 ficou marcado, no Brasil, por inúmeras greves e uma grande manifestação no dia 1º de maio no Rio de Janeiro, aberta por uma faixa que anunciava a presença do Partido Comunista – o primeiro agrupamento comunista do país havia sido criado em janeiro naquela cidade, que passou a publicar o semanário *Spartacus* em agosto. Também no 1º de maio, em São Paulo, é lançado o programa da Aliança Comunista, escrito por Edgard Leuenroth e Antonio Duarte Candeias, de perfil sindicalista revolucionário, mas que se inspirava também na experiência russa. Em junho, com a presença de delegados de vários estados, realizou-se uma conferência que anunciava o Partido Comunista do Brasil – que não se consolidou, porém. Iniciava-se, assim, uma longa e tortuosa reconfiguração ideológica entre a intelectualidade vinculada ao movimento operário, afastando-se no anarquismo e aproximando-se do comunismo de inspiração leninista. Processo semelhante ocorreria simultaneamente em outros países latinoamericanos. Estimulados pela formação do Grupo Comunista do Rio de Janeiro em 7 de novembro de 1921, formaram-se grupos comunistas em Niterói, Juiz de Fora e Cruzeiro ainda naquele ano. No Rio Grande do Sul, Também no final de 1921, a União Maximalista passou a denominar-se Grupo Comunista de Porto Alegre, ao qual se juntaram grupos semelhantes de Livramento e Passo

Fundo. Em 1º de janeiro de 1922, o Centro de Estudos Sociais passou a se chamar Grupo Comunista de Pernambuco. No mesmo mês, começou a circular a revista mensal *Movimento Comunista*, apresentada como órgão dos grupos comunistas do Brasil para defender e propagar o programa da IC. Toda essa efervescência política e organizativa culminou na fundação do Partido Comunista do Brasil, em Niterói, em reunião realizada entre os dias 23 e 25 de março de 1922 (DEL ROIO, 2007, 63-79).

No período entre as duas guerras mundiais numerosos intelectuais se tornaram revolucionários (HOBSBAWM, 2011, p. 249). Contudo, depois que abrandou a onda revolucionária europeia de 1917-1920, o marxismo da Internacional Comunista que passou a ser predominante exerceu menor força de atração sobre os intelectuais ocidentais, sobretudo os de origem burguesa.

> Eles se sentiam mais atraídos por grupos marxistas dissidentes, notadamente pelo trotskismo, mas esses grupos eram numericamente tão pequenos em comparação com os principais partidos comunistas que essa atração era desprezível do ponto de vista quantitativo. No Ocidente, os partidos comunistas eram em geral proletários, e a posição do intelectual "burguês" nesses partidos era muitas vezes anômala e nem sempre tranquila. Além disso, principalmente após o período de "bolchevização", o papel dos trabalhadores na liderança desses partidos passou a ser deliberadamente ressaltado. Ao contrário dos partidos da Segunda Internacional, poucos líderes destacados dos partidos comunistas eram intelectuais, a não ser em certos países subdesenvolvidos e coloniais, e esses partidos normalmente não se orgulhavam de ter intelectuais a dirigi-los, embora gostassem de contar com intelectuais de renome em outras funções (HOBSBAWM, 2011, p. 239).[15]

15 Sobre a chamada "bolchevização" ver Milos Hajek (1985) e Monty Johnstone (1985).

Não se conhece a data exata, mas a filiação de Caio Prado Júnior ao Partido Comunista do Brasil (PCB) ocorreu provavelmente no primeiro semestre de 1932, depois de romper com o Partido Democrático em outubro de 1931 (PERICÁS, 2016, p. 32-7). Lembra Caio Prado (1980a): "Tornei-me membro do Partido Comunista depois da Revolução de 1930, inteiramente desiludido com o novo regime e seus homens". O resultado desta mudança foi um encontro raro entre o marxismo e a acumulação intelectual de uma educação proporcionada por uma rica família do café (MANZATO, 2015, p. 37). Mas ao optar pelo marxismo e tornar-se militante comunista ocorreu, conforme destacou Florestan Fernandes (1989, p. 33-4) em depoimento, "uma quebra de lealdade, uma ruptura com a classe a que pertencia". Por "se devotar ao movimento revolucionário mais temido e odiado", ele "converteu-se em um traidor da classe". Sua filha, Yolanda Prado (*apud* IUMATTI, 2007, p. 129), certa vez afirmou: "havia uma sanção da família muito grande a ele; gente que não frequentava a casa da minha avó enquanto ele estivesse presente."

Por outro lado, a origem de classe e a ascendência familiar de Caio Prado Júnior impuseram restrições à sua aceitação e movimentação no interior do PCB. Em setembro de 1929, o Secretariado Sulamericano da Internacional Comunista (SSA/IC) – sob a orientação das resoluções do VI Congresso da IC, realizado em julho-agosto de 1928, e do X Pleno da Comissão Executiva da IC, reunido em julho de 1929 – encarregou-se da difusão da "Carta aberta aos partidos comunistas da América Latina sobre os perigos da direita". O documento considerava que para garantir a identidade e a autonomia dos partidos comunistas para dirigir as massas operárias e camponesas no chamado "terceiro período", que seria marcado por uma ofensiva socialista, era preciso romper com correntes socialdemocratas e movimentos pequeno-burgueses, além de compor suas direções com quadros de origem proletária e egressos da luta social (DEL ROIO, 2007, p. 87-8). Assim, o chamado obreirismo tornou-se predominante no PCB justamente na época em que o autor dele se aproximou e ingressou. Em carta, Caio Prado Júnior (1932c) reclamava a seu interlocutor do tratamento dispensado pelo Comitê Regional do PCB em São Paulo:

> Como V. deve estar lembrado, o C.R. tinha prometido uma resposta à minha tese. Em vez da resposta, veio, depois de muito tempo, um tremendo libelo, em que eu era acusado de trotsquista para baixo, e, imagine V., de estar promovendo um "golpe de estado" dentro do P.C. Diante disto achei melhor suspender minha correspondência com V. e minha viagem até que se resolvesse a questão; temia que minha atitude para com V. fosse mal interpretada. Escrevi novamente ao C.R., em que dei conta de toda minha atitude, pedindo-lhe que reconsiderasse suas acusações, ou pelo menos me fornecesse as provas que possuía sobre meu "contra-revolucionarismo". Obtive do Oliveira, que foi o elemento de ligação, promessa formal de que seria atendido. No entanto até hoje, já lá vai quase um mês, nada mais soube a respeito. Creio que o C.R. não quer mais ligação alguma comigo. Encontro-me portanto numa situação que V. compreenderá, e francamente não sei o que fazer. Tenho-me limitado por isso a escrever alguns folhetos, que distribuo pelo proletariado. Envio-lhe um sobre a vida do operário na Rússia soviética, que, parece, tem interessado bastante os trabalhadores. Pensei em escrever um sobre os camponeses, mas como a questão é melindrosa, devido à minha divergência com a tese oficial do P.C., não resolvi ainda nada.

Caio se referia a uma carta enviada alguns dias antes, na qual o Comitê Regional considerava sua atitude contrarrevolucionária, acusando-o de ter escrito um documento que "não passa de uma plataforma trotskista"; de ter procurado fundar "jornal de ideologia pequeno-burguesa e que tem de ser, por esse motivo, contra-revolucionario"; de ter organizado cursos marxistas "que nada mais serão do que cursos de trotskismo e, portanto, contra-revolucionários"; e de se ligar a "elementos que secretamente organizavam um verdadeiro 'golpe de Estado'" no partido. Se num prazo de dois dias não enviasse "resposta (declaração) política afirmando que sua atitude foi contra-revolucionária e que aceita incondicionalmente as condições que o P. [partido] lhe impuser" Caio seria publicamente denunciado "como trotskista e, portanto, um inimigo do proletariado e de sua revolução". Passado o prazo, lutariam contra ele "do ponto de vista da classe contra classe internacionalmente" (COMITÊ, 1932). Em sua defesa, Caio Prado Jr. (1932b) argumentou que teria havido "um pequeno engano", pois enquanto os trotskistas brasileiros "afirmam que a revolução de 1930 foi uma revolução democrático-burguesa", ele considerava que "nas condições do Brasil não há lugar para uma revolução burguesa, *porque nosso regime já é arqui-burgues*"; insistiu que a orientação do jornal seria "nitidamente marxista-leninista" e visaria combater a "demagogia dos chamados 'tenentes'", fazendo "um contrapeso a esta influência tenentista"; argumentou não ser uma atitude contrarrevolucionária "tentar a difusão do marxismo, principalmente num meio em que ele ainda é praticamente desconhecido" e que, na verdade, "seria pueril pretender o C.R. ao privilégio da doutrina de Marx". Quanto à alegada tentativa de golpe, disse ignorar completamente o que havia a esse respeito e não compreender a acusação feita.

Ao que tudo indica, Caio não se opunha à linha de "classe contra classe" que emanava da Internacional Comunista. Meses antes, a pedido de Francisco Borja para publicação em seu jornal, lhe remeteu um artigo intitulado "Trabalhadores e burgueses", que concluía dizendo: "Não há acordo possível. A luta é de domínio ou de uns, ou de outros. Hoje dominam os capitalistas, que tem tudo nas mãos: desde o estado até a própria vida do trabalhador. Amanhã, lutando e vencendo, dominarão os trabalhadores. E a eles caberá então fundarem uma nova sociedade, onde todos os homens sejam iguais; onde um não seja escravo do outro" (PRADO JÚNIOR, 1932a).

Por outro lado, a essa altura, Caio Prado já havia delineado algumas teses de seu primeiro livro, *Evolução política do Brasil* (1933), que viriam a contrariar as orientações políticas da IC sobre os chamados países coloniais, semicoloniais e dependentes, aprovada no seu VI Congresso (1928), atribuindo aos comunistas desses países, primeiro, a tarefa de eliminar resquícios pré-capitalistas ao lado de suas burguesias nacionais para, somente depois, lutar pelo socialismo. Neste contexto, dizia o autor: "Podemos falar num feudalismo brasileiro apenas como numa figura de retórica, mas absolutamente não para exprimir um paralelismo que não existe entre nossa economia e a da Europa Medieval" (PRADO JÚNIOR, 1933b, p. 27). Em carta, Caio Prado (1933a) explicou a Lívio Xavier que se dirigia especificamente a alguns historiadores brasileiros: "quando falei em *figura de retórica*, quis referir-me a certos historiadores nacionais (Oliveira Viana, Alcantara Machado etc.) que consideram a nossa organização primitiva como feudal". Devemos registrar que quando a obra de Nelson Werneck Sodré passou a embasar a análise histórica do PCB sobre o Brasil, sua interpretação não era a mesma dos historiadores mencionados por Caio Prado. Enquanto para aqueles autores havia feudalismo no Brasil colonial, para Sodré, apesar da existência de relações feudais de produção na colônia que, por vezes, se misturariam às relações escravistas, era o escravismo que predominava então, e foi a "transição de vastas áreas antes escravistas a um regime caracterizado de servidão ou semi-servidão" ao longo da segunda metade do século XIX que representou uma "regressão" em direção a "um quadro feudal inequívoco" (SODRÉ, 1964, 247-53).

Foi principalmente depois de 1934 que em diversos países passou a haver maior margem para variação e desenvolvimento local de uma teorização marxista independente que buscou adaptar o modelo internacional à sua própria maneira e à luz de suas condições locais; margem esta facilitada pela mudança na linha internacional da IC que superou o chamado terceiro período, reorientando sua política para a constituição de movimentos de frente única antifascista (HOBSBAWM, 2011, p. 242). Apesar das divergências, o PCB mantinha Caio Prado Júnior em suas fileiras, seja porque ele era um grande intelectual, um dos mais respeitados comunistas nos meios exteriores, sobretudo depois da publicação de suas obras históricas mais significativas nos anos 1940; seja porque ele também aceitava, além de sua vontade, certas imposições do partido.

Ainda assim, o partido aceitava a contragosto um pensador independente demais para o padrão de discussão política dos comunistas. Enquanto militantes como José Casini e Astrojildo Pereira foram expulsos e criti cados pela imprensa partidária entre 1933 e 1934, Prado Júnior recebeu tratamento distinto e permaneceu nos quadros do partido - contrariando informe do Departamento de Ordem Política e Social (DOPS), que comunicava sua expulsão do PCB (SECCO, 2008a, p. 48-9).

Ademais, diante do quadro cultural brasileiro de sua época, Caio Prado Jr. precisou transpor alguns limites para conhecer melhor o marxismo, como o próprio atestou em entrevista concedida em 1978: "Procurei aqui em São Paulo alguns livros de Marx, como 'O Capital', e não pude encontrar. Ninguém nas livrarias sabia o que era isso. O Brasil, nesse sentido, estava muito longe do resto do mundo" (PRADO JÚNIOR, 1981, p. 305). De fato, os anos 1920 são um período de escassa publicação de literatura marxista. Nos anos que se seguem, de 1930 a 1937, apesar da multiplicação de livros e editoras marxistas, de modo genérico, pode se dizer que entre as traduções predominavam as obras que tratavam dos problemas de organização e de ideologias partidárias, enquanto as que dizem respeito à doutrina, propriamente dita, eram em número bem mais reduzido (CARONE, 1986, p. 63-7). Com a escassez de literatura marxista no Brasil, Caio Prado Júnior recorreu, em meados de 1932, ao *Bureau D'Editions*, vinculado ao Partido Comunista Francês, que em resposta informava da disponibilidade de obras de Marx e Lenin, entre as quais *O Capital*, *Herr Vogt*, correspondências de Marx e Engels e tomos das obras completas de Lênin. Os quinhentos francos que enviou ao *Bureau* garantia o envio periódico e constante de livros e publicações na faixa de preço dos doze francos (MARTINEZ, 2008, p. 82).[16] Como notou Bernardo Ricupero, "os recursos financeiros de um rico herdeiro lhe possibilitavam encomendar da Europa livros marxistas aos quais

16 A carta do *Bureau D'Editions* está reproduzida nos anexos do livro de Martinez (2008, p. 281-2). Sobre as iniciativas editoriais francesas de publicações marxistas, ver Edgard Carone (1986, p. 38-44).

outros não teriam acesso" (RICUPERO, 2012, p. 21).[17] Por sua vez, analisando os livros-caixa do autor, Paulo Teixeira Iumatti (2018, p. 141-2) nos mostra que Caio recebia do pai uma mesada de 4 milhões de cruzeiros[18], somados aos 600 mil cruzeiros do aluguel de uma casa da qual era proprietário, e com parte dos recursos encomendou livros e assinou grande quantidade de jornais e revistas europeus e norte-americanos, indicando um amplo espectro de interesses. No campo da história, assinava os *Annales d'Histoire Économique et Sociale*, e na economia assinava *The Economist Newspaper*, *The Economist*, *L'Economist Française* e *O Observador Econômico e Financeiro*.[19]

Caio Prado Júnior passou a contar com uma literatura marxista significativa, pôs-se a estudá-la, traduziu a *Teoria do materialismo histórico* (1933), de N. Bukharin, publicou *Evolução política do Brasil* (1933) e *URSS: um novo mundo* (1934), e passou a ser solicitado para indicar leituras. No final de 1934, a pedido de estudantes do Rio de Janeiro que dirigiam a *Revista Acadêmica* e pretendiam publicar uma enquete sobre "os livros necessários à formação de uma cultura socialista", Caio Prado Júnior recomendou a leitura de Plekhanov, *Questiones fundamentales du marxisme* (publicado originalmente em 1908); Nicolai Bukharin, *Teoria do materialismo histórico* (1921); Lapidus e Ostrovitianov, *Précis d'economie politique* (1929); Lênin, *Imperialismo, última etapa do capi-*

---

17 Na biblioteca de Caio Prado Júnior encontram-se diversas publicações marxistas editadas nas décadas de 1920 e 1930, listadas no Anexo deste livro. A leitura de autores marxistas por Caio Prado Júnior foi analisada em Pericás (2016) e Iumatti (2018).

18 Como se vê, a sanção da família por sua adesão ao comunismo não foi absoluta.

19 Era assinante também dos seguintes periódicos, tanto científicos como de grande circulação: *Cahiers Rationalistes*, *The National Geogrphic Society*, *National Geographyc Magazine*, *The American Geographical Society*, *The Geographical Review*, *Foreing Affairs*, *Foreing Affairs Book Service*, *Academy of Political Science*, *Political Handbook of the World*, *L'Ilustration*, *Le Monde*, *Revue de Sciences Politiques*, *Les Archives Contemporaines*. Em 1937, entre os brasileiros assinava o *Diário Official da União*, o *Diário da Assembleia Nacional*, a *Folha da Manhã*, o *Diário do Poder Legislativo* e o *Boletim de Ariel* (*Ibidem*).

talismo (1917) e *O Estado e a revolução* (1918); e Anton Menger, *L'Etat socialiste* (1903). Certamente levando em conta a incipiente difusão do marxismo no Brasil e a dificuldade de seu acesso, Caio Prado considerou que as obras listadas satisfaziam plenamente o pedido feito, pois apesar de serem apenas seis, os livros "representam uma sólida bagagem, pelo menos inicial, para quem pretende um conhecimento do socialismo", além de serem "facilmente encontrados à venda, e em regra figuram nas bibliotecas públicas do Brasil" (PRADO JÚNIOR, 1934). A difusão do marxismo era um mote, como o foi ao longo de sua vida. Depois de ter escrito três importantes livros para a historiografia brasileira, Caio Prado Júnior (1946) respondeu a Evaldo da Silva Garcia, um "amigo e companheiro" que achava que suas correspondências com o autor poderiam "ajudar quem possa escrever":

> Não vejo porque V. não possa "escrever". Escrever é uma tarefa como qualquer outra; e como são poucos aqueles entre nós que se dedica a isto *seriamente*, não compreendo que pessoas como V. que sem dúvida tem todas as qualidades para tanto, se furtem a uma tarefa tão importante para nós neste momento.
>
> *Escrever*, para um comunista, não é fazer "bonito". Não é procurar louvores ou mandarinatos. É contribuir para a formação e divulgação da teoria revolucionária, do marxismo. Uns farão isto melhor, outros pior. Mas todos contribuirão com alguma coisa. E é isto que importa.
>
> Veja bem como isto é importante no Brasil e neste momento. Pode-se em sã consciência afirmar que já exista entre nós uma correta interpretação marxista do nosso país e da nossa revolução? Qualquer coisa, já não digo que se aproxime, mas lembre vagamente o que Marx fez para o séc. XIX, e Lênin para a Europa e sobretudo a Rússia dos primeiros vinte anos deste século? A revolução não é uma brincadeira. Transformar a ordem estabelecida é uma tarefa imensa que não se resolve com um passe de mágica nem com as melhores intenções do mundo. Sinceridade, dedica-

> ção, sacrifício próprio são todos fatores necessários; indispensáveis. Mas faltará ainda alguma coisa, e de importância fundamental: uma consciência clara, nítida e segura do caminho a seguir. Temos isto no Brasil? Penso que ainda não. Porque não considero tal meia dúzia de esquemas abstratos que se vão ajeitando conforme as circunstâncias e que servem para todas as oportunidades.

Portanto, não se tratava apenas de difundir uma teoria, mas fazê-lo de modo que fosse ferramenta para interpretar uma realidade, uma particularidade, contribuindo para a atividade prática de transformá-la. Neste quesito, o autor não dispensava críticas à estratégia do PCB, o seu partido. De certo modo, a posição de Caio Prado Júnior no debate que se seguiu à derrota de 1964, expressa no livro *A revolução brasileira* (1966), sistematiza todo um acúmulo de debates anteriores que já vinham sendo travados. Em depoimento, o editor e militante comunista Antônio Roberto Bertelli (2007 *apud* SECCO, 2008a, p. 114) relatou que sabia e acompanhava as posições de Caio Prado na revista *Brasiliense* e, portanto, o livro não lhe causou comoção: "quanto à sua posição teórica, não era novidade". Parte fundamental da divergência dizia respeito ao método de análise da realidade. Segundo Caio Prado Júnior (1966, p. 33-6), realizava-se a elaboração de teorias "sob o signo de abstrações, isso é, de conceitos formulados *a priori* e sem consideração adequada dos fatos", tentando posteriormente "encaixar nesses conceitos a realidade concreta". Os chamados "fatos reais" sofriam um processo mais ou menos forçado de adaptação aos "conceitos aprioristicamente estabelecidos". A teoria da revolução brasileira, em função da "longa fase de acentuado dogmatismo que imperou em todo pensamento marxista" contribuiu para consolidar "concepções falsas e em inteira discordância, muitas vezes, com os fatos reais" e ainda "impôs uma certa maneira de considerar os fatos econômicos, sociais e políticos": ao invés de partir da "análise daqueles fatos como realmente eles se apresentam, a fim de os interpretar e determinar a sua dialética", realiza-se operação oposta, ou seja, "admite-se *a priori* essa teoria, e procura-se nela encaixar os fatos, por mais que eles se deformem nessa arbitrária e singular manipulação".

> Uma coisa seria assinalar semelhanças entre o ocorrido nos países da Europa e em outros lugares. E na base dessa observação proceder à interpretação da evolução histórica de outros países e povos, inspirando-se em conceitos já elaborados à luz do exemplo europeu. Nunca esquecendo, contudo, que se tratava de simples semelhanças, e que qualquer conclusão deveria cingir-se aos limites dessa semelhança.
> Coisa bem diferente, logo se vê, é partir como se fez no caso da interpretação da evolução brasileira, da presunção, admitida *a priori*, de que os fatos históricos ocorridos na Europa constituíam um modelo universal que necessariamente haveria de se reproduzir em quaisquer outros lugares e, portanto, no Brasil também. Essa maneira de abordar a consideração dos fatos históricos, escusado dizê-lo, é inteiramente descabida (*Ibidem*, p. 40).

Não é uma divergência lateral. Então, por que continuou filiado ao PCB? Resenhando a biografia política de Caio Prado Jr. escrita por Luis Bernardo Pericás (2016), Dainis Karepovs (2016) chamou atenção para essa contraditória trajetória de Caio Prado no PCB, "permeada de conflitos desde praticamente sua entrada", ao mesmo tempo em que o militante fazia juízos fortemente críticos "em relação a dirigentes ou à orientação tomada pelo PCB, sem que jamais isso o tenha levado à ruptura com o partido". Entretanto, "a razão pela qual Caio permaneceu nas fileiras comunistas por mais de meio século" seria uma questão deixada sem respostas por "todos os que escreveram sobre Caio Prado Júnior até aqui", inclusive Pericás. A resposta havia sido dada em 1980, em carta a Francisco Iglésias, que havia sido convidado a organizar o volume sobre a obra de história de Caio Prado Júnior na coleção Grandes Cientistas Sociais, da editora Ática, dirigida por Florestan Fernandes. Iglésias (1980) confessou a Caio ter ficado "feliz em ser o escolhido" para realizar o trabalho e mais ainda "quando soube que a indicação teve o seu apoio". Para elaborar a introdução do volume, que deveria contar com uma nota biográfica inicial, enviou a Caio um questionário "para ser respondido brevemente". Sobre a militância no

Partido Comunista, perguntou: "Foi da direção? Quando se desligou do PC?" Ao que Prado Júnior (1980b), respondeu:

> No Partido Comunista nunca tive cargos expressivos, que aliás nunca me interessaram.[20] O que me interessava era o contato com o povo e o que aprendia daí, abrindo-me perspectivas. Trabalhei sempre no Partido como simples militante, mas aprendi enormemente desde o começo porque entrei em contato íntimo com classes que como burguês de origem e formação que sou, nunca teria conhecido e muito menos compreendido. Nunca me desliguei do Partido (resposta à sua pergunta sobre a data em que isto se teria dado). Isso porque na problemática dos nossos dias, desde quando comecei a lutar, e até hoje ainda, o P.C., com todos seus erros, e até mesmo às vezes verdadeiras monstruosidades (de que pessoalmente fui mesmo muitas vezes vítima), tem sido, no passado como no presente, a única corrente de pensamento e ação política capaz de levar à reorganização do mundo sobre novas bases que não são as do capitalismo – que é o que necessariamente se propõe.

Ainda assim, era necessário alcançar a "correta interpretação marxista" do Brasil. Para isso, Caio Prado estudou não apenas sua história como também sua geografia. Parte importante desse estudo histórico e geográfico envolvia ver com os próprios olhos o passado imbricado no presente e o tempo projetado no espaço.

---

20 Ainda que Caio Prado Júnior não tenha integrado as instâncias dirigentes do Partido – condição que se consolidou com o fracasso de sua tentativa de reorganizar o PCB em 1945 sob o predomínio do Comitê de Ação em detrimento a Comissão Nacional de Organização Política (CNOP) e com base na proposta de uma "Aliança Democrática e Popular" com a União Democrática Nacional (UDN) – a vice-presidência estadual da ANL e a liderança da bancada comunista na Assembleia Legislativa do Estado de São Paulo (Alesp) eram de fato "cargos expressivos" que ocupou em nome do PCB.

História e geografia

Caio Prado Júnior foi preso em dezembro de 1935 por suas atividades na Aliança Nacional Libertadora e por isso não concluiu seus estudos na 5ª Subsessão de História e Geografia da FFCL-USP. Datado de 1977, o prontuário de Caio Prado no DOPS de São Paulo resume toda a atividade de vigilância sobre ele e diz o seguinte a respeito deste período:

> Desde 1935 vem atuando no setor esquerdista com grande destaque, já tendo sido processado e condenado por atividades comunistas. Sua atividade foi pontificada, ou melhor, teve grande ressonância quando, como presidente da Aliança Nacional Libertadora, em S. Paulo, agiu com grande desassombro. [...] Caio Prado Júnior sempre foi elemento de grande atividade política, tendo ocupado o cargo de presidente da "ANL", desde sua instalação neste estado. Não faz segredo de suas tendências extremistas, cujas ideias alimenta desde sua conhecida viagem à Rússia, onde fora em estudos político-sociais. Foi sempre o orientador do movimento aliancista, tendo feito o uso da palavra em vários comícios públicos e nas reuniões daquela agremiação. Suas palavras eram vazadas em termos fortes, atacando o governo constituído, as instituições federais e estaduais e, ainda, incitava as massas e movimentos grevistas, para reaverem direitos que o governo lhes havia cassado (DEPARTAMENTO, 1977).

Libertado com centenas de outros presos em setembro de 1937[21] – semanas antes da decretação do Estado Novo em 10 de novembro –, exilou-se na França do final de 1937 até março de 1939, quando voltou ao Brasil, antes que a Segunda Guerra Mundial eclodisse em setembro. Além de frequentar a Bibliotèque Nationale e cursos na Sorbonne, teve atuação militante:

21 Sua passagem pelo cárcere neste período foi narrada por Pericás (2016, p. 104-9).

> Estive preso depois do levante de 1935, e só fui liberado em fins de 1937, quando houve a suspensão ocasional e momentânea do estado de sítio, o que aproveitei para ausentar-me do país. Fixei-me na França, onde me liguei com o P. Comunista francês com o qual trabalhei na fronteira da Espanha, então em luta interna (República vs. fascismo franquista). A fronteira estava vedada, e o governo "socialista" francês procurava evitar a passagem dos foragidos de Franco que procuravam abrigar-se na França; e impedir a passagem à Espanha daqueles – e eram muitos de várias nacionalidades – que pretendiam levar sua colaboração à luta dos antifascistas. O Partido Comunista francês montara uma organização destinada a facilitar a passagem clandestina da fronteira nos dois sentidos; e eu, estrangeiro insuspeito, conhecedor do francês e do inglês, arranhando o alemão e sabendo o suficiente do espanhol para me fazer entendido, eu podia trazer algum auxílio à tarefa. E assim foi (PRADO JÚNIOR, 1980b).

Naquele momento, já estava inscrita a influência da missão francesa na USP, que contou com a participação de Fernand Braudel na cadeira de história da civilização, de Pierre Deffontaines e Pierre Moinbeg na cadeira de geografia, Claude Lévi-Strauss na cadeira de sociologia. A vinda de professores franceses para ministrar as primeiras aulas da FFCL a partir de 1934 situa-se no amplo contexto da influência francesa na América Latina e dos vínculos culturais franco-brasileiros, que se fortificaram ao longo do século XIX e início do XX. Naquele momento, a França era o centro da literatura e da pintura no Ocidente, diversos integrantes das elites brasileiras estudavam em universidades francesas e difundiam-se no Brasil obras francesas no campo da literatura, teatro e cinema, entre outros. Na São Paulo dos anos 1930, a cultura francesa estava a tal ponto disseminada que os professores que vieram dar aulas na USP puderam ministrá-las em seu próprio idioma, uma vez que os alunos tinham conhecimento suficiente da língua francesa, mesmo que nem todos viessem de famílias abastadas. Ademais, a circulação dos livros franceses no Brasil também indica sua presença cultural: entre 1910 e 1915, foi gasta uma média anual de 2.858.000 francos com a importação de livros franceses, enquanto com livros alemães foi gasta a média anual de 706.000, com livros italianos 400.000 e com livros espanhóis 165.000. Mas a presença de professores cumpria uma função especial na política externa francesa. Apenas no ensino superior universitário, havia mais de trezentos professores franceses fora do país em 1933, vistos pelo Ministério das Relações Exteriores como propagandistas privilegiados – pois, diferentes dos diplomatas, conheciam a fundo a língua e a mentalidade do país onde lecionam e dispunham de amizades e relações – e como uma espécie de milícia disponível para servir e colaborar com os representantes estrangeiros da França, inclusive com os serviços de informação (LIMA, 2009, p. 41-57).

Ao mesmo tempo, os ventos que sopraram contribuindo para a fundação da Escola Livre de Sociologia e Política de São Paulo em 1933, resultaram também na criação da Universidade de São Paulo em 1934. O diagnóstico de intelectuais, jornalistas, educadores e políticos do Partido Democrático, reunidos em torno do jornal *O Estado de S. Paulo*, era o de que uma das principais causas da crise que se abatia sobre o Brasil e sobre São Paulo nos anos 1920 era a ausência de elites intelectuais capazes de compreender e enfrentar os problemas complexos da realidade brasileira. Em editorial de 1925, reclamava-se do "esquecimento total e absoluto da fundação de institutos de ensino verdadeiramente superiores, capazes de formar uma elite mental dirigente do país", resultando na falta de "homens de talento" para o estudo do Brasil, o que seria "a maior, senão a única responsável pela anarquia e pela balbúrdia em que nos vemos neste momento". Para a orientação de constituir elementos coordenadores do pensamento brasileiro, não bastariam autodidatas isolados:

> Dir-se-á que o gênio e a capacidade de síntese – que são os ingredientes desta orientação – não se inventam nem se forjam nas universidades. De acordo. Mas é preciso reconhecer

> que eles se disciplinam nesses institutos superiores e que nós não podemos viver eternamente jungidos à esperança de aparecimento de autodidatas com as qualidades suficientes para dirigir, mentalmente, o país. E mais ainda que a irradiação das escolas de altos estudos será, pela sua própria natureza, mais ativa, mais intensa, mais profunda, mais ampla do que a ação de um homem ou mesmo de alguns homens isolados (O ESTADO, 1925, p. 3).

Na abertura dos cursos de 1935 da FFCL-USP, Antônio de Almeida Prado (*apud* MARTINEZ, 2008, p. 168), seu primeiro diretor, frisava a "ideia central" que havia orientado a criação da Universidade: "fazer da instrução o ponto de apoio sobre o qual se assentará a alavanca que há de levantar o nível mental e cívico das novas gerações à altura dos povos mais civilizados". Já na formatura da primeira turma, em 1937, o paraninfo Júlio de Mesquita Filho (*apud Ibidem*, p. 169), um dos principais entusiastas do projeto da USP, proferiu discurso no qual reclamava da "condição humilhante e subalterna de colônia intelectual", defendia sua superação e renovava sua "convicção de que o problema brasileiro era, antes de mais nada, um problema de cultura", decorrendo disso a fundação da USP e da FFCL. Dez anos depois, quando a USP completava 13 anos, *O Estado de S. Paulo* publicou uma sessão comemorativa com artigos de Cruz Costa, Roger Bastide, Paulo Duarte, Sergio Milliet, entre outros, demonstrando os resultados obtidos, exaltando a iniciativa que o próprio jornal dizia vir defendendo de longa data e transformando o quadro do ensino superior em São Paulo:

> [...] quando Armando Salles de Oliveira fundou a Universidade, o ensino superior neste Estado vegetava na mais completa ineficiência e esterilidade. Nenhum espírito de sistema presidia à sua concepção geral, da mesma maneira que nada mais se pretendia com ele que dar ao adolescente um simples meio de vida. Acentuando os defeitos da formação excessivamente

> individualista da nossa mocidade, o ensino que então aqui se ministrava agia como um poderoso elemento de desagregação da coletividade. [...] coube à Faculdade de Filosofia de S. Paulo ter tido a glória de emparelhar-nos com os demais países civilizados do planeta (MESQUITA FILHO, 1947, p. 4).

Fez-se o encontro entre a estratégia francesa de disputa de hegemonia no mundo frente às demais potências e a estratégia de segmentos da elite paulista de legitimação do projeto político que havia irrompido militarmente e foi derrotado em 1932 pelo governo Vargas. Como resposta às necessidades de ampliação da divisão técnica, social e internacional do trabalho e da produção na sociedade industrializada, a implantação da Faculdade instaurou o padrão universitário de reflexão e trabalho intelectual organizados, o que surtiu efeito sobre a sociedade paulista, dilatando seus horizontes de conhecimento, despertando interesses e mobilizando um público diversificado: jovens estudantes, professores do nível secundário, bacharéis da Faculdades de Medicina, a Politécnica e a de Direito, enfim, entusiastas e adeptos em geral da cultura e das ciências. Em busca de refinamento intelectual, Caio Prado matriculou-se na primeira turma da 5ª Subseção de História e Geografia da FFCL-USP, constituindo um momento de alargamento de horizontes, incorporação de novos referenciais e aprimoramento da reflexão sobre a realidade brasileira (MARTINEZ, 2008, p. 163-5).[22] A explicação para o estudo destas disciplinas foi rememorada em entrevista concedida a Jary Cardoso muito tempo depois, quando tinha 71 anos de idade:

> História e Geografia são duas coisas que, infelizmente, sempre foram desleixadas no Brasil, principalmente a Geografia. Geografia não é dizer que tem um rio de tantos quilômetros de comprimento. Geografia é compreender as condições naturais,

22 Sobre a conjuntura política que levaria à fundação da USP, ver também Luis Correia Lima (2009, p. 174-6).

> humanas da vida, as relações, a distribuição, a maneira de viver. É uma coisa muito ampla.
> Eu estudei as duas coisas, História e Geografia, por isso, porque eu me interessei pelo Brasil, quis conhecer o Brasil. Então estudei Geografia e História, que era a teoria. E a prática: viajei por este país de alto a baixo, a minha vida inteira. E conheço o Brasil todo. [...]
> Então, como é que você vai conhecer um País, se você não conhece os meios e as condições de vida? Tem que saber essas duas coisas: tem que saber a Geografia, que é o lugar; e tem que saber a História, que é a evolução (PRADO JÚNIOR, 1978, p. 11).

Sua desenvoltura no tratamento da relação entre tempo e espaço se constituiu especialmente mediante a dedicação dada às atividades da Associação dos Geógrafos Brasileiros (AGB), entidade da qual foi secretário e cofundador,[23] ao lado e sob a orientação de Pierre Deffontaines, de quem o autor guardou grande apreço, como demonstrou na referida entrevista:

> A Geografia foi que me abriu a perspectiva e foi com Defontaine – o maior professor que eu conheci na minha vida. Olha que eu conheci muito professor na minha vida, mas nenhum, de longe... o Defontaine batia todo mundo. Não que ele tivesse assim uma erudição, ele não tinha. Mas é porque é um homem que vivia o assunto. Para todo mundo que assistisse às aulas dele

23 "Em 17 de setembro de 1934, à Av. Angélica, 133, reunidos os Srs. Pierre Deffontaines, Luiz Flores de Moraes Rego, Rubens Borba de Moraes e Caio Prado Júnior, resolveram os presentes fundar uma sociedade de estudos geográficos, denominada *Associação dos Geógrafos Brasileiros.* Esta Associação terá por fim: 1º- Reuniões periódicas dos membros com exposição de um assunto de geografia brasileira por um dos membros, seguida de discussão. / 2º- Organização de excursões em comum para estudo de uma questão. / 3º- Constituição de uma biblioteca especializada em geografia, por colaboração dos membros e doações (livros, revistas e cartas). / O sr. Caio Prado Júnior foi indicado para secretário, cabendo-lhe redigir as atas e ficando a seu cargo os demais serviços da secretaria. / Para presidente foi indicado o Prof. Pierre Deffontaines. Para tesoureiro o sr. Rubens Borba de Moraes." (ASSOCIAÇÃO, 1934)

> era um divertimento, era um prazer, primeiro pelo entusiasmo dele. Ele tinha um amor, tem até hoje, está vivo, idoso, e continua trabalhando nisso. Grande professor, né? Professor não é o sujeito que sabe muito. Tem muita gente que sabe muito, mas não tem jeito nenhum pra ensinar. Ensinar tem toda uma comunicação, não? (PRADO JÚNIOR, 1978, p. 11)

A influência das atividades da AGB em Caio Prado Júnior pode ser medida não apenas na dimensão que a geografia ocupa em sua historiografia, mas também na sua ação política. Exercendo o mandato de deputado estadual – havia sido eleito para Assembleia Legislativa de São Paulo em 1947 pelo PCB –, Prado Jr. batalhou pela inclusão nas disposições transitórias da Constituição Estadual um artigo que estabelecia: "O Estado procederá, no prazo de cinco anos, ao levantamento aerofotogramétrico de seu território". Em sessão ordinária, o parlamentar utilizou a tribuna para defender a implantação da iniciativa:

> A necessidade do levantamento aerofotogramétrico do Estado se impõe sem necessidade de discussões. Trata-se de um processo moderno, um processo somente possível depois do progresso da fotografia e da aviação, e que faz reduzir, consideravelmente, as despesas e as dificuldades dos levantamentos topográficos. [...] Realizado esse levantamento aerofotogramétrico com toda a precisão que esse processo proporciona, todos os proprietários rurais do Estado de São Paulo teriam, automaticamente, a sua planta, não necessitando de novas despesas, de forma que ele resolveria não apenas os problemas de ordem pública e os de interesse coletivo, mas também o problema de todas as propriedades territoriais do Estado.
>
> O meu objetivo, vindo a esta tribuna, é, precisamente, apresentar um projeto de lei, que autoriza o Governo a realizar esse levantamento aerofotogramétrico do Estado (PRADO JÚNIOR, 2003, p. 71-2).

Os "conhecimentos interessantes" sobre os quais o deputado Padre Carvalho dizia-se satisfeito de estar bebendo na ocasião tinham sido obtidos por Caio Prado na AGB. Sua vigésima reunião ocorreu na Rua Pedroso, bairro da Liberdade, onde estava depositada a documentação aerofotogramétrica da Prefeitura de São Paulo, cuja superintendência e fiscalização estavam a cargo de Agenor Machado. O artigo de Caio Prado "A aerofotogrametria no levantamento cartográfico", publicado na revista *Geografia* (n. 4, 1935), originou-se da palestra que deu naquela reunião (SEABRA, 2008, p. 36).

A experiência de Caio Prado Júnior na FFCL-USP e na AGB entre 1934 e 1935 contribuiu grandemente para promover o tratamento articulado do tempo e do espaço em sua obra. A partir do contato com Deffontaines e seu substituto, Pierre Monbeig – portanto, com o pensamento geográfico da matriz de Vidal de La Blache, que postulava a interdisciplinaridade, o trabalho de campo e a compreensão da realidade geográfica do presente e do passado – tal articulação entre tempo e espaço fez-se presente em seus estudos sobre a formação e o desenvolvimento da cidade de São Paulo (PRADO JÚNIOR, 1935; 1953), em *Formação do Brasil Contemporâneo* (1942) e *História econômica do Brasil* (1945), bem como em seu hábito de viajar de carro pelo interior do país para conhecer a realidade com seus próprios olhos. Entre outros, Mário de Andrade (1929, p. 3) já havia mencionado a importância da viagem para a construção do conhecimento: "As viagens nos dão muita autoridade [...]. Ora, o indivíduo viajado pode estar destituído da verdade, mas possui a evidência do mundo que viajou. E por isso o argumento dele é possante, embora intelectualmente seja muitas vezes uma covardia". Em meados dos anos 1950, Prado Jr. (1954, p. 30) chegou a afirmar que para observar nossa história, considerada um presente de nossos dias, seria "muitas vezes preferível uma viagem pelas nossas diferentes regiões, à compulsa de documentos e textos". Alinhava-se, assim, a uma observação de Monbeig (1981, p. 254), quando lembrou em entrevista os motivos de ter aceitado o convite para lecionar no Brasil:

> (...) o geógrafo aceita viajar porque deseja conhecer outras terras. Hoje, muitos geógrafos pensam que podem ficar trabalhando sobre estatísticas em seus escritórios. Acho que não é assim que se conhece o mundo. No meu tempo, os geógrafos tinham o desejo de viajar de entrar em contato com outros povos.[24]

Membros da família Prado de gerações anteriores – como Martinico Prado, seu avô, Veridiana Prado, sua bisavó, o Conselheiro Antônio Prado e os escritores Eduardo e Paulo Prado – utilizavam as viagens como meio de acesso ao conhecimento, fator decisivo para seu cosmopolitismo (IUMATTI, 2018, p. 133). De certo modo, Caio Prado aliou um hábito familiar a um método de produção de conhecimento. Tal orientação metodológica rendeu críticas a seu trabalho historiográfico por não pesquisar fontes em profusão. José Roberto do Amaral Lapa, por exemplo, reconheceu que "a pesquisa arquivista e documental não era o seu forte, embora o seu trabalho resulte em altíssima qualidade científica" (*apud* O ESTADO, 1990, p. 20). Assim, se por um lado Caio Prado Júnior não explorou fontes textuais em grande volume, por outro, incorporou de modo criativo as paisagens em sua operação historiográfica, como se fossem documentos arquivados no espaço, vestígios de uma sociedade deixados em seu movimento nas regiões e seu devir no tempo. "Seria possível uma classificação 'cronológica' das regiões brasileiras pautadas pelos estágios sucessivos do ciclo econômico. Teríamos uma Geografia regional que seria ao mesmo tempo História" (PRADO JÚNIOR, 1954, p. 67).

Mas apesar de valorizar a ação humana no espaço, a geografia lablacheana nem sempre era avessa a determinismos. Segundo Paulo Teixeira Iumatti (2008, p. 228), apesar de crítica das causalidades mecânicas e aberta a certo possibilismo, era uma disciplina a meio caminho da abordagem dos fatores humanos e naturais:

---

24 Sobre a importância do testemunho na construção do conhecimento histórico, ver François Hartog (2013), especialmente o capítulo "A testemunha e o historiador".

> Na prática, nem sempre encontrava um caminho equilibrado para o estudo das interações entre a vida humana e seu meio geográfico, e frequentemente privilegiava o fator natureza. Por outro lado, situada em uma encruzilhada de diversas tendências, deixava espaço aberto para a interpretação dialética dessas interações, situadas em uma dimensão humana.

Ao se questionar por que pensar, primeiramente, a natureza, Pierre Vilar (1977, p. 227), historiador marxista francês vinculado aos *Annales*, respondeu: "Porque uma dialética homem-natureza dificilmente pode subestimar as 'condições naturais'" e lembrou que para Marx – como vimos anteriormente – o ponto de partida são os fatores naturais. Neste sentido, aos marxistas caberia estabelecer uma relação específica entre história e geografia: "Pensar geograficamente uma história não é, por conseguinte, contrário ao marxismo. Mas seria mais marxista pensar uma geografia historicamente". Vilar diferenciava-se, assim, de seus colegas que submetiam a história ao tempo geográfico, quase imóvel. Preferia submeter o espaço à dialética, à mudança histórica, o que o aproxima do uso que Prado Júnior fez da geografia em sua operação historiográfica.

A respeito desta articulação que o autor faz entre tempo e espaço, produzindo um agudo "senso de ritmo histórico" e permitindo compreender "os ritmos da história em diferentes espaços", o geógrafo Azib Nacib Ab'Sáber (1989, p. 408-9) disse:

> Caio exercitou-se numa história braudeliana, antes que mestre Braudel tivesse sistematizado sua teorização sobre "história longa e história curta". O Brasil aparentava uma terra de história comprida e rotineira. A Caio Prado interessava descobrir, detectar os períodos de mudança. Aqueles raros e importantes momentos, capazes de representar revoluções. Ainda que constituindo movimentos urbanos ou rurais circunscritos. Aí residiu a grande força da historiografia de Caio Prado Júnior, por ser o processo de fazer história, que se antecedeu à compreensão dos

> ritmos de tempo e espaço, em plena historiografia tradicional da América Latina. [...] Tempo, espaço e economia regional estão presentes a todo instante em sua produção histórica, de tal modo que nela existe uma revisitação das questões estruturais na conjuntura de cada pedaço de tempo considerado. Disso derivando uma historiografia dotada de uma modernidade até então desconhecida entre os historiadores brasileiros. [25]

Esta compreensão dos ritmos da história em diferentes espaços lhe permitiria observar aquilo que Caio Prado Júnior (1954, p. 6) chamou de "confusão inextricável" em que se apresenta a distribuição geográfica de formas econômicas de contraste chocante, uma vez que "a nossa evolução se precipitou num ritmo irregular e espasmódico que o país em conjunto não pôde acompanhar". Daí a conclusão: "A nossa história ainda é, por isso, em muitos casos, uma atualidade". Neste sentido, a menção de Ab'Saber a Braudel é perspicaz. É perceptível a articulação de diferentes tempos históricos em *Formação do Brasil contemporâneo* (1942), indicando alguma proximidade com a abordagem que o historiador francês ainda elaborava. Entre as primeiras páginas do livro consta uma interessante menção de Caio Prado (1942, p. 7-8) ao modo como era possível, no Brasil, conhecer o passado pela observação do presente:

> Os depoimentos dos viajantes estrangeiros que nos visitaram em princípios do século XIX são frequentemente de flagrante atualidade. [...] Quem percorre o Brasil de hoje fica muitas vezes surpreendido com aspectos que se imagina existirem nos nossos dias unicamente em livros de história; e se atentar um pouco para eles,

25 Outros geógrafos também destacaram a relação entre a obra de Caio Prado e a disciplina. Segundo Milton Santos (1989, p. 426), "com o uso do conceito de formação social, antecipa uma temática que somente agora se está impondo na geografia brasileira e mesmo internacional". Para ele, os temas clássicos do pensamento geográfico de Caio Prado são a "noção de povoamento, a de regionalização, a ideia de urbanização, o debate que então se fazia, e agora se continua a fazer, sobre as relações interurbanas e entre a cidade e o campo".

> verá que traduzem fatos profundos e não apenas reminiscências anacrônicas. [...] Pessoalmente, só compreendi perfeitamente as descrições que Eschwege, Mawe e outros fazem da mineração em Minas Gerais depois que lá estive e examinei *de visu* os processos empregados e que continuam, na quase totalidade dos casos, exatamente os mesmos. Uma viagem pelo Brasil é muitas vezes, como nesta e tantas outras instâncias, uma incursão pela história de um século e mais para trás. Disse-me certa vez um professor estrangeiro que invejava os historiadores brasileiros que podiam assistir pessoalmente às cenas mais vivas de seu passado.

Braudel (2002, p. 54) havia feito observação semelhante em artigo publicado em agosto de 1936, na segunda edição da revista *Filosofia, Ciências e Letras*, do grêmio de estudantes da FFCL. Falando sobre os casos "em que se situam e se mesclam a história e a atualidade, o passado e o presente do Brasil" afirma: "Aqui não são precisas tantas preocupações de rever o passado, para, ao voltar de uma viagem banal, deparar com as misteriosas impressões da época ameríndia, situada além do passado colonial que é de ontem. Aqui o passado e o presente nos arrastam com uma insistência que é uma lição contínua".[26] Ainda assim, não podemos descartar a possibilidade de Caio Prado ter se referido a Pierre Deffontaines ou a Pierre Monbeig, uma vez que esta compreensão sobre a persistência do passado no presente no Brasil era compartilhada por outros professores e intelectuais do período – vide o comentário de Normano que destacamos acima –, inclusive da geração modernista. De todo modo, como fonte comum para Braudel e Caio Prado, a geografia humana permitia colocar a questão da temporalidade em termos da ruptura com o tempo linear, de sua diversidade e das relações ente presente e passado. Neste sentido, o grau de elaboração da dimensão temporal em *Formação do Brasil contem-*

26 Sobre esse texto de Braudel, ver também Martinez (2008, p. 197-8) e Lima (2009, p. 118-24).

porâneo (1942) já foi considerado um dos aspectos mais instigantes de toda a trajetória intelectual do autor (IUMATTI, 2018, 428-31, 486).

Pouco depois do lançamento de *História econômica do Brasil* (1945), Braudel encontrava-se na fase final de preparação de sua tese sobre o Mediterrâneo para impressão e defesa na Sorbonne, quando escreveu a Caio Prado Jr. uma carta solicitando um exemplar:

> Eu encontrei em Paris meu amigo Maugüé[27], que me falou longamente do Brasil e de todos os nossos amigos brasileiros. E que me informou também que você teve um novo livro publicado do qual falou maravilhas. Preciso acrescentar que estou curioso e impaciente para lê-lo? Você poderia enviá-lo para mim?
> Especialmente porque eu gostaria de fazer dele uma resenha na revista de Lucien Febvre, os antigos *Annales d'Histoire Économique et Sociale*, que apareceram de modo intermitente durante a guerra, mas que vão retomar o ritmo anterior, a partir de janeiro, sob um novo título (BRAUDEL, 1945).

Meses depois, em nova carta, lhe agradeceu o envio e reforçou que a resenha seria feita, mas mencionava livros, no plural: "Ainda não lhe agradeci por sua preciosa carta nem pelo envio de seus livros mais preciosos. A partir destes, farei a resenha que é necessária nos *Annales*" (BRAUDEL, 1946). Muito provavelmente, Caio Prado lhe remeteu também *Formação do Brasil Contemporâneo*, pois na resenha conjunta de ambos os livros publicada em 1948, Braudel informa em nota de rodapé ter utilizado sua segunda edição, datada de 1945. Apesar de algumas reservas e de achar que o primeiro é "mais rico e ainda mais amplo" que o segundo, o resenhista destacou as variadas virtudes das obras e afirmou que o autor "segue o mesmo caminho pelo qual nos esforçamos em nossos *Annales*":

---

27 Jean Maugüé foi professor de filosofia na FFCL-USP e Caio Prado frequentou suas aulas com assiduidade, estabelecendo diálogos e confrontos (IUMATTI, 2018, p. 226).

> Caio Prado Júnior nos oferece dois livros excelentes sobre o Brasil: um deles constitui a melhor história econômica da qual dispomos atualmente sobre seu país; o outro é o começo de uma obra que se supõe e se deseja monumental sobre o Brasil de hoje. São dois livros, dois projetos, com ritmos diferentes e diferente escopo, mas que, contudo, tem o mesmo tom. Mas poderíamos dizer que tem o mesmo tom científico? Na verdade ambos se inspiram na "dialética materialista" e com singular vigor acentuam, segundo as regras dessa escola, os "processos" da história, ou caso se prefira, as correntes e cursos de vida, em que o passado não cessa de inflar e alimentar o presente instável e efêmero. [...] Já não é necessário expor aquilo que há de justo, forte e eficaz a nossos olhos, na dialética materialista aplicada à história: graças a ela todo o manto da história foi inundado de luzes. É uma verdade trivial. [...] Compreender o Brasil, decifrar suas origens, diagnosticar seus males – mas agora de modo científico, válido, longe das vias fáceis e incertas do ensaio, longe dos caminhos da pura poesia, longe das instituições... Perceber-se-á amanhã, se já não hoje (mas ninguém é profeta em seu próprio país), que estes livros tensos e de estrutura firme ocupam seu lugar precisamente na série dos grandes e belos livros pelos quais o Brasil tentou descobrir sua verdadeira face, desde Euclides da Cunha a Paulo Prado e Gilberto Freyre. Sinal dos novos tempos: nesta interpretação nacional, incessantemente recomeçada, historiadores substituíram poetas, filósofos e ensaístas. Não o lamentamos (BRAUDEL, 2015, p. 109-10).[28]

De uma só vez, Braudel reconheceu Caio Prado Júnior e o marxismo como contribuições para a historiografia justamente pelo que neles há de científico. Ademais, no prefácio de maio de 1946 da primeira edição d'*O Mediterrâneo*, Braudel afirmou que preferiu não se contentar

28 Resenha originalmente publicada em *Annales: Économies, Societés, Civilizations*, v. 3, n. 1, 1948.

> [...] com essas tradicionais introduções geográficas à história, inutilmente colocadas à entrada de tantos livros, com suas paisagens minerais, suas lavras e suas flores, mostrados rapidamente e de que logo já não se trata nunca mais, como se as flores não voltassem a cada primavera, como se os rebanhos estacassem em seus deslocamentos, como se as naus não tivessem de vagar num mar real, que muda conforme as estações (BRAUDEL, 1976, p. 13-4).

Se, dois anos depois, em sua resenha, Braudel não mencionou que as páginas iniciais de *História econômica do Brasil* (1945) se dedicam ao estudo do "meio geográfico", seria esta ausência um reconhecimento tácito de que a geografia teria se integrado à história para além das "tradicionais introduções", como em uma mistura de natureza química – para utilizarmos a expressão de Schumpeter? De toda forma, não deixou de registrar, por outro lado, que sentiu falta de "um estudo voltado às relações entre o homem e o meio ambiente brasileiro – o que o geógrafo de formação e vocação Caio Prado poderia e deveria escrever"; assim como notou a falta de um "estudo sistemático da civilização, conduzido – fora das habituais e estéreis rotinas – conforme as ideias renovadoras de Lucien Febvre e Marcel Mauss" (BRAUDEL, 2015, p. 114). Fez, ademais, uma cobrança em relação a seus horizontes espaciais, dada a tendência dos brasileiros então de ver a história do país "a partir de dentro (o que é seu direito, e mesmo dever), e assim crer que ela é mais responsável por seu destino, do que ela jamais o foi na realidade".

> Cada parte do mundo reflete a história do mundo inteiro, sofre-a, acomoda-se a ela. Por mais atento que Caio Prado esteja a essa vida do vasto mundo, à intervenção dos grandes trustes bancários, o que é uma forma dessa vida mais geral, acho definitivamente que ele com frequência se restringe apenas ao horizonte brasileiro; e por mais vasto que seja esse horizonte, por vezes ele é também uma prisão para o historiador. Como

> pode ser que Caio Prado não tenha dado mais atenção à história do Atlântico Sul? O oceano, no que concerne ao Brasil, não é o seu meio de ligação com o mundo? Concordo com ele que uma economia brasileira humana, que será feita pelo homem brasileiro, opõe-se bastante dramaticamente a uma economia imposta ao Brasil a partir de fora, inumana, ligada ao "imperialismo" mundial. Mas, no fim das contas, o Brasil não estaria condenado a se abrir para o mundo, para o bem e para o mal, como todas as regiões do planeta? (*Ibidem*, p. 113)

Esta interpretação contrasta parcialmente com a de grande parte dos intérpretes de Caio Prado que, como vimos, destacam na noção de dependência em relação às dinâmicas externas as articulações entre a sociedade brasileira e o mercado mundial. Mas o cerne do comentário de Braudel é outro: seria preciso pensar o Brasil a partir do oceano Atlântico, do mesmo modo como ele pensou a Espanha a partir do mar Mediterrâneo. Décadas depois, atento a este ponto, Luis Felipe de Alencastro (2000, p. 9) construiu sua abordagem sobre a formação do Brasil no Atlântico Sul:

> Nossa história colonial não se confunde com a continuidade do nosso território colonial. Sempre se pensou o Brasil fora do Brasil, mas de maneira incompleta: o país aparece no prolongamento da Europa. Ora, a ideia exposta neste livro é diferente e relativamente simples: a colonização portuguesa, fundada no escravismo, deu lugar a um espaço econômico e social bipolar, englobando uma zona de produção escravista situada no litoral da América do Sul e uma zona de reprodução de escravos centrada em Angola.

É provável que Alencastro tenha lido a resenha de Braudel sobre os livros de Caio Prado publicada nos *Annales*. A fonte das reflexões que o levaram a desenvolver aquela abordagem foram explicitadas em uma entrevista publicada em 2002:

> [...] estudei a história do Brasil no contexto da história ultramarina portuguesa, da história ibérica, do Atlântico. Por isso, a ideia de uma história territorial brasileira sempre me pareceu estranha: nunca estive preso a uma problemática histórica que estivesse balizada pelas fronteiras atuais, pelo mapa do "Oiapoque ao Chuí". Essa interpretação abrangente, por cima das fronteiras políticas atuais, era precisamente a linha da École des Annales e de Braudel em particular. Os especialistas de história ibérica dos *Annales* eram Frédéric Mauro, meu orientador, que fez sua tese sobre o Atlântico português; Pierre Chaunu, que redigiu seu doutorado sobre o Atlântico espanhol; Vitorino Magalhães Godinho, que abordou a presença portuguesa na Ásia. Os três formavam o núcleo inicial dos discípulos de Fernand Braudel e nenhum deles estudava um país só. Assisti muitas conferências e seminários dos três. Para eles, a ideia de que Luanda era tão próxima do Rio de Janeiro quanto da Bahia, parecia uma coisa óbvia. Não havia o exclusivismo territorial que embaraça a história colonial ensinada no Brasil (ALENCASTRO, 2002, p. 242).

Como se vê, os debates em torno do enfoque geográfico para o estudo da história brasileira ainda se fazem presentes. Indubitavelmente, ele é decisivo quando se pretende compreendê-la em sua totalidade – como procurou fazer Caio Prado Júnior ao lhe atribuir um sentido orientado pela colonização da América e a formação do capitalismo e do mercado mundial.

4. A ECONOMIA NA HISTÓRIA

Capital comercial e colonização

Caio Prado (1980b) também relatou em carta a Francisco Iglésias que o contraste entre o Brasil e os países desenvolvidos da Europa o deixava envergonhado, motivando-o a pesquisar e escrever para conhecer e explicar suas razões.

> Talvez lhe interessará o que me parece ter sido o estímulo central de toda minha atividade de escritor. O que me levou de início à pesquisa e a escritor, foi a busca do conhecimento e compreensão do Brasil. Conheci a Europa (a França sobretudo) muito cedo, meus pais viajavam frequentemente e me levavam consigo. Impressionou-me sempre a diferença profunda entre as condições de vida lá e no meu país, o contraste entre o bem estar de lá e o primitivismo, a pobreza e mediocridade daqui. E isso me envergonhava. Foi o que me levou a interessar-me pela explicação dessa diferença e a busca da maneira de superá-la. Por isso interessei-me muito pela história. Com o correr do tempo cheguei à conclusão que a história não se fazia sem a geografia. Desde muito cedo impressionava-me a explicação que

> se ouvia por toda parte, que a inferioridade brasileira vinha do "tropicalismo". O que me doía muito pois condenava definitivamente o Brasil. Seria sempre um país "atrasado", como se costumava dizer.

Pouco antes, em entrevista concedida em 11 de junho de 1978, Caio Prado (1981, p. 305) lembrava:

> Sempre viajei muito, desde menino. Já conhecia a Europa, onde passei dois anos estudando, quando tinha 14 ou 15 anos. Comecei então a viajar pelo Brasil para ver o que era esse país e sentia um tremendo complexo de inferioridade. Fiquei muito impressionado com o contraste entre o Brasil e a Europa. Mesmo o contraste com relação à Argentina, que conheci aos 18 ou 19 anos, me chocou.

Deste modo, ainda jovem, Caio Prado despertou sua atenção para a realidade social do Brasil e para sua história. O desejo de superar a pobreza e mediocridade que via levou-o a engajar-se politicamente e defender ideias. Em 1927, publicou o artigo "A crise da democracia brasileira" no jornal estudantil *A Chave*, no qual se remetia à história e à "evolução do país" para apreender as causas do "desequilíbrio" e do "estado mórbido do organismo nacional" (PRADO JÚNIOR, 1927). Entretanto, sua narrativa abordou somente o Império e a República, mas não o período colonial, e se mantém restrita à esfera política, aos governos, estadistas, políticos, militares. Bem diferente foi sua abordagem depois de aderir ao marxismo, quando escreveu um "ensaio de interpretação materialista da história brasileira", como diz o subtítulo da primeira edição de *Evolução política do Brasil* (1933). Mudou-se o recorte cronológico e incorporou-se a economia e as classes sociais na análise histórica. Segundo o autor, o "surto marítimo" que enche a história de Portugal no século XV foi "provocado por uma burguesia comercial sedenta de lucros, e que não encontrava, no reduzido território pátrio, satisfação à sua desmedida ambição. A ascensão do fundador da Casa de Avis ao trono português trouxe essa burguesia para um primeiro plano". Mas sendo o comércio o objetivo da expansão marítima e não encontrando no território da América portuguesa povos com quem trocar mercadorias, restava apenas extrair madeira da floresta: "Afora as concessões para exploração do pau-brasil, única riqueza aproveitável encontrada, nada mais fez a Coroa portuguesa com relação à nova colônia nos primeiros trinta anos posteriores à descoberta". Contudo, para "permanecer livre das incursões de aventureiros estranhos" cogitou-se a colonização como forma de defesa (PRADO JÚNIOR, 1933b, p. 15-8). E principalmente como forma de explorar a terra.

> O caráter mais profundo da colonização reside na forma pela qual se distribuiu a terra. A superfície do solo e seus recursos naturais constituíam, naturalmente a única riqueza da colônia. Não éramos, como as Índias, um país de civilização avançada, cujo aproveitamento pelos conquistadores se pudesse fazer pelo comércio ou pelo saque – que na época se confundiam num só e mesmo conceito. Aqui, uma só riqueza: os recursos naturais, daí uma só forma de exploração: a agricultura ou a pecuária, subordinadas ambas à posse fundiária (*Ibidem*, p. 21).

Neste sentido, os colonos contemplados com a concessão de sesmarias eram preferencialmente os que dispunham de recursos próprios. Aos donatários e à Coroa interessava "a produtividade da colônia, condição essencial para o aumento dos seus rendimentos; e isto naturalmente só se alcançava com a entrega da terra a quem, por conta própria, estivesse em condições de aproveitá-la. Por isso preferiam sempre os mais abastados".[1] Assim, no Brasil colonial, "a simples propriedade da terra, independentemente dos meios de a explorar, do capital que a fecunda, nada significa". O importante, então, é saber o que predomina na econo-

---

1 Sobre o processo de formação das classes dominantes na colônia portuguesa a partir das concessões de terras e títulos ver Rodrigo Ricupero (2009).

mia colonial, "se a grande exploração agrícola, isto é, que reúne grande número de pessoas, trabalhando conjuntamente, ou se pelo contrário se funda no trabalho individual de pequenos agricultores autônomos, que lavram, eles mesmos, terras próprias ou arrendadas" (*Ibidem*, p. 22-7). A este respeito, não poderia haver margem para dúvidas:

> A economia agrária colonial sempre teve por tipo a grande exploração rural. Estão aí as lavouras de cana e os engenhos de açúcar – nossa principal riqueza de então –, os extensos latifúndios dedicados à pecuária; enfim, as demais indústrias agrícolas que, embora em menor escala, sempre se revestem do mesmo caráter de grandes explorações. Basta lembrar que nosso trabalho agrícola sempre se baseou no braço escravo, negro ou índio (*Ibidem*, p. 28).

Assim, não havia terreno favorável para o desenvolvimento da pequena propriedade na economia colonial. Observe-se que Caio Prado, em seu primeiro livro, já fazia comparações entre a colônia portuguesa e as colônias inglesas do norte do continente: "Enquanto nas setentrionais sempre predominou a pequena propriedade, nas do Sul firmou-se, como entre nós, o tipo da cultura em larga escala". Com a técnica de então, as culturas tropicais seriam mais rendosas "quando tratadas em larga escala", motivando a formação "das grandes explorações de preferência às pequenas". Ademais, havia falta de mercado para os produtos da pequena exploração: o externo "estava reservado quase exclusivamente a mercadorias que não podia produzir por falta de recursos" e o interno, por sua vez, era "limitadíssimo, não só pelas condições da população colonial, constituída quase toda de escravos e semiescravos negros, índios e mestiços, como também pela dificuldade das comunicações", segregando os núcleos populacionais espalhados pelo território. Para agravar o quadro do mercado interno, "as grandes propriedades produziam mais ou menos todo o necessário para o seu consumo interno, especialmente no que diz respeito aos produtos agrícolas, e dependia muito pouco do exterior". Já os centros urbanos, sobretudo nos primeiros anos da colonização, "eram de reduzidíssima importância" e, portanto, "não podiam por isso constituir mercado de vulto". Com o predomínio da grande exploração agrícola, a economia colonial brasileira assentava-se "numa base essencialmente escravista". Pequenos proprietários, agregados, rendeiros, moradores, embora livres, sofriam a influência e as contingências deste escravismo, motivo pelo qual "o próprio trabalho, em princípio livre, pouco se diferencia do trabalho escravo" (*Ibidem*, p. 29-46).

> É assim extremamente simples a estrutura social da colônia no primeiro século e meio da colonização. Reduz-se em suma a duas classes: de um lado os proprietários rurais, a classe abastada dos senhores de engenho e fazendas; doutro a massa da população espúria dos trabalhadores do campo, escravos e semilivres. Da simplicidade da infraestrutura econômica – a terra, única força produtiva, absorvida pela grande exploração agrícola – deriva a da estrutura social: a reduzida classe de proprietários, e a grande massa que trabalha e produz, explorada e oprimida (*Ibidem*, p. 47-8).

Parte significativa dos elementos constitutivos da interpretação futura de Caio Prado Júnior sobre a economia e a sociedade colonial brasileira estava delineada: surto marítimo de uma burguesia comercial, exploração agrícola, grande propriedade, trabalho de pessoas escravizadas, exportação, mercado interno reduzido. Mas ainda não havia sido formulado o *sentido da colonização*, categoria de análise que estrutura *Formação do Brasil contemporâneo* (1942). O caráter de grande exploração mediante trabalho de pessoas escravizadas para a produção agrícola monocultora encontrava-se desde então enfatizado. Entretanto, o mesmo ainda não havia se dado com o mercado externo ou, mais precisamente, com os vínculos entre esta produção agrícola escravista e o mercado mundial em formação – o que explica o fato do autor não ter diferenciado "as lavouras de cana e os engenhos de açúcar" dos "extensos latifúndios dedicados à pecuária", como veio a fazer posteriormente para distinguir, respectivamente, a produção voltada ao mercado externo da produção voltada ao mercado interno, destinada somente a manter a população envolvida naquela produção exportadora.

Dois anos depois do lançamento de seu livro de estreia e já participando ativamente da ANL como vice-presidente de sua seção paulista, Caio Prado (1982, p. 122-3) escreveu uma sequência de artigos no jornal *A Platéa* intitulado "O programa da Aliança Nacional Libertadora", no qual deu passos importantes naquela direção. Em primeiro lugar, identificou o sistema agrário brasileiro como "o regime da 'fazenda' e do 'latifúndio'", destacando que o mesmo, "na própria terminologia oficial da ciência econômica tem um nome particular: 'plantantion system', sistema de plantação". Em segundo lugar, reconheceu que desde seus primórdios, a economia brasileira "tem vivido em ciclos sucessivos que se possuem uma fase ascendente de progresso ilusório possuem também outra, e esta fatal e irremediável de decadência": o açúcar na Bahia e Pernambuco, a mineração em Minas Gerais, a borracha na Amazônia, o café em São Paulo. "Por ciclos sucessivos, temos assistido a este despertar rápido de uma região, para vê-la, logo depois, reduzida a uma sombra do passado. No lugar de uma riqueza que se vai para sempre, estende-se a ruína e a desolação".[2] Em terceiro lugar, e isto tem grande significação, compreendeu-se a colonização e a estrutura agrária do Brasil em função do atendimento da demanda europeia:

> A colonização do Brasil pelos portugueses teve um único objetivo: a produção de certos gêneros tropicais de grande procura na Europa. Os colonos lusitanos que nos procuraram tiveram essa finalidade primordial: a obtenção desses gêneros agrícolas. Não vieram a fim de se estabelecerem, constituir no Brasil uma nova sociedade, numa palavra, povoar o país. [...] Os colonos portugueses, como empreiteiros da colonização, organizaram

2 A sequência de oito artigos foi originalmente publicada no jornal *A Platéa* dos dias 25, 26, 29, 30 e 31 de julho e 1º, 2 e 3 de agosto de 1935.

> o país de acordo com o fim que tinham em vista: apropriaram-se das terras e importaram da África mão-de-obra necessária para explorá-la. [...] As consequências deste fato logo saltam aos olhos: o Brasil se tornou por ele um simples apêndice da economia europeia; o seu papel não foi mais que o de produtor de matérias-primas; passou a existir unicamente em função da economia da Europa (*Ibidem*, p. 125).

Colonização não para povoar o território e constituir uma nova sociedade, mas para produzir gêneros tropicais e atender o mercado europeu, tornando-se simples apêndice. O passo significativo havia sido dado: um mercado internacional dominava a produção colonial.

Como vimos anteriormente, Caio Prado entrou em contato com a obra de Marx quando sua circulação no Brasil ainda era escassa. Paulo Teixeira Iumatti (2008, p. 131) estima que sua ficha de estudos intitulada "O 'sistema de plantação' em Marx", na qual analisou passagens do livro III de *O Capital*, tenha sido escrita em 1935, no mesmo período em que publicava na primeira edição da revista *Geografia* um estudo sobre a "Distribuição da propriedade fundiária rural do estado de São Paulo" como parte de um programa proposto e liderado por Pierre Deffontaines na AGB para o estudo das diferentes regiões do estado. Neste texto, Caio Prado Júnior (1935 *apud* IUMATTI, 2008, p. 132) afirmava que a economia colonial brasileira era orientada "no sentido da produção de gêneros tropicais, que encontravam suas melhores condições de organização e produtividade no sistema que recebeu o nome de *plantation system*, isto é, a exploração em larga escala fundada no trabalho escravo". É provável que tenha incorporado o mercado mundial em suas preocupações sobre a formação social brasileira justamente em função da leitura de *O Capital*. Suas anotações revelam indícios deste processo:

> Criticando as concepções de que a *renda* é uma condição natural do sobre-trabalho e da mais-valia, e não exclusivo do regime capitalista, Marx faz sumariamente uma distinção entre

> as *explorações naturais* e as explorações capitalistas, e escreve esta frase: "Mesmo nas explorações agrícolas da antiguidade que apresentam maior analogia com a agricultura capitalista, em Cartagena e Roma, encontramos maior semelhança com o *sistema de plantação* que com o da verdadeira exploração capitalista". (O Capital, vol. 14, pg. 65) Liv. III cap. XLVII
> Da seguinte frase de Marx pode-se inferir sua ideia sobre o sistema de plantações: diz ele que não se ocupará em detalhe da exploração escravista e suas modalidades, que vão do sistema patriarcal, fundado sobre o consumo pessoal até as *plantações propriamente ditas que trabalham para o mercado mundial* (O Capital, vol. 14, pg. 90) Liv. III cap. XLVII (PRADO JÚNIOR, s/d(f)).

O capítulo de onde Caio Prado extraiu as citações de Marx intitula-se "Gênese da renda fundiária" e distingue a renda em trabalho, a renda em produtos e a renda em dinheiro – casos nos quais "o pagador de renda é sempre pressuposto como o verdadeiro cultivador e possuidor da terra, cujo mais-trabalho não pago vai direto para o proprietário da terra" – de outras modalidades como a parceria e a propriedade camponesa parcelaria:

> Como uma forma de transição entre a forma originária da renda e a renda capitalista pode ser considerado o sistema de meias ou sistema de parceria, onde aquele que cultiva (o arrendatário), além de seu trabalho (próprio ou alheio), fornece uma parte do capital de giro, enquanto o proprietário da terra, além do solo, outra parte do capital de giro (por exemplo, o gado) e o produto é dividido em determinadas proporções, variáveis nos diferentes países, entre o rendeiro e o proprietário da terra (MARX, 1986b, p. 259).

Naquele momento, a leitura que Caio Prado Júnior fez desta discussão sobre a renda fundiária estava orientada pela preocupação maior em compreender a economia colonial e o sistema de plantações, e não pela distinção entre a forma originária de renda e a renda capitalista da terra. Daí o registro de passagens que tratam especificamente das "explorações agrícolas da antiguidade", pois têm em comum com o Brasil colonial as relações escravistas de produção predominantes, e das "plantações propriamente ditas que trabalham para o mercado mundial", pois é o próprio caso da colônia portuguesa.

Segundo Marx (1986b, p. 260), nas economias escravistas, coincidindo o proprietário de terra e o proprietário dos instrumentos de produção – "explorador direto dos trabalhadores contados entre esses meios de produção" – coincidem também a renda e o lucro, "não ocorre nenhuma separação entre as diversas formas de mais-valia". O conjunto do mais-trabalho representado no mais-produto "é extraído deles diretamente pelo proprietário de todos os instrumentos de produção", inclusive da terra e dos próprios produtores imediatos, na forma originária de escravidão. Neste caso, independentemente do nome que se queira dar, os rendimentos do proprietário da terra, o mais produto que ele apropria é "a forma normal e predominante, em que todo o mais-trabalho não pago é imediatamente apropriado, e a propriedade fundiária constitui a base dessa apropriação". Entretanto, anteriormente neste mesmo capítulo, Marx (1986b, p. 248) já havia dito que a separação entre a renda e o lucro seria, "precisamente, o pressuposto do modo de produção capitalista, com cujo conceito está, além disso, em contradição de modo geral a base da escravidão".[3] A afirmação consta em nota de rodapé na qual comenta uma observação de Adam Smith: o escocês havia dito que em sua época a renda e o lucro ainda não tinham se separado, levando Marx a registrar que "isso vale também para a nossa [época] no que tange às plantações em países tropicais e subtropicais". Na edição que dispomos, tal nota se encontra ao final da primeira passagem destacada por Caio Prado Júnior em sua anotação, onde Marx aponta que o escravismo antigo se aproxima mais das *plantations* nos trópicos do que da economia agrícola capitalis-

3 A partir desta tese de Marx, pode-se questionar a noção de uma "modalidade de escravidão capitalista" apresentada por Virgínia Fontes (2007).

ta. Mas, enquanto a base escravista está em contradição com o conceito de modo de produção capitalista, não se pode dizer o mesmo da sua relação com o capital comercial. Pelo contrário.

Assim, para a compreensão das conexões entre uma economia colonial escravista e o mercado mundial em formação, importa saber não apenas como é extraído e apropriado o mais-trabalho na colônia, mas também de que modo o mais-produto se transforma em capital-mercadoria, forma do capital comercial. Marx abordou a questão na seção IV do livro III d'*O Capital*. É provável que Caio Prado a tenha notado. Como capitalista, o comerciante adianta certa quantia de dinheiro para adicionar a ela um lucro. Não sendo produtor de mercadorias, apenas seu comerciante, precisa aparecer no mercado com capital monetário para comprar as mercadorias de um produtor e intermediar seu movimento.

> Portanto, o capital de comércio de mercadorias é apenas o capital-mercadoria do produtor, que tem de efetuar o processo de sua transformação em dinheiro, executar sua função de capital-mercadoria no mercado, só que essa função, em vez de aparecer como operação secundária do produtor, aparece agora como operação exclusiva de um gênero especial de capitalistas, o comerciante de mercadorias, tornando-se autônoma como negócio de um investimento especial de capital (MARX, 1986a, p. 205).

Entretanto, por mais que comerciantes possam investir e acumular esta forma específica de capital, não se produz valor:

> O capital comercial é apenas capital funcionando dentro da esfera da circulação. O processo de circulação é uma fase do processo global de reprodução. Mas no processo de circulação não é produzido valor, portanto tampouco mais-valia. Ocorrem apenas mudanças de forma da mesma massa de valor. De fato, só ocorre metamorfose de mercadorias que, enquanto tal, nada

> tem a ver com a criação de valor ou alteração de valor. Se na venda da mercadoria produzida é realizada mais-valia, isso ocorre porque esta já existe nela [ ] (*Ibidem*, p. 211).

Assim, preso à esfera da circulação e limitado a mediar o intercâmbio de mercadorias, a existência do capital comercial depende apenas da circulação simples de mercadoria e de dinheiro. Neste sentido, que o modo de produção que fez ingressar produtos na circulação como mercadorias tenha sido escravista ou outro "isso em nada altera seu caráter enquanto mercadorias", que devem "realizar o processo de intercambio e as alterações de forma que o acompanham". Se, por um lado, para o capital comercial, as mercadorias trocadas são pressupostos para sua existência, são condições dadas, por outro lado, "na base de cada modo de produção o comercio promove a geração de produto excedente", dando a esta produção um "caráter cada vez mais orientado para o valor de troca". As condições dadas são alteradas. Ou seja, a fortuna de qualquer organização social na esfera da produção que tem seu intercambio de mercadorias mediado por um comerciante "existe sempre como fortuna monetária e seu dinheiro funciona sempre como capital". Neste sentido, exemplo marcante de "como o capital comercial opera onde ele domina diretamente a produção" é a economia colonial em geral, "o assim chamado sistema colonial" (*Ibidem*, p. 244-8). De mero mediador entre esferas de produção e consumo que ele inicialmente não domina, o capital comercial, na medida em que se desenvolve, passa a orientar a produção para o valor de troca e transformam as organizações preexistentes de produção.

> O capital comercial, quando em dominação preponderante, representa por toda parte portanto um sistema de pilhagem, de modo que seu desenvolvimento nos povos comerciantes da Antiguidade como da época mais recente está diretamente ligado a pilhagem violenta, pirataria, roubo de escravos, subjugação das colônias; assim em Cartago e Roma, posteriormente

> com venezianos, portuguesas, holandeses etc. O desenvolvimento do comércio e do capital comercial leva por toda parte a orientação da produção para o valor da troca, aumenta seu volume, a diversifica e cosmopolitiza, desenvolve o dinheiro tornando-o dinheiro mundial (*Ibidem*, p. 248-9).

Assim, nos séculos XVI e XVII, tendo em vista esta transformação que o capital comercial operava nas formações sociais preexistentes com as quais intermediava mercadorias, "as grandes revoluções que transcorreram no comércio com os descobrimentos geográficos, e que rapidamente elevaram o desenvolvimento do capital comercial, constituem um momento principal na promoção da passagem do modo de produção feudal para o capitalista". Por outro lado, o autor já havia alertado que o desenvolvimento do capital comercial, considerado em si, "é insuficiente para mediar e explicar a passagem de um modo de produção para o outro" e que o efeito dissolvente que o comércio tem sobre as antigas relações "depende muito da natureza da comunidade produtora" (*Ibidem*, p. 246-50). Sobre este efeito no continente europeu, afirmou:

> A súbita expansão do mercado mundial, a multiplicação das mercadorias em circulação, a rivalidade entre as nações europeias pela posse dos produtos asiáticos e dos tesouros americanos, o sistema colonial, contribuíram essencialmente para quebrar as barreiras feudais de produção. No entanto, o modo de produção moderno se desenvolveu em seu primeiro período, o período manufatureiro, somente onde as condições para tanto haviam sido geradas durante a Idade Média (*Ibidem*, p. 250).

Nota-se, portanto, que Marx desenvolveu no livro III parte da análise feita no livro I sobre a assim chamada acumulação primitiva, onde havia afirmado:

> A descoberta das terras do ouro e da prata, na América, o extermínio, a escravização e o enfurnamento da população na-

> tiva nas minas, o começo da conquista e pilhagem das Índias Orientais, a transformação da África em um cercado para a caça comercial às peles negras marcam a aurora da era de produção capitalista. Esses processos idílicos são momentos fundamentais da acumulação primitiva. De imediato segue a guerra comercial das nações europeias, tendo o mundo por palco. [...] O sistema colonial fez amadurecer como plantas de estufa o comércio e a navegação. As "sociedades *monopolia*" (Lutero) foram alavancas poderosas da concentração de capital. Às manufaturas em expansão, as colônias asseguravam mercado de escoamento e uma acumulação potenciada por meio do monopólio de mercado. O tesouro apresado fora da Europa diretamente por pilhagem, escravização e assassinato refluía à metrópole e transformava-se em capital (MARX, 1984a, p. 285-7).[4]

Tendo em vista a formulação marxiana sobre a expansão colonial europeia como momento da assim chamada acumulação primitiva de capital, Caio Prado Júnior (1942, p. 14) compreendeu a necessidade de "reconstituir o conjunto da nossa formação colocando-a no amplo quadro", que abrangem três séculos de atividade colonizadora, analisando "a história dos países europeus a partir do século XV". A ênfase deveria recair sobre a

> [...] atividade que integrou um novo continente na sua órbita; paralelamente aliás ao que se realizava, embora em moldes di-

4 Considerando haver "um problema na ideia de que a acumulação primitiva aconteceu uma vez na história e, após concluída, perdeu a importância", David Harvey (2013, p. 292-6), apoiando-se em Rosa Luxemburgo, propõe "atentar para a continuidade da acumulação primitiva que aconteceu durante toda a geografia histórica do capitalismo". Neste sentido, explica: "Como parece ser um pouco estranho chamá-los de primitivos ou originais, prefiro chamar esses processos de acumulação de desapossamento", que não deveria ser vista "como algo que diz respeito apenas à pré-história do capitalismo. Ela continua e, nos últimos tempos, foi revivida como um elemento cada vez mais importante no modo como o capitalismo opera para consolidar o poder de classe".

> versos, em outros continentes: a África e a Ásia. Processo que acabaria por integrar o Universo todo em uma nova ordem, que é a do mundo moderno, em que a Europa, ou antes, a sua civilização, se estenderia dominadora por toda parte. Todos esses acontecimentos são correlatos, e a ocupação e povoamento do território que constituiria o Brasil não é senão um episódio, um pequeno detalhe daquele quadro imenso.

A colonização portuguesa na América seria, portanto, "apenas a parte de um todo, incompleto sem a visão desse todo". A inclusão do século XV no recorte cronológico visa, assim, explicar que a expansão marítima europeia que se realiza a partir de então decorre "do desenvolvimento do comércio continental europeu", cuja grande rota comercial era "a que liga por terra o Mediterrâneo ao mar do Norte", das repúblicas italianas ao estuário do Reno "onde estão as cidades flamengas". Já no século XIV a rota marítima "que contorna o continente pelo estreito de Gibraltar" liga os dois polos do comércio europeu. A princípio subsidiária, ela substituiu a rota continental e deslocou "a primazia comercial dos territórios centrais do continente, por onde passava a antiga rota, para aqueles que formam a sua fachada oceânica: a Holanda, a Inglaterra, a Normandia, a Bretanha e a península Ibérica" (*Ibidem*, p. 15).

Uma vez que guarda grandes semelhanças com sua análise, importa saber se Caio Prado Júnior teve contato com a nota de rodapé incluída pelos editores da quarta edição alemã do livro III, capítulo XX, "Considerações históricas sobre o capital comercial", que assim narra o mesmo processo:

> O descobrimento das ilhas das Índias Ocidentais e do continente americano, assim como do caminho marítimo para a Índia, ocasionou um deslocamento completo das vias comerciais. As cidades comerciais do norte da Itália (Gênova e Veneza, entre outras) perderam sua importância. Por outro lado, Portugal, Holanda, Espanha e Inglaterra começaram,

> favorecidos por sua localização junto ao oceano Atlântico, a desempenhar o principal papel no comércio mundial. (N. da Ed. Alemã) (MARX, 1986a, p. 249).

Apesar de Hobsbawm (2011, p. 167) ter afirmado que a tradução de *O capital* para o português tenha se dado, em edição abreviada, apenas em 1962, Caio Prado tinha em sua biblioteca uma edição resumida por Gabriel Deville publicada em Lisboa por Guimarães e Cia., datada de 1912 e traduzida por Emília de Araújo Pereira (MARX, 1912).[5] Contudo, o resumo limita-se ao livro I. Tendo em vista que o livro III foi editado postumamente por Engels a partir dos esboços inacabados de Marx, é provável que as traduções europeias do período tenham utilizado como base a quarta edição alemã de 1890, revisada por Engels e considerada como "a versão padrão" (HOBSBAWM, 2011, p. 180). A edição francesa que consta em sua biblioteca - publicada em Paris pelo editor Alfred Costes, em catorze tomos, entre 1924 e 1930, com tradução de J. Molitor - contempla o livro III, mas não contém a referida nota dos editores alemães (MARX, 1928, p. 114-5). De qualquer modo, os diversos grifos do autor no décimo primeiro tomo da edição francesa, onde consta o referido capítulo XX do livro III, demonstram que Caio Prado fez leitura atenta, produzindo síntese semelhante sem ter contato com a formulação dos editores alemães.

Portanto, não bastasse a semelhança da abordagem, podemos afirmar com segurança que a análise de Caio Prado Júnior sobre a colonização no Brasil nos quadros da expansão comercial europeia é, em grande medida, tributária da análise de Marx sobre o lugar das *plantations*, do sistema colonial e do capital comercial na acumulação primitiva e no processo de transição do feudalismo para o modo de produção capitalista. Daí também seu esforço simultâneo em diferenciar os tipos de colonização: o simples estabelecimento de feitorias comerciais "como

5 Em suas "Notas para a história editorial de *O capital*", Lincoln Secco (2002, p. 54) faz menção a esta edição, juntamente a outra publicada pela Typographia de Francisco Luis Gonçalves no mesmo ano e cidade.

os portugueses fizeram na África e na Índia"; o povoamento das zonas temperadas da América como "escoadouro para excessos demográficos da Europa que reconstituem no Novo Mundo uma organização e uma sociedade à semelhança do seu modelo e origem europeus"; ou então aquilo que se deu nos trópicos e no seu capítulo brasileiro em particular:

> No seu conjunto, e vista no plano mundial e internacional, a colonização dos trópicos toma o aspecto de uma vasta empresa comercial, mais completa que a antiga feitoria, mas sempre com o mesmo caráter que ela, destinada a explorar os recursos naturais de um território virgem em proveito do comércio europeu. É esse o verdadeiro *sentido* da colonização tropical, de que o Brasil é uma das resultantes; e ele explicará os elementos fundamentais, tanto no econômico como no social, da formação e evolução históricas dos trópicos americanos (PRADO JÚNIOR, 1942, p. 25).

Caio Prado havia encontrado tal diferenciação das colônias europeias no livro do francês Paul Leroy-Beaulieu, *De la colonization chez lês peuples modernes* (1874). Em sua biblioteca consta uma edição de 1886. Não sabemos quando a leu, mas já em *Evolução política do Brasil* (1933) o autor citou um trecho do referido livro na qual são descritos os paulistas[6] e, como vimos acima, ressaltou a diferença entre as colônias inglesas do norte e do sul. Esta análise foi desenvolvida em *Formação do Brasil contemporâneo* (1942), em que distinguiu "duas áreas diversas, além daquela onde se verificou a ocorrência de metais preciosos, em que a colonização toma rumos inteiramente diversos", a saber: "as que correspondem respectivamente às zonas temperadas, de um lado; tropical e subtropical, do outro". Colonizar estas últimas era mais difícil, mas tinha suas vantagens. Se por um lado os trópicos "brutos e indevassados" apresentavam "uma

6 "[...] uma raça de energia quase selvagem, de gostos aventureiros, hábitos independentes e republicanos, e que por largo tempo se conservou completamente separada de Portugal". (LEROY-BEAULIEU *apud* PRADO JÚNIOR, 1933b, p. 75-6)

natureza hostil e amesquinhadora do homem" tornando-se um empecilho ao povoamento, por outro lado ela se revelaria um forte estímulo, pois tais condições naturais "proporcionarão aos países da Europa a possibilidade da obtenção de gêneros que lá fazem falta. E gêneros de particular atrativo" (PRADO JÚNIOR, 1942, p. 21-2).

Leroy-Beaulieu dividiu as colônias em três classificações: os entrepostos ou as feitorias (*comptoirs de commerce*); colônias agrícolas ou de povoamento (*colonie agricoles ou de peuplement*); colônias de exploração (*colonies de plantation ou d'explotation*), que seriam aquelas criadas nas terras tropicais, exigindo grandes capitais para serem ocupadas e do que chamou de "organização artificial do trabalho", como a escravidão. Vale lembrar que o autor francês tinha amplo alcance entre os intelectuais brasileiros da época, entre os quais Gilberto Freyre. Leroy-Beaulieu reconhecia que derivou sua classificação da tipologia de Wilhem Roscher, que, como vimos, esteve nas origens da escola histórica alemã de economia política. Em sua obra *Kolonien, Kolonialpolitik und Auswanderung* (1856), Roscher havia dissertado sobre quatro tipos de colônias: além daquelas que seriam posteriormente abordados por Leroy-Beaulieu havia também as colônias de conquista, centrada na exploração das produções nativas preexistentes. Antes de Roscher, o historiador Arnold Heeren, em *Handbuch der Geschichte dês Europaischen Staatensystems und seiner Kolonien* (1806), um manual de história da colonização europeia, havia classificado as colônias do início do sistema colonial (1492-1515) em quatro tipos: colônias de povoamento, de exploração, de mineração e mercantil, que equivaleria às colônias (ou feitorias) de comércio dos autores posteriores (MONASTERIO; EHRL, 2015, p. 11-6).[7] No final dos anos 1960, Fernando Novais (1969, 2005c) havia analisado as tipologias das colônias formuladas por Roscher e Leroy-Beaulieu e discutido como integram os conceitos de colonização, sistema colonial e sentido da colonização. Por sua vez, Luís Felipe de Alencastro (2002, p. 257) considerou que Caio Prado Jr., Sérgio Buarque de Holanda

7 Sobre a influência de Leroy-Beaulieu em Caio Prado Júnior e Manuel Correia de Andrade, ver Aldamir Leonídio (1999).

e Gilberto Freyre "pagaram um tributo excessivo a um enfoque que não distinguia suficientemente a Primeira Expansão Colonial (1450-1820) da Segunda Expansão Colonial (1870-1956)". Prossegue Alencastro:

> A distinção entre "colônia de exploração" e "colônia de povoamento" só vale para a Segunda Expansão Europeia. Foi concebida pelo Leroy-Beaulieu em 1874, justamente para caracterizar o que estava ocorrendo na África e na Ásia naquela época. Caio Prado Jr. introduziu essa distinção no estudo do Brasil colonial, Fernando Novais retomou-a e os manuais de História do Brasil espalharam-na pelo país inteiro. Mas é uma ideia equivocada para explicar o Antigo Sistema Colonial.

Portanto, apesar de o francês ter pensado sua classificação para colônias do século XIX, em sua origem (Heeren), aquelas tipologias haviam sido elaboradas tendo em vista processo inicial de conformação do sistema colonial, assim como fez Caio Prado.

Totalidade

Fernando Novais (1986, p. 15-20) indicou a importância de se destacar a articulação mais geral que caracteriza *Formação do Brasil contemporâneo* (1942) – obra em que é formulada a categoria de *sentido da colonização* –, a visão de conjunto na qual se tem em vista a integração das várias partes e sua relação com o todo. Aquela categoria analítica básica é apreendida, portanto, "através da inserção do objeto (colonização europeia na América) num todo maior, ou seja, os mecanismos comerciais da expansão marítima europeia". Contudo, "quando é o próprio contexto mais amplo que está em questão, a dificuldade reaparece em toda sua força", pois faz-se necessário "definir com precisão o que deve ser inserido, e em quê". Segundo Fernando Novais, diante deste problema, a análise de Caio Prado Júnior "se deteve ao meio do caminho". Afinal, sendo a expansão comercial europeia "a face mercantil de um processo mais profundo, a formação do capitalismo moderno", seria necessário "procurar as articulações da exploração colonial com esse processo de transição feudal-capitalista". Deste modo, o processo de colonização "não apareceria apenas na sua feição comercial, mas como um canal de acumulação primitiva do capital mercantil no centro do sistema", com o que "se reformularia e aprofundaria a visão de conjunto". Tal percepção metodológica permitiu a Fernando Novais incorporar a análise de Caio Prado Jr. e, partindo dela, demonstrar os vínculos entre a colonização e a acumulação primitiva de capital nos quadros da transição do feudalismo para o capitalismo na Europa, aprofundando o conhecimento sobre o mercantilismo e o Antigo Sistema Colonial: "É esse sentido profundo que articula todas as peças do sistema" (NOVAIS, 2006, p. 97).

Bernardo Ricupero (1998, p. 76) está de acordo: para que "a análise de Caio Prado Jr. sobre a colônia brasileira fosse realmente completa, ela não deveria se ater apenas ao Brasil, mas mostrar como o funcionamento de nosso sistema colonial se articula no movimento mais geral do capital, particularmente no momento da passagem do feudalismo para o capitalismo". Em perspectiva semelhante, Lincoln Secco (2008a, p.178-80) diz que "Caio Prado Jr. tinha em vista a totalidade de relações sociais e econômicas do capitalismo mundial" e, portanto, "só pode entender a lógica de funcionamento da economia colonial submetida à lógica da acumulação mundial e, nesta, as formas de produção da colônia são dominadas pela esfera do capital comercial europeu". Com isso, conclui que o "estudo do capitalismo precisa passar pela 'história' das economias 'regionais' do sistema sem olvidar que, na verdade, não há uma história de uma economia regional ou nacional, somente a história do capitalismo como sistema mundial". Uma passagem de *História econômica do Brasil* (1945) ampara esta interpretação: "Não há mais, verdadeiramente, no mundo contemporâneo, história econômica deste ou daquele país, mas unicamente a de toda a humanidade" (PRADO JÚNIOR, 1945, p. 290).[8] Ainda assim, Lincoln Secco avalia

8 Note-se, porém, que o autor especifica tal afirmação para o "mundo contemporâneo", ou seja, meados do século XX. Na mesma época, Caio apresentou análise semelhante em carta respondendo a um questionário: "Em suma, o mundo de hoje não é uma coleção de partes autônomas e independentes uma da outra. Todas elas se engrenam num conjunto único, e a menor parte desse conjunto representa nele um papel tanto de agente como de paciente" (PRADO JÚNIOR, 1947).

igualmente que "Caio Prado ficou ao meio do caminho, deslocando seu olhar geográfico para as áreas de povoamento internas".

Para Novais (1986, p. 15-20), a análise de Caio Prado Jr. "se deteve no meio do caminho" porque inserir o Brasil na expansão marítima europeia seria um recorte que apanha "apenas algumas dimensões da realidade, não levando o olhar até a linha do horizonte", que no caso seria "o conjunto do mundo colonial" articulado à transição do feudalismo para o capitalismo na Europa. Percebe-se, assim, que segundo o autor a totalidade pensada por Caio Prado Júnior – expansão marítima mercantil – não é capaz de apreender as articulações do conjunto do mundo colonial, pois não aprofunda nem o estudo do processo histórico metropolitano, nem a relação entre as partes do sistema colonial.

Mas o enfoque de Bernardo Ricupero (1998, p. 71) tem um diferencial: a abordagem de Caio Prado Júnior teria lhe permitido "elevar-se do abstrato ao concreto, reconstruindo, nesse ínterim, a totalidade da experiência brasileira". Assim, "ao considerar a Colônia brasileira e a grande exploração agrária como totalidades", o autor "abre caminho para se entender como seus diferentes elementos se combinam de forma original". Ademais, ressalta que o autor "traça um retrato da grande exploração, base da colônia, como sistema, em que suas partes constitutivas – a grande propriedade, o trabalho escravo e a produção voltada para o mercado externo – se articulam organicamente". Desse modo, "num processo de síntese, vai reconstruindo o concreto colonial, até entendê-lo como totalidade", ou seja, "trata a colônia como uma totalidade, dotada de um certo sentido, e não um mero amontoado de tendências díspares". Em contraste com Novais, que concebe o sistema colonial em sua dimensão mundial como totalidade, Ricupero (2007, p. 140-50) utiliza a expressão "sistema colonial brasileiro", considerado como o "todo" no qual se inserem e se articulam seus elementos. A partir do objetivo mercantil e em função dele teria se criado "uma totalidade, a colônia, espécie de corpo social subordinado a outro corpo social, a metrópole." Nesta totalidade (a colônia) se encontraria o mais importante de seus elementos, a grande unidade produtora. Baseadas na produção de bens de alto valor no mercado externo em grandes unidades produtivas trabalhadas por pessoas escravizadas, esta "grande exploração seria, portanto, a exemplo do sistema colonial, uma totalidade".

Mas afinal, qual seria o "todo" em Caio Prado Júnior: a grande unidade produtora, a colônia, o capitalismo mundial? A aparente divergência entre Novais, Ricupero e Secco quanto ao uso da categoria totalidade pelo autor seria irreconciliável se ao critério espacial geográfico fosse atribuída a preponderância para se definir e diferenciar o todo e as partes. Mas para Caio Prado cada um destes elementos (a grande unidade produtora, a colônia, o capitalismo mundial) é considerado em sua totalidade, ainda que tenha escolhido o território colonial como recorte geográfico. Constituída pela monocultura, pela escravidão e pela grande propriedade, é a grande unidade produtora que conduz à compreensão da colônia como uma totalidade, pois nela estão "os elementos fundamentais e característicos da organização econômica da colônia" (PRADO JÚNIOR, 1942, p. 118). Por sua vez, a expansão comercial europeia e o mercado mundial que ela cria explicam a colônia como totalidade porque nos trópicos é do *plantation system* dominado pelo capital comercial que se extrai o mais-trabalho que participará da acumulação primitiva de capital. Se Caio Prado não se ocupou desta acumulação e da transição do feudalismo para o capitalismo em sua exposição, nem por isso as desconsiderou em sua investigação.

Assim, deslocando o olhar geográfico para a compreensão da diversidade regional da colônia e suas diferentes unidades produtivas – tanto as destinadas ao mercado externo quanto as que se orientam para satisfazer o tímido mercado interno – Caio Prado Júnior analisou as relações contraditórias entre os diferentes setores da economia colonial à luz da dinâmica do mercado mundial do qual faz parte. Maria Odila Leite da Silva Dias (1989, p. 382) comentou como o autor desenvolve sua análise, que considera uma "manifestação magistral da tão propugnada história global, que desafia as forças dos historiadores, dedicados a reconstruir totalidades expressivas do passado". Para ela, tendo a diversidade das formas sociais específicas como princípio norteador de conceituação de seu trabalho, Caio Prado buscou "remontar ao passado, devassar o vir a ser das formações sociais do Brasil tanto nas relações de dependência internacional, quanto e sobretudo, no seu contexto nacional, interiorizadas nas subordinações regionais".

Ao buscar a compreensão dialética da formação histórica brasileira, o autor demonstrou que o marxismo, como teoria aberta, desenvolve um método capaz de permitir a compreensão de diferentes realidades históricas como totalidades, desde que não se subordine a realidade aos modelos teóricos ou a teoria ao mero empirismo. De um lado, o capital comercial no mercado mundial que domina diretamente produção colonial do Brasil; de outro, as atividades fundamentais da grande unidade produtora escravista que submete as "atividades subsidiárias destinadas a amparar e tornar possível a realização das primeiras" (PRADO JÚNIOR, 1942, p. 118). Caio Prado formulou esta compreensão ao longo do tempo. Em 1933, afirmava: "O caráter mais profundo da colonização reside na forma pela qual se distribuiu a terra", uma vez que a atividade produtiva dependia da posse fundiária (*Idem*, 1933b, p. 21). Já em 1942, mesmo reconhecendo a agricultura como "o nervo econômico da colonização", não era mais a estrutura fundiária, mas a estrutura comercial que revelaria o caráter da economia: "A análise da estrutura comercial de um país revela sempre, melhor que a de qualquer um dos setores particulares da produção, o caráter de uma economia, sua natureza e organização. Encontramos aí uma síntese que a resume e explica".[9] No quadro das correntes de comércio colonial verifica-se "a grande corrente de exportação dos produtos tropicais, do ouro e dos diamantes", que se destinam ao abastecimento do comércio internacional. Em função deste eixo de atividades coloniais se dispõem "os outros setores assessórios da colônia, e que não tem outro fim que alimentar e amparar aquela corrente fundamental" (*Idem*, 1942, p. 124, 226, 233-4). Ao destacar as correntes de

9 Agradeço a Valter Pomar a observação desta diferença nas formulações do autor.

comércio e a estrutura comercial como pontos de acesso à compreensão da economia colonial, Caio Prado demonstrou que deu especial atenção a certas passagens de *O Capital*:

> A circulação de mercadorias é o ponto de partida do capital. Produção de mercadorias e circulação desenvolvida de mercadorias, comércio, são os pressupostos históricos sob os quais ele surge. Comércio mundial e mercado mundial inauguram no século XVI a moderna história da vida do capital. [...] A transformação do dinheiro em capital tem de ser desenvolvida com base nas leis imanentes ao intercâmbio de mercadorias, de modo que a troca de equivalentes sirva de ponto de partida (MARX, 1983, p. 125-38).

Mas Jacob Gorender (2010, p. 542-3) enfatizou que a partir deste enfoque teórico, considerado circulacionista, "não se vai mais longe do que foi o próprio Caio, ou seja, até a demonstração de que a produção escravista era orientada para a exportação e subordinada à espoliação colonialista". Isso porque, em última análise, "não é a circulação que desvenda a organização da produção, mas o contrário". Interpretando as "Considerações históricas sobre o capital comercial" em *O Capital* (livro III, seção IV, cap. XX), Gorender destacou a ideia de que o capital mercantil, sendo a encarnação por excelência do capital nas formações não capitalistas, pode mesmo "chegar a uma posição de sobranceira com relação à produção, sem, contudo, modificar seu processo ou interferir em sua natureza inerente". Substantivado e em estado de pureza, o capital mercantil surgiria nestas formações "flutuando entre as esferas de produção e sem se mesclar com elas". O capital comercial do período mercantilista teria se caracterizado "precisamente por semelhante desenvolvimento autônomo, enquanto puro capital do processo de circulação". O autor amparou seu argumento na seguinte passagem de Marx (1986a, p. 246):

> Um desenvolvimento autônomo e preponderante do capital enquanto capital comercial equivale a não-subordinação da produção ao capital, portanto, ao desenvolvimento do capital com base em uma forma de produção que lhe é estranha e independente dele. O desenvolvimento autônomo do capital comercial é inversamente proporcional ao desenvolvimento econômico geral da sociedade.

Ocorre, porém, que a formação social do Brasil colônia, que se ergueu dissolvendo as formas de produção anteriores dos povos indígenas, resultou da aplicação produtiva de um capital acumulado previamente mediante o desenvolvimento do comércio e do capital comercial. Portanto, quando afirmava que o desenvolvimento do capital enquanto capital comercial "equivale a não-subordinação da produção ao capital" Marx não falava das colônias escravistas modernas baseadas no sistema de plantação, mas sim nas sociedades que promoveram elas próprias o desenvolvimento do capital comercial. Tendo apresentado o capital comercial tão alheio e distante da esfera de produção de uma colônia escravista moderna, é provável que Jacob Gorender tenha subestimado uma observação de Marx (1986a, p. 247) situada pouco depois da citação que extraiu, onde se lê:

> Aliás, quanto ao modo como o capital comercial opera onde ele domina diretamente a produção, em exemplo marcante é oferecido não só pela economia colonial em geral (o assim chamado sistema colonial), mas de modo todo especial pela economia da antiga Companhia das Índias Orientais.

Isso não significa, entretanto, que a dominação do capital comercial sobre a produção da economia escravista colonial seja o mesmo que a subsunção *formal* ou a subsunção *real* do trabalho ao capital. Mesmo que o desenvolvimento do capital comercial oriente as formações coloniais para a produção de valores de troca, o valor contido na mercadoria não se origina da mais-valia, pois foi produzido pelo mais-trabalho de pessoas escravizadas. "É com a existência do trabalhador livre e assalariado que se configuram tanto a subsunção formal (ou real) do trabalho ao capital como a produção da mais-valia (nas modalidades absoluta e relativa)" (HIRANO, 2008, p. 37). Portanto, a acumulação de capital mediante a dominação da produção colonial escravista pelo capital comercial não se origina na extração de mais-valia do trabalho livre, não se baseia no modo de produção capitalista. Ela ocorre pela mudança de forma do capital comercial entre os dois extremos que ele mesmo intermedeia: o comerciante troca capital-dinheiro por capital-mercadoria em um mercado e depois troca aquele capital-mercadoria por um valor maior de capital-dinheiro em outro mercado.

Compreendendo a importância da questão, Lívio Xavier (2008, p. 306) julgou evidente a insuficiência dos capítulos de *Evolução política do Brasil* (1933) referentes ao segundo reinado, "principalmente tendo-se em vista a importância da história desse período para a história da acumulação capitalista no Brasil, da 'mudança de forma', isto é, da transformação da economia escravista em salariato". Em sua resposta à resenha crítica, Caio Prado (1933a) questiona com razão a importância do trabalho assalariado para a acumulação primitiva de capital na Europa e argumenta que o capital acumulado no Brasil é "drenado para o exterior". Entretanto, parece subestimar a diferença entre a assim chamada acumulação primitiva de capital e a acumulação de capital realizada pela produção capitalista:

> Não sei em que v. se funda para descobrir na transformação do trabalho no Brasil, como fator primordial, a acumulação capitalista. Se o Brasil, como colônia, semicolônia ou país independente que sempre foi, serviu como uma das bases de acumulação primitiva para os países da Europa, não se pode contudo dizer que houve acumulação primitiva *para nós mesmos*. Prova disto é que o capitalismo no Brasil não possui até hoje capital próprio, pelo menos em proporções apreciáveis, e opera ainda exclusivamente com capitais alheios. Acumulação capitalista naturalmente houve, e continua havendo. Mas esta

> acumulação não se faz e nunca se fez em benefício do país, mas é constantemente drenado para o exterior. O que fica entre nós, integrado à nossa economia (e não unicamente *aplicado*, sem fixação alguma) é uma parte insignificante, que não é suficiente para explicar, e muito menos no tempo do Império, a "mudança da forma" do trabalho, a que v. se refere.

Em *Formação do Brasil contemporâneo* (1942), o primeiro volume de uma obra que se pretendia extensa, o autor tratou somente da colônia. A análise do período mencionado por Lívio Xavier viria depois. "O primeiro volume de FBC procurou dar um balanço da situação brasileira nas vésperas da emancipação política do país. O que sobretudo tentei destacar nele é a estrutura e o funcionamento do 'sistema colonial'", que deveria ser compreendido "num sentido mais amplo, do conjunto das instituições políticas, administrativas, econômicas e sociais" (PRADO JÚNIOR, s/d(a)). Se o primeiro volume tem um "caráter estático", daí em diante o texto seria diferente: "entramos no presente volume na análise do processo de transformação daquele sistema".

> É precisamente este movimento, esta dialética da história brasileira que procurarei apanhar no surgimento da F. do B. C. O primeiro volume não foi senão o ponto de partida. Daí o caráter estático que nele se revelaria muitas vezes. Uma falha, sem dúvida, mas insuperável, a meu ver, dado o caráter que intencionalmente lhe foi dado.
>
> Entraremos agora na história propriamente. Ou entra na sua dialética. Porque não é minha intenção fazer a "cronologia" brasileira, que darei por conhecida na maior parte das vezes. [Tentarei] uma análise mais pormenorizada dos fatos apenas para destacar alguns marcos mais importantes ou interessantes da nossa evolução, e que caracterizam estes aspectos da dialética da história brasileira (*Ibidem*).

Possivelmente, Antoine Prost consideraria que no primeiro volume Caio Prado elaborou um *quadro*, "o modo de exposição histórica que identifica as coerências, o *Zusammenhang*, e reponde à pergunta: 'Como eram as coisas?'" Já nos volumes seguintes pretenderia construir uma *narrativa*, que "tem a característica de descrever um percurso no tempo; [...] presta-se à explicação das mudanças ('qual a razão desta ocorrência?'), implicando naturalmente uma busca das causas e das intenções" (PROST, 2015, p. 213-15). Em carta a Evaldo da Silva Garcia, Caio Prado (1946) revelou seu plano:

> Estou trabalhando no segundo volume da FORMAÇÃO DO BRASIL CONTEMPORÂNEO em que penso explicar a independência e a organização do estado nacional brasileiro em função das contradições de classe e de setores sociais. Virá depois o Império visto através do mesmo prisma. E chegarei então finalmente ao meu objetivo que é o Brasil de hoje explicado por este último século de evolução. Acredito que poderei então apresentar um quadro em que se destacará o processo evolutivo atual do nosso país. É um grande programa, certamente muito ambicioso. Mas bem ou mal, acredito que chegarei a seu fim. E servirá pelo menos para animar outros a seguirem o mesmo caminho.

Na quinta edição do primeiro volume, publicada em 1957, consta que os demais estavam "em preparo" e teriam os seguintes títulos: A Revolução e a organização do Estado nacional (1803-1850); O Império e as instituições do Brasil Nação (1850-1889); A República e o Brasil contemporâneo (COUTINHO, 2011, p. 201). Como se sabe, o autor não prosseguiu o ambicioso trabalho. Assim, foi em *História econômica do Brasil* que Caio Prado (1945, p. 194) discorreu sobre a imigração europeia e a decadência da escravidão como "dois aspectos, embora distintos, de um mesmo acontecimento fundamental da evolução brasileira, e que é a grande transformação do regime de trabalho no país". Mas foi somente nos anos 1960 que apresentou uma interpretação que melhor evidencia seu ponto de vista em torno da questão. No início da década, em artigos na *Revista Brasiliense* sobre a questão agrária, o autor defendeu que

> [...] certas relações de trabalho presentes na agropecuária brasileira, embora se revistam formalmente de caracteres que as assemelham a instituições que encontramos no feudalismo europeu onde se foi buscar a designação, não constituem senão modalidades de pagamento que correspondem ao salário. Isto é, são formas de retribuição de serviços prestados em que por um motivou outro – mas sempre motivo de ordem circunstancial – o pagamento em dinheiro é substituído por prestações de outra natureza. [...] Se a transação não se realiza em bases puramente monetárias, isto é, com pagamento em dinheiro exclusivamente, e se assume formas não monetárias, isso não se dá por nenhuma restrição de ordem jurídica e institucional, e sim unicamente por conveniências práticas e circunstanciais. Em outras palavras, não são relações de pessoa e estatutos pessoais que interferem na transação, e sim unicamente relações mercantis. Não há pois diferença essencial (PRADO JÚNIOR, 2014a, p. 340-1).[10]
>
> [...] a divisão do produto (o que formalmente caracterizaria a parceria agrícola) e a reversão de uma parte dele ao trabalhador constitui efetivamente muitas vezes simples forma de remuneração do trabalho perfeitamente equiparável ao pagamento de salário. Em vez de o pagamento ser em dinheiro, o trabalhador recebe uma parte do produto (*Idem*, 2014b, p. 368).[11]

Pouco depois, em *A revolução Brasileira* (1966), reiterou sua posição:

> [...] a parceria, sob a forma em que geralmente se pratica no Brasil e nos setores de alguma expressão no conjunto da econo-

10 Artigo publicado originalmente na *Revista Brasiliense*, n. 28, mar.-abr., 1960.

11 Artigo publicado originalmente na *Revista Brasiliense*, n. 43, set.-out., 1962.

> mia do país, não constitui propriamente a parceria clássica e tal como se apresenta em outros lugares, e na Europa em particular, como o *métayage* francês ou a *mezzadria* italiana. Trata-se entre nós, pelo menos naquelas instâncias de real significação econômica e social no conjunto da vida brasileira, de simples relação de emprego, com remuneração *in natura* do trabalho. Isto é, com o pagamento da remuneração do trabalhador com parte do produto, a metade, na meação; duas terças partes, na terça. A nossa parceria assimila-se assim antes ao salariado, e constitui, pois, em essência, uma forma capitalista de relação de trabalho. Ao menos no que respeita a suas implicações socioeconômicas (*Idem*, 1966, p. 52-3).

Por um lado, Marx (1984b, p. 122, 159) havia afirmado que mesmo "quando se paga ao trabalhador parte de seu salário em meios de subsistência, *in natura*", ele "vende sua força de trabalho por determinado preço e estipula-se na ocasião que receberá parte desse preço em meios de subsistência", o que "modifica apenas a forma de pagamento, mas não o fato de que realmente vende sua força de trabalho". Neste sentido: "Se o valor da força de trabalho é adiantado em dinheiro ou diretamente em meios de subsistência é indiferente. Embora o último caso, naturalmente na base da produção capitalista, só pode ser exceção". Por outro lado, destacou a importância do pagamento em dinheiro:

> O modo de produção capitalista – como sua base é o trabalho assalariado, também o é o pagamento em dinheiro e, sobretudo, a transformação das prestações *in natura* em prestações monetárias – só pode desenvolver-se num âmbito maior e numa estruturação mais profunda, onde haja, dentro do país, uma massa de dinheiro disponível suficiente para a circulação e o entesouramento (fundo de reserva etc.) por ele condicionado. Isso é pressuposto histórico, embora a coisa não deva ser entendida no sentido de que primeiro é constituída uma massa

> de tesouro suficiente e, então, começa a produção capitalista. Pelo contrário, ele se desenvolve simultaneamente com o desenvolvimento de suas condições, e uma dessas condições é a oferta suficiente de metais preciosos. Por isso o aumento da oferta de metais preciosos constitui desde o século XVI, um momento essencial da história do desenvolvimento da produção capitalista. (*Ibidem*, p. 253)

A reprodução e a circulação do capital social total, sendo mediada pela circulação monetária, dependeria, assim, da conversão da forma-dinheiro em força de trabalho, como no caso da transação entre o departamento responsável pela produção de meios de produção (I) e aquele responsável pela produção de meios de consumo (II): "Essa transação recíproca se efetua porém por meio de uma circulação de dinheiro que tanto medeia como dificulta sua compreensão, mas que é de importância decisiva, porque a parte variável do capital tem de apresentar-se sempre de novo em forma-dinheiro, como capital monetário que se converte de forma-dinheiro em força de trabalho" (*Ibidem*, p. 295). A circulação monetária, em sua forma naturalmente desenvolvida seria, portanto, um "momento imanente do processo anual de reprodução" do capital:

> Suposta produção capitalista desenvolvida, por conseguinte predomínio do sistema de trabalho assalariado, o capital monetário desempenha obviamente papel fundamental, à medida que é a forma em que se adianta o capital variável. Na medida em que se desenvolve o sistema de trabalho assalariado, todo produto se transforma em mercadoria e, por conseguinte, tem de percorrer em sua totalidade – com algumas exceções importantes – a transformação em dinheiro como uma fase de seu movimento. [...] Isso está em oposição total à economia natural, tal como predomina sobre a base de todo sistema de dependência (inclusive servidão) e mais ainda sobre as comunidades mais ou menos primitivas, exista ou não nestas relações de dependência ou de escravatura (*Ibidem*, p. 348-9).

Neste sentido, pode se dizer que a divergência entre Caio Prado Júnior e Braz José de Araújo, Guido Mantega e Jacob Gorender no âmbito do pensamento marxista sobre a comparação entre a parceria e o trabalho assalariado - conforme visto no capítulo 1,- girava em torno do grau de importância dado às referidas exceções e das suas implicações para o desenvolvimento da produção capitalista.

> Do ponto de vista econômico, a elevação do estatuto social do trabalhador determinará a ascensão paralela dos padrões materiais de grande massa demográfica, ou pelo menos perspectivas para essa ascensão. E ao mesmo tempo, como consequência, impulsiona o giro comercial e financeiro. Tudo isso contribui, como é facilmente compreensível, para a ativação da economia e do desenvolvimento do mercado interno. Nesse sentido far-se-á particularmente sentir a imigração dos trabalhadores europeus (PRADO JÚNIOR, 1966, p. 129).

As transformações advindas da abolição da escravidão e da imigração trouxeram impulsos para a ampliação do consumo de bens econômicos e, assim, o crescimento do mercado interno (*Idem*, 1999, p. 102). Mas o sentido econômico profundo que teve a abolição, bem como os efeitos que dela decorreram, não se restringiram à ampliação da demanda e seu estímulo à produção. O fim da escravidão teria representado a derrubada do principal obstáculo anteposto ao definitivo estabelecimento, à generalização e ao progresso das relações capitalistas de produção no Brasil:

> O fato é que, com a substituição definitiva e integral do trabalho escravo pelo livre, achou-se presente no Brasil o conjunto dos elementos estruturais componentes do capitalismo. Esse sistema não representa, em última instância, mais que o termo final do processo de mercantilização dos bens e das relações econômicas, o que se completa precisamente quando este processo atinge e engloba a força de trabalho transformada em

> simples mercadoria que se compra e se vende. É isso justamente que se verifica no Brasil com a abolição, pois os demais elementos estruturais da economia brasileira já eram de início de natureza essencialmente mercantil (*Idem*, 1966, p 148).

O desenvolvimento do capitalismo dependeria, assim, do estabelecimento de relações mercantis no conjunto da economia e não apenas nas relações jurídicas de trabalho. Assim, de tais circunstâncias deriva "o fato de o capitalismo encontrar no Brasil franqueado o terreno, *no que se refere às relações de produção*, logo que se aboliu o trabalho servil." Com tal mudança, segundo Caio Prado Júnior (1966, p. 149-50), os mecanismos capitalistas já incluídos potencialmente na estrutura eminentemente mercantil da produção cafeeira tiveram livre jogo. Não sendo mais imobilizados na aquisição de escravos, os capitais foram liberados para a acumulação e rápida circulação. Mas, ao mesmo tempo em que a abolição representa grande mudança é também fator que não impede a permanência e o reforçamento de características já presentes no período anterior. Transformação sem ruptura, mudança com continuidades.

> Tratava-se em suma, no caso do Brasil, de uma economia e sociedade já estruturadas e inteiramente condicionadas para a realização de objetivos mercantis idênticos àqueles que a nova ordem capitalista iria delas exigir. Daí a sua predisposição para se integrarem naquela ordem sem atritos e sem necessidade de rompimentos ou remanejamentos de instituições econômicas e sociais mais ou menos inajustáveis à nova ordem, como ocorreu naqueles citados países da Ásia e África. [...] Aqui não somente não houve resistência, mas ainda os impulsos e estímulos partidos de ambas as esferas, a externa, que é o sistema, e a interna que são as condições específicas do Brasil, se somam harmonicamente, ou antes, se integram em conjunto para impelirem o crescimento da função exportadora, em consequência as forças produtivas e a economia em geral do país assentes naquela função (*Idem*, 1999, p. 93-4).

É interessante notar como o autor estabeleceu, de modo impreciso, uma relação de quase equivalência entre natureza *mercantil* e natureza *capitalista* dos elementos estruturais da economia brasileira. Pode-se dizer, portanto, que, para Caio Prado Júnior, o Brasil antes da abolição da escravidão não era propriamente capitalista porque a força de trabalho ainda não havia sido plenamente mercantilizada. Neste sentido, por um lado, a diferença entre a subordinação da produção escravista ao capital comercial e a subsunção do trabalho ao capital é minimizada pelo autor, pois considera que os elementos *mercantis* da economia colonial brasileira já incluíam em si mecanismos potencialmente *capitalistas*. Mas, por outro lado, o autor não deixa de reconhecer na abolição da escravidão um elemento fundamental para que o capitalismo se desenvolvesse.

Ainda assim, contrariando uma interpretação muito corrente de que, segundo Caio Prado, o Brasil seria "capitalista desde Martim Afonso de Sousa" (BRESSER-PEREIRA, 1989, p. 287),[12] o autor afirmou em entrevista que, na verdade, "o Brasil perdeu o bonde do capitalismo. Não há dúvida nenhuma de que chegou atrasado" (PRADO JÚNIOR, 1978, p. 10). Tal afirmação corrobora a interpretação de Ricupero (2000, p. 182), para quem o autor sabia que o que caracteriza um modo de produção é o tipo de relações de produção que prevalecem em uma formação econômico-social concreta. No mesmo sentido, Secco (2010) diz que Prado Jr. "rejeita a determinação simples, o economicismo (esta forma de idealismo), sem perder de vista o primado ontológico do modo de produção na explicação da formação social."

Entretanto, em sua obra, Caio Prado não discorreu sobre o entendimento que tinha da categoria *modo de produção*: se engloba unitariamente produção, distribuição e consumo; se é uma totalidade que

12 Ver também, Sedi Hirano (1989, p. 245): "Não há, nos estudos de Caio Prado Júnior sobre a formação do Brasil colonial, uma tese que afirme a existência de 'relações feudais' ou 'pré-capitalistas'. A sua tese é de um capitalismo". Guido Mantega (2007) avaliou igualmente que o autor "defendeu a hipótese de que a economia brasileira já nasceu capitalista". Para Virgínia Fontes (2007), Caio Prado Júnior foi "o autor que apontou, antes de muitos outros, não apenas para a existência do capitalismo no Brasil, como para sua precocidade".

articula as estruturas econômica, jurídico-política e ideológica; se é o conceito de formação social que abrange o modo de produção e a superestrutura da sociedade; se numa formação social concreta podem estar presentes vários modos de produção; se, neste caso, haveria um como dominante etc. (SANDRONI *et. al.*, 1985, p. 283) Afinal, é correto pensar que as formações econômicas coloniais não teriam um modo de produção hegemônico no sentido clássico de Marx, pois em última instância o domínio do sistema é exterior ao espaço dominado? (GARAVAGLIA, 1973, p. 14) Ou, na verdade, o capital comercial (expressão desse domínio), por estar enquadrado na esfera da circulação e apenas intermediando a troca de mercadorias, existiria em qualquer formação social que produzisse mercadorias, exigindo o deslocamento do estudo teórico do processo de circulação ao processo de produção? (ASSADOURIAN, 1973, p. 68) Quando foi convidado a participar da antologia *Modos de produção e a realidade brasileira* (1980), organizado por José Roberto do Amaral Lapa, o autor rascunhou uma resposta: "Fico-lhe muito grato pela distinção que me atribui ao convidar-me para participar de uma antologia sobre OS MODOS DE PRODUÇÃO E A REALIDADE HISTÓRICA BRASILEIRA, convite que infelizmente não posso aceitar, pois me encontro em momento excessivamente ocupado em outros afazeres" (PRADO JÚNIOR, s/d(e)).

Para Ricupero (2000, p. 154-5), esta lacuna não seria um problema: como "o que realmente contava eram as relações da Colônia com a Metrópole no quadro da economia mundial capitalista em constituição", Caio Prado Jr. teria mantido "o rigor ao se abster diante de um impasse teórico, a conceituação do modo de produção colonial". Considerar o capital comercial e a esfera da circulação como predominante no sistema colonial não significa, necessariamente, negar a existência real de um modo de produção específico na colônia; e a não realização de uma reflexão teórica e conceitual a respeito deste modo de produção não implica, de imediato, negligenciar suas implicações no processo histórico, que podem ser identificadas, observadas e descritas em uma formação social concreta.

Contudo, ainda assim, o emprego da abstração e da indução como instrumental metodológico para se pensar a sociedade e a economia colonial em sua totalidade poderia enriquecer ainda mais a análise da dinâmica interna da colônia como realidade concreta e, consequentemente, suas conexões com o capitalismo mundial em formação. Poderia, ademais, contribuir para aprofundar a investigação e o entendimento das transformações decorrentes da passagem da economia brasileira do escravismo ao capitalismo, eclipsadas pela prioridade analítica à contradição entre colônia e nação e pela permanência do sentido da colonização. Entretanto, note-se que enquanto Caio Prado Júnior produziu sua análise da economia colonial brasileira entre 1933 e 1942, somente com a publicação de *The poltical economy of slavery* (1965), de Eugene Genovese, esta preocupação teórica passou a ocupar definitivamente os estudiosos do escravismo moderno.

Crises e ciclos

Em sua narrativa, Caio Prado Júnior demonstrou a concretude do domínio do capital comercial sobre a formação colonial brasileira a partir da categoria *sentido da colonização*. Ao sumariar a análise já realizada ao longo de *Formação do Brasil contemporâneo* (1942), pouco antes de encerrar a segunda parte do livro, o autor a revelou:

> Vimos aí a natureza da economia colonial, empresa mercantil exploradora dos trópicos e voltada inteiramente para o comércio internacional, em que, embora pareça essencial, não figura senão como simples fornecedor dos gêneros de sua especialidade. Nos diferentes aspectos e setores da economia brasileira que passamos em revista, não só constatamos repetidamente o fato, mas ainda o papel que ele exerceu na formação e evolução da colônia, condicionando-lhe a própria existência. Assim foi no caráter do povoamento, constituído, ao lado de uma pequena minoria de dirigentes brancos, da grande maioria de outras raças dominadas e escravizadas, cuja função não foi outra que

> trabalhar e produzir açúcar, tabaco, algodão, que pediam os mercados europeus. O mesmo se deu na distribuição do povoamento, condensando-se exclusivamente lá onde era possível produzir aqueles gêneros e se pudesse entregá-los com mais facilidade ao comércio internacional. Na organização propriamente econômica, sua estrutura, organização da propriedade e do trabalho, encontramos ainda, dominante aquela influência. E finalmente, neste quadro que sumaria as correntes do comércio colonial, e com ela a natureza da nossa economia, é a mesma coisa que se verificará (PRADO JÚNIOR, 1942, p. 233).

Como afirma Fernando Novais (1986, p. 16): "o 'sentido', isto é, a essência do fenômeno, explica as suas manifestações, e ao mesmo tempo explica-se por elas", sendo que "a análise dos vários segmentos vai enriquecendo e comprovando a categoria fundamental", o que permite realizar a análise "em dois movimentos: da aparência para a essência, e da essência para a realidade".

O mesmo vale para a análise de Caio Prado Júnior sobre a evolução cíclica da economia colonial, manifestação concreta que comprova a categoria analítica. Sua observação a este respeito no artigo de 1935 sobre o programa da ANL também foi enriquecida no livro de 1942, onde se diz que o sentido da colonização tem outra consequência, talvez a mais grave: a "evolução cíclica, por arrancos, em que se assiste sucessivamente ao progresso e aniquilamento de cada uma e de todas as áreas povoadas e exploradas do país, uma atrás da outra".

> Uma evolução cíclica tanto no tempo quanto no espaço, em que se assiste sucessivamente a fases de prosperidade estreitamente localizadas, seguidas, depois de maior ou menor lapso de tempo, mas sempre curto, do aniquilamento total. Processo esse ainda em pleno desenvolvimento no momento que nos ocupa [entre o final do séc. XVIII e o início do séc. XIX] e que continuará assim no futuro. À primeira fase de prosperidade, que alcança os

> mais antigos centros produtores de açúcar da colônia, em particular a Bahia e Pernambuco, e que vai até o fim do século XVII, segue-se a decadência logo no início do seguinte. Substituem-se a essas regiões, na linha ascendente de prosperidade, os centros mineradores. Essa ascensão não irá muito além da metade do século; já antes do seu terceiro quartel assistimos ao progressivo aniquilamento das minas. Volta novamente a prosperidade dos primitivos centros agrícolas do litoral; a eles se acrescentam alguns outros; e o açúcar é subsidiado pelo algodão. No momento em que abordamos a história brasileira, achamo-nos em plena fase ascendente deste último ciclo. E embora o período seguinte ultrapasse o nosso assunto, sabemos que essa fase não duraria, como as anteriores, muito tempo: em meados do século passado [XIX], a situação já se retomara completamente. Começava a degringola das regiões até então no primeiro plano, e outras vinham tomar-lhe o lugar, já agora com um produto novo: o café (PRADO JÚNIOR, 1942, p. 121-2).

Voltada ao atendimento de objetivos completamente estranhos a ela, a economia brasileira encontrava-se inteiramente subordinada às oscilações do mercado mundial, de um lado, e às condições do meio natural, de outro:

> Uma conjuntura internacional favorável a um produto qualquer que é capaz de fornecer impulsiona o seu funcionamento e dá a impressão puramente ilusória de riqueza e prosperidade. Mas basta que aquela conjuntura se desloque, ou que se esgotem os recursos naturais disponíveis, para que aquela produção decline e pereça, tornando impossível manter a vida que ela alimentava. Em cada um dos casos em que se organizou um ramo da produção brasileira, não se teve em vista outra coisa que a oportunidade momentânea que se apresentava (*Ibidem*, p. 122).

Frente a uma conjuntura favorável, se mobilizavam os elementos necessários à organização e realização da produção. Mas tão logo os recursos naturais se esgotassem ou a conjuntura internacional se tornasse desfavorável "abandona-se tudo em demanda de outras empresas, outras terras, novas perspectivas", e o que fica para trás "são restos, farrapos de uma pequena parcela da humanidade em decomposição".

> É assim que se formou e sempre funcionou a economia brasileira: a repetição no tempo e no espaço de pequenas e curtas empresas de maior ou menor sucesso. Algumas foram fulgurantes, mas pouco ou nada sobrou delas. No conjunto, a colônia não terá nunca uma organização econômica que mereça esse nome e alcançará o seu termo sem conseguir equilibrar estavelmente a sua vida. Oscilará com altos e baixos violentos, semeando cada vez um pouco mais de destruição e miséria neste vasto território que lhe foi dado operar. Os resultados, o balanço final destes três séculos desse processo, não podiam deixar de ser parcos, de um ativo muito pobre (*Ibidem*, p. 123).[13]

Não se pode confundir esta análise da evolução cíclica da economia brasileira com o conceito de ciclos consagrado pela obra de Roberto Simonsen (1978), onde se vê a sucessão de produtos que vão se alternando na primazia das exportações: pau-brasil, açúcar, ouro... Segundo Caio Prado (1945, p. 169-72), cada atividade produtiva, seja ela voltada ao mercado externo ou ao atendimento das necessidades coloniais, se dá em ciclos que alternam prosperidade e decadência, em um movimento

13 Ideia semelhante, mas restrita à relação entre o esgotamento da terra e a dinâmica econômica, havia sido apresentada anteriormente por Lemos Brito (1939, p. 8): "É verdade sabida e trivial que o solo também cansa. A lavoura alimenta-se de uns tantos elementos ativos existentes nele. Com os anos, esses princípios, continuamente consumidos pelo trabalho de absorção e nutrição das plantas, rareiam. A terra faz-se pobre, a lavoura reflete essa penúria, e com uma e outra o lavrador sente-se vencer. Apela-se, então, para o reforço artificial da terra. Mas, chega um momento em que o esforço empregado para restaurá-la e fortifica-la não oferece probabilidade de compensação, e o homem busca, quando pode, noutro ramo de atividade, a prosperidade que a terra empobrecida já não lhe dá".

que modifica a configuração geográfica do país – como fica evidente em sua análise sobre os ciclos que acompanham a cultura de um único produto, o café. Com a gradativa importância que o café adquire nos mercados internacionais ao longo do século XVIII, estimula-se sua cultura nas coloniais tropicais americanas e asiáticas. No caso brasileiro, um de seus principais mercados foi o dos Estados Unidos. Por atender às condições geográficas exigidas pelo pé de café – com solos férteis, clima favorável e encostas bem protegidas contra o vento – o vale do Paraíba tornou-se "um grande centro condensador de lavouras e de população".

> Geograficamente, forma uma unidade: assinalei suas características naturais, e que lhe são comuns: altitudes médias, clima temperado, relevo acidentado, revestimento natural de florestas subtropicais. Comercialmente, orienta-se para o Rio de Janeiro, que é o porto de escoamento do produto e, por isso, seu centro financeiro e controlador. Pouco depois da metade do século passado [XIX], esta área representa o setor mais rico e progressista do país, concentrando a maior parcela de suas atividades econômicas. Atinge também, pela mesma época, o auge do seu desenvolvimento; logo virá o declínio. Repetia-se mais uma vez o ciclo normal das atividades produtivas do Brasil: a uma fase de intensa e rápida prosperidade, segue-se outra de estagnação e decadência (*Ibidem*, p. 172).

Iniciada nesta região a decadência, o empobrecimento, o abandono sucessivo das culturas, a rarefação demográfica, rapidamente outra região concorre para entrar em sua substituição: "o oeste da província de São Paulo, centralizando-se em Campinas e estendendo-se numa faixa daí para o norte até Ribeirão Preto". A geografia da nova área contribuiu: a declividade menor do terreno proporciona proteção ao solo, conservando por mais tempo suas qualidades, e facilita as comunicações e transportes, ao passo que a chamada "terra roxa" era dotada de uma fertilidade superior (*Ibidem*, p. 172). Tudo isso contribuiu para um importante deslocamento geográfico:

> Até então, o Rio de Janeiro fora o grande empório do comércio de café; e seu grande progresso não deriva somente de sua qualidade de capital, mas também naquele fato. Agora a situação já é outra: a orientação geográfica do oeste paulista não é para o Rio de Janeiro, mas para a capital da província, São Paulo, e, através dela, para o porto de Santos. Data de então, e por tal motivo, o grande surto contemporâneo da cidade de São Paulo e do seu apêndice portuário e brecha para o exterior, que é Santos (*Ibidem*, p. 175).

Como dizia Caio Prado, uma "evolução cíclica no tempo e no espaço". No tempo, se alternam prosperidade e decadência de uma atividade produtiva. No espaço, as regiões decadentes são substituídas pelas regiões em ascensão. Nesta parte do mundo capitalista em formação, atuavam para a conformação dos ciclos não apenas os limites impostos pelo meio natural, observação já feita por antecessores, mas também as oscilações cíclicas do mercado mundial. Porém, seja por não deslocar seu olhar para o Atlântico Sul (Braudel) ou para a transição do feudalismo ao capitalismo (Novais), o autor não aprofundou a análise da dinâmica que rege aquelas oscilações cíclicas. Ainda assim, buscou compreendê-la minimamente, estudando o problema dos ciclos, do equilíbrio e das crises.

O século XX se iniciou com o pensamento econômico dominado pelas teorias do equilíbrio que vinham se constituindo ao longo das últimas décadas do século anterior com as obras de Menger na Áustria; Jevons, Edgeworth e Marshall na Inglaterra; Pareto e Barone na Itália; Clark e Fisher nos EUA; Wicksel na Suécia; e Walras na França. Entre eles, apesar de diferenças laterais, há uma unidade de formulação e desenvolvimentos teóricos que os unifica em uma doutrina – que é a corrente neoclássica, assentada no marginalismo. Na teoria do equilíbrio geral de Walras, que está entre as mais completas, diante de preços tidos como dado, os agentes econômicos procuram "obter uma posição de máxima satisfação ou de máxima utilidade". Disso deriva "um conjunto de quantidades ofertadas e de quantidades demandadas que se confrontarão no mercado", resultando numa situação em que ocorre "aumento de preços em todos os casos em que a demanda supere a oferta e diminuição de preços em todos os casos em que a oferta supere a demanda" (NAPOLEONI, s/d, p. 7).[14]

> A cada nova configuração dos preços corresponderão outras demandas e outras ofertas. O processo continuará até o ponto em que se dê a igualdade completa entre quantidades ofertadas e quantidades demandadas. O equilíbrio resultará, quando se verificar, de uma dupla ordem de condições: uma *condição subjetiva*, que consiste na busca de uma posição de máximo por parte de cada um dos agentes econômicos isolados; e uma *condição objetiva*, a qual, através do equilíbrio entre demanda e oferta para cada mercado, garante que a posição de máximo conseguida por todo agente seja compatível com a conseguida por qualquer outro (*Ibidem*, p. 11-2).

Walras parte do pressuposto de que toda procura individual é, ao mesmo tempo, uma oferta de alguma quantidade e, por isso, se estas procuras e ofertas forem agregadas, então os totais deverão se igualar. Assim, no caso de haver excesso de oferta de um determinado bem, outro ou outros deverão estar com excesso de procura, fazendo com que, no cômputo geral, os excessos de procura e de oferta tenham a mesma intensidade. O equilíbrio seria reestabelecido pela atuação das forças de mercado: um excesso de procura elevaria os preços, fazendo-a diminuir, ao passo que um excesso de oferta reduziria os preços, fazendo-a diminuir. Com isso, as variações de preços reestabeleceriam o equilíbrio automaticamente, seja pela mudança das quantidades que os agentes quisessem trocar, seja pela realocação de recursos, com sua transferência das indústrias com excesso de oferta para aquelas com excesso de procura (HUNT, 1989, p. 295-306).

---

14 A edição que utilizamos é a tradução da segunda edição italiana, de 1963, com ampliações e atualizações em relação à primeira edição, de 1961.

Mas diante da situação desastrosa deixada pela quebra da bolsa de valores de Nova Iorque em 1929 e a Grande Depressão que se seguiu, ficou evidente, inclusive para alguns economistas neoclássicos - ainda que não para todos eles - que o mito do mercado auto-regulado que tende ao equilíbrio tinha perdido sua utilidade ideológica. Milhares de empresários faliram e milhões de trabalhadores ficaram sem emprego. O automatismo do mercado defendido pela teoria neoclássica faltou ao encontro. A anarquia do mercado tornou-se uma ameaça à própria existência do capitalismo. De uma perspectiva das classes dominantes, era preciso compreender a crise e a depressão para apontar caminhos e adotar medidas com vistas a recuperar e preservar a economia capitalista. A isto se dedicou John Maynard Keynes com *A teoria geral do emprego, dos juros e da moeda* (1936) (*Ibidem*, p. 428-9). O fez em meio a todo um debate teórico e político, um esforço de interpretação do que havia ocorrido e do que estava ocorrendo, bem como das medidas necessárias à superação daquela crise de profundas proporções mundiais.

Neste contexto, Simon Kuznetz (1930), economista russo radicado nos EUA, publicou em maio de 1930 o artigo "Equilibrium economics and busines-cycle theory". Traduzindo o título para o português como "Teoria do equilíbrio e dos ciclos econômicos", Caio Prado leu o texto e fez anotações. Iniciou apontando que Kuznetz indica uma "tendência moderna que procura suprimir a separação criada pelos economistas do séc. XIX entre a doutrina econômica pura e a teoria dos ciclos", concluindo que "a não ser admitindo-se a causação dos ciclos por fatores extraeconômicos, as teorias [dos ciclos] contradizem algum postulado fundamental da teoria econômica", motivo pelo qual a teoria do equilíbrio econômico deveria ser substituída "por uma teoria dinâmica, na qual caiba a explicação dos ciclos". Segundo Prado Jr., o autor do artigo "faz um estudo aprofundado deste ponto mostrando como a teoria do equilíbrio econômico não pode compreender a dos ciclos. E conclui advogando por um sistema que afaste o conceito de equilíbrio e a implícita interdependência dos fatores". Kuznetz considerava necessário, assim, formular um postulado mais realista que o da racionalidade do comportamento econômico, que reconhecesse a extrema diversidade de formas de comportamento que se observa na realidade, permitindo a dedução tanto dos movimentos seculares quanto das flutuações cíclicas como parte de um estado normal do fenômeno econômico.

> Para o estabelecimento deste novo sistema econômico o A. analisa a importância da introdução de um fator desprezado pela teoria do equilíbrio: o fator tempo das reações econômicas. Uma ação não acarreta correspondente reação simultaneamente em todo o campo econômico considerado; além disto, esta reação pode não [ser] proporcional nos vários pontos onde se manifesta. Daí uma oscilação perpétua, determinada pelo coeficiente tempo e prolongada por esta desproporcionalidade. Assim a introdução deste fator elimina a teoria do equilíbrio e substitui-a por um esquema, pelo qual o sistema econômico não [é] um sistema estável que reage sob o estimulante de causas perturbadoras, cancelando-as instantaneamente, mas sim um complexo de fenômenos, determinado por elementos vários que perpetuam no organismo econômico um estado de continua oscilação (PRADO JÚNIOR, s/d(g)).

Portanto, o recurso à abstração teórica não poderia deixar de lado um elemento irremovível da realidade concreta – o tempo – para proporcionar uma análise dinâmica no lugar de uma análise estática. Ao tratamento lógico faz-se necessário incorporar o histórico, base da crítica de Caio Prado à teoria da utilidade marginal que consta em um de seus cadernos:

> A noção de *utilidade* substitui a relação de troca por uma utilidade metafísica. O fenômeno econômico fundamental, que é a troca, é essencialmente expressão de relações humanas. Deve por isso ser considerado e analisado como tal. A teoria da utilidade substitui a relação humana implícita no fato da troca, pela "rela-

> ção" entre os indivíduos e as coisas. O valor derivaria dessa relação ou [ilegível] feita pelo indivíduo. Precede a troca, propõe-se antes dela; e a troca, bem como os termos em que se realiza são determinados por aquela "relação" ou fato psicológico. O fato econômico deixa de ser um fato social, para se tornar fundamentalmente um fato psicológico (PRADO JÚNIOR, s/d(c)).

Fato psicológico, ademais, considerado sem historicidade, tendo em vista o postulado neoclássico de que toda pessoa, em qualquer época e lugar, é desejosa de obter, com o menor sacrifício possível, a maior quantidade possível dos artigos da riqueza. "O edifício todo do marginalismo econômico está construído sobre fatos altamente suspeitos", diz Caio Prado. Para ele, a simples consideração de que a economia é uma ciência social e, portanto, se ocupa de relações sociais é suficiente para desfazer a teoria marginalista. Portanto, o valor deve ser considerado sob este aspecto de relação social, "como expressão de uma relação entre os indivíduos, e não uma relação entre o indivíduo e as coisas ou objetos econômicos" (*Ibidem*).

Em uma folha anexa a este caderno, Caio Prado Júnior fez anotações sobre os ciclos e as crises do capitalismo. Segundo o autor, as "flutuações do ciclo se explicam pelo desajustamento entre o progresso respectivamente da capacidade produtiva e do consumo". Para compreender a relação entre os ciclos e as crises, parte de uma hipótese inicial de aumento do consumo, que seria "perfeitamente justa, pois verifica-se tanto no ponto mais baixo da conjuntura, como a partir daí" e, também, "com o impacto de novos gastos ou necessidades de consumo". Este "aumento do consumo estimula a produção", gerando estímulo à demanda por equipamentos e, portanto, "às indústrias e atividades produtivas destes equipamentos". Consequentemente, tais "indústrias e atividades se aparelharão para atenderem a essa procura, *considerando o ritmo de crescimento da procura*". O declínio desse ritmo seria suficiente "para que as indústrias de produção de equipamentos sofram uma redução da procura e mercado para seus produtos", o que poderia ser "o ponto de partida de crises". Tanto em situações de concorrência quanto de monopólio a "expansão da indústria de equipamentos tende a ser excessiva", seja pela necessidade de produção em massa na concorrência, seja em função do nível ótimo de produção que deve ser atingido pelos monopólios. Na medida em que o mercado se satura, aquela "expansão do consumo atinge logo uma fase de ritmo decrescente" que tenta ser contornada pelos "processos intensivos de promoção das vendas", o marketing, a propaganda, o que agrava a situação ao manter em expansão uma oferta diante de um quadro de queda relativa da expansão do consumo. As circunstâncias financeiras em que se dá este processo também podem agravar a situação: com a "produção estruturada na base de créditos", caso as vendas não se realizem, "não se fecha o circuito, acumulação não se dá... Créditos não podem ser saldados" (PRADO JÚNIOR, s/d(d)).

Estas observações sobre os ciclos e as crises no capitalismo guardam semelhança, ainda que parcial, com a síntese feita nos anos 1990 por Wilson do Nascimento Barbosa (1996) a respeito das relações entre crises e ciclos na teoria marxista. Para ele, a teoria da dinâmica do capitalismo elaborada por Marx e Engels explica as crises do sistema a partir de dois elementos primordiais: de um lado, "a incontornável defasagem temporal e quantitativa entre a oferta e a procura, as compras e as vendas, as produções e os consumos"; de outro lado, "a lei tendencial da baixa do lucro, como sua expressão resultante". De acordo com esta visão, "o subconsumo do operário é um problema menor", tendo em vista que "o limite da expansão capitalista é o lucro".

> De acordo com a tendência de queda da taxa de lucro, à medida em que os capitalistas aumentam o seu lucro, aumentam também a produção; dispõem-se, portanto, a pagar salários reais mais altos aos seus operários; o aumento do lucro intensifica a necessidade dos capitalistas de competirem entre si, e a produção cresce mais rapidamente que o mercado; logo, as vendas tendem a diminuir e cai a taxa de lucro, o que leva os capitalistas a aumentar a composição orgânica do capital, para manter ou aumentar a taxa de lucro. A composição orgânica do

> capital consome grande parte da mais valia, o que exige maiores taxas de lucro. Daí haver Marx afirmado ser o lucro dos capitalistas o limite do capital e não o salário dos operários. Esta é, segundo Marx e Engels, a dinâmica das crises de crescimento no capitalismo (BARBOSA, 1996, p. 305).

Mas porque a teoria da crise de Marx leva a uma teoria do ciclo?

> [...] porque uma taxa de acumulação que se expande paga salários reais mais elevados para se manter; daí acelera-se a competição e a composição orgânica do capital aumenta; a partir de um certo ponto, a oferta supera as vendas; os que não ousam recuar, perdem; instala-se a depressão; reconstitui-se, assim, o exército de reserva, ao mesmo tempo em que se depreciam os valores do capital; ocorre, mesmo, uma destruição de forças produtivas, vindo a se recuperar as oportunidades para a expansão do lucro; retoma-se, então, novo ciclo expansivo (*Ibidem*, p. 313).

Porém, considerando que tal dinâmica capitalista de crises e ciclos não havia se constituído plenamente antes da revolução industrial, ela não é capaz de explicar os ciclos e as crises europeias na época mercantilista, menos ainda suas relações com as economistas escravistas no continente americano. Neste sentido, não foi uma teoria geral, mas a observação empírica de uma singularidade concreta – a economia colonial brasileira baseada na grande propriedade monocultora, escravista e de exportação – que permitiu a Caio Prado descobrir regularidades, repetições, ciclos (mas nem por isso uma *lei*...). Estudos posteriores sobre a interpretação do autor frente a diferentes momentos da dominação do capital sobre a economia brasileira, do colonialismo ao imperialismo, poderiam lançar luzes sobre as virtudes e limites de sua ênfase na esfera da circulação ao invés das relações de produção: se a primeira evidenciou o contraste entre economia colonial (voltada ao atendimento da demanda externa) e economia nacional (voltada ao atendimento das necessidades internas), permitindo captar a permanência do sentido da colonização e a "reiteração do círculo vicioso" (SOUZA, 2009), a última, evidenciando o contraste entre a economia escravista e a capitalista, poderia realçar outras particularidades do desenvolvimento do capitalismo na formação social brasileira.

Sentido

Sem perder de vista as ligações com o capitalismo mundial em formação, o autor observava a relação de complementaridade e subordinação com o mercado interno, visto como virtualidade de uma futura integração nacional. O nacional assumiria uma conotação econômica, a eventual satisfação das necessidades básicas do povo, e se referiria a uma organização da produção que, opostamente à colônia, teria por finalidade o bem-estar da população brasileira (SILVA DIAS, 1989, p. 385-90). "Economia colonial e economia integrada nacionalmente, eis o binômio que define os limites (passado e futuro) do capitalismo periférico" (SILVA, 1989, p. 304). A construção da nação, como expressão do tempo histórico no qual seu significado foi concebido e utilizado, seria a construção do Estado-nação, uma delimitação de espaço e uma integração de regiões em função do triplo movimento "produção-circulação-consumo", que institui e é instituído pela industrialização moderna. Isso teria significado a primazia do mercado na esfera econômica, sendo o espaço econômico da nação moderna construído internamente (D'ÁLÉSSIO, 2011, p. 83). Reconhecendo que para Caio Prado Júnior um mercado interno integrado seria a base de qualquer economia nacional, Francisco Luiz Corsi (2003, p. 140) nos apresenta uma síntese da questão: "O problema da integração do mercado não é apenas de integração regional, mas sobretudo de integração do grosso da população, que vive à margem da vida nacional em termos sociais, econômicos e políticos. É essa incapacidade de integração do conjunto da população que estaria obstando a constituição de um sistema nacionalmente integrado e manteria vivo o passado colonial".

A superação desse passado seria dialética, originando-se de seu contrário. Caio Prado Jr. identificaria justamente no grupo em contradição com a grande exploração colonial os fundamentos para a constituição de uma nação:

> Em linhas gerais, Caio sugere que o que é defeito na Colônia pode converter-se em qualidade na Nação. Até porque a segunda situação deve ser a negação da primeira. Portanto, é naquilo que não pertence inteiramente ao corpo da colônia, seu setor inorgânico, que deve-se procurar as bases para a futura nacionalidade brasileira. Se o que caracterizou a vida da colônia foi estar toda ela voltada para fora, para o mercado externo, a Nação deve justamente ter como fundamento produzir para dentro, para o mercado interno. Ora, os grupos ativos no setor inorgânico, por escolha ou por falta dela, agem direcionados para o mercado interno (RICUPERO, 2000, p. 142).[15]

De todo modo, resta evidente, como notou Fernando Novais, que o *sentido da colonização* é a categoria fundamental que explica os vários momentos da sociedade brasileira (colonial e contemporânea) em seu devir. Mas, dada sua persistência, a renovação que se esboça no início do século XIX se dilata, se arrasta e não chega a termo. Nas palavras de Caio Prado (1942, p. 6-7), ela é "ponto de partida apenas, início de um longo processo histórico que se processa até nossos dias e que ainda não está terminado". Mantida a produção extensiva para mercados do exterior ao lado da falta de um mercado interno expressivo e organizado, persiste aquele mesmo sentido: "não completamos ainda hoje a nossa evolução de economia colonial para a nacional". João Fragoso (1992, p. 57) julga

15 Ao assumir a colônia como um pressuposto para a construção da nação, Prado Jr. nos mostra que assimilou uma passagem de Marx (1997, p. 21) que mencionamos anteriormente: "Os homens fazem sua própria história, mas não a fazem como querem; não a fazem sob circunstâncias de sua escolha e sim sob aquelas com que se defrontam diretamente, legadas e transmitidas pelo passado. A tradição de todas as gerações mortas oprime como um pesadelo o cérebro dos vivos".

"bastante teleológico em si mesmo" o pressuposto apresentado pelo autor de *Formação do Brasil contemporêneo* (1942) nas primeiras palavras do capítulo "Sentido da colonização": "Todo povo tem na sua evolução, vista à distância, um certo 'sentido'. Este se percebe não nos pormenores de sua história, mas no conjunto dos fatos e acontecimentos essenciais que a constituem num largo período de tempo". Prado Júnior (1942, p. 13-4) prossegue:

> Quem observa aquele conjunto, desbastando-o do cipoal de incidentes secundários que o acompanham sempre e o fazem muitas vezes confuso e incompreensível, não deixará de perceber que ele se forma de uma linha mestra e ininterrupta de acontecimentos que se sucedem em ordem rigorosa, e dirigida sempre numa determinada orientação. É isso que se deve, antes de mais nada, procurar quando se aborda a análise da história de um povo, seja aliás qual for o momento ou aspecto dela que interessa, porque todos os momentos e aspectos não são senão partes, por si só incompletas, de um todo que deve ser sempre o objetivo último do historiador, por mais particularista que seja. Tal indagação é tanto mais importante e essencial que é por ela que se define, tanto no tempo como no espaço, a individualidade da parcela da humanidade que interessa ao pesquisador: povo, país, nação, sociedade, seja qual for a designação apropriada no caso. É somente aí que ele encontrará aquela unidade que lhe permite destacar uma tal parcela humana para estudá-la à parte.

Mais uma vez, Caio Prado desenvolve questões que já haviam sido esboçadas anteriormente, em *Evolução política do Brasil* (1933). Neste seu livro de estreia, abre o prefácio com um alerta: "Isto que o leitor vai ler não é uma História do Brasil. Como o indica o próprio título, é um simples ensaio. Procurei tão somente dar a síntese da evolução política do Brasil e não traçar a sua história completa" (PRADO JÚNIOR, 1933b, p. 7). Aqui, o recurso ao conceito de síntese traz à tona ecos de Henri

Berr que naquele momento ressoavam inclusive no Brasil, cujas relações culturais com a França eram estreitas e vinham de longa data.

> Como pensei apenas dar a resultante média dos inúmeros fatos que compõem a nossa história, a linha mestra em torno de que se agrupam esses fatos, fui obrigado a uma seleção rigorosa que excluísse tudo quanto não fosse absolutamente necessário para a compreensão geral do assunto. Isso me levaria por vezes, estou seguro, a desprezar circunstâncias cuja falta talvez se faça sentir para a perfeita clareza da exposição. Mas, tratando-se de um método relativamente novo – refiro-me à interpretação materialista – de analisar a história brasileira, não me era dado conhecer as exigências dos leitores. [...] Os nossos historiadores, preocupados unicamente com a superfície dos acontecimentos – expedições sertanistas, entradas e bandeiras; substituições de governos e governantes; invasões ou guerras –, esqueceram, quase que por completo, o que se passa no íntimo da nossa história, de que esses acontecimentos não são senão um reflexo exterior (*Ibidem*, p. 7-8).

Sabemos que Caio Prado Júnior leu Hegel, vide as referências que a ele são feitas em *Dialética do conhecimento* (1952). Contudo, é possível que tenha lido suas obras somente depois de publicar *Formação do Brasil contemporâneo* (1942), ou seja, depois que sua interpretação da história colonial brasileira estava desenvolvida. De toda forma, nota-se pontos de contato com o pensamento do filósofo alemão sobre a história nas introduções metodológicas de Caio Prado Júnior a seus livros de história. Para Hegel (1995, p. 33), a primeira condição para o pensamento tornar-se consciente do fim da razão na história é "proceder de um modo historiográfico e empírico", "conceber fielmente o histórico", mas nisso reside ambiguidade.

> Também o historiador corrente e mediano, que intenta e pretende conduzir-se apenas à maneira de inventariante, entregando-se somente ao que é dado, não é passivo no seu pensar, traz consigo as

> suas categorias e vê através delas o existente. O verdadeiro não reside na superfície sensível; em tudo o que singularmente deve ser científico a razão não pode dormir, e há que empregar a reflexão.

Ou seja, "para conhecer o universal, o racional, é necessário empregar a razão". O uso do conceito permite atravessar os acontecimentos e acessar este grande conteúdo da história universal. Trata-se de "conhecer esse elemento substancial", e para fazê-lo "deve proporcionar-se a consciência da razão, não os olhos físicos nem um entendimento finito, mas o olho do conceito, da razão, que atravessa a superfície e penetra a variedade do garrido tumulto dos acontecimentos". Portanto, o ponto de vista da história universal tem por princípio "a totalidade de todos os pontos de vista", ele "não se ocupa de situações singulares, mas de um pensamento universal, que se insinua através do todo". Ao ocupar-se da história, a filosofia "transforma em objeto seu o que o objeto concreto é na sua figura concreta, e considera a sua evolução necessária".

> A história deve em geral considerar-se com o entendimento; a causa e o efeito devem tornar-se-nos concebíveis. Queremos deste modo considerar o essencial na história universal, omitindo o inessencial. O entendimento realça o importante e em si significativo. Determina o essencial e o inessencial segundo o fim que, no tratamento da história, persegue. Estes fins podem ser da maior diversidade. Ao propor-se um fim, logo se manifestam outras referências; há fins capitais e fins secundários. Se compararmos o dado na história com os fins do espírito, teremos de renunciar a tudo o mais, por interessante que aliás possa ser, e ater-nos ao essencial (*Ibidem*, p. 35).

Diversas são as proximidades entre estas passagens de Hegel e as observações metodológicas de Caio Prado no início de seus dois primeiros livros. Desbastar do conjunto o cipoal de incidentes secundários que sempre o acompanham e o fazem muitas vezes confuso e incompreensível (Prado Jr.) não seria equivalente a omitir o inessencial e ater-nos ao essencial para poder atravessar a superfície e penetrar a variedade do garrido tumulto dos acontecimentos (Hegel)? Os historiadores que se preocupam unicamente com a superfície dos acontecimentos e esquecem o que se passa no íntimo da nossa história (Prado Jr.) não agem do mesmo modo que o historiador corrente e mediano que à maneira de inventariante, se entrega somente ao que é dado (Hegel)? Não seria a linha mestra dirigida sempre numa determinada orientação (Prado Jr.) o mesmo que o fim da razão na história universal (Hegel)? Em uma primeira aproximação, uma resposta positiva parece irrefutável. Mas um olhar atento não pode deixar de considerar que contra essas similaridades se interpõe uma abordagem diferente: no lugar de uma filosofia da história, uma teoria da história.

Vimos anteriormente que para Marx e Engels (2007, p. 39-43, 94-5) o fundamento de toda a história deve ser a sociedade civil em seus diferentes estágios, ou seja, uma forma de intercâmbio vinculada a um modo de produção. Diferentemente da concepção idealista da história, que precisa "procurar uma categoria em cada período", a concepção materialista da história tem necessidade de "permanecer constantemente sobre o solo da história real". Inverte-se Hegel: "Totalmente ao contrário da filosofia alemã, que desce do céu à terra, aqui se eleva da terra ao céu". Como é a vida que determina a consciência, não o inverso, "parte-se dos homens realmente ativos e, a partir de seu processo de vida real, expõe-se também o desenvolvimento dos reflexos ideológicos e dos ecos desse processo de vida". Vista desta maneira, "a história deixa de ser uma coleção de fatos mortos, como para os empiristas ainda abstratos, ou uma ação imaginária de sujeitos imaginários, como para os idealistas".

Ora, tal posição foi expressa por Caio Prado Júnior (1945, p. 7-12) no prefácio da primeira edição de *História econômica do Brasil*. Para se defender de críticas que lhe "foram feitas por ocasião de publicações anteriores" nas quais foi "acusado de unilateral e sectário na análise da história e dos fatos sociais" por ter adotado uma concepção filosófica, a dialética materialista,

Caio afirmou: "É ilusão ingênua esta ideia muito corrente de uma possível e suposta imparcialidade filosófica que não existe nunca e não pode existir. Todo mundo tem a sua filosofia, porque não há pensamento sem ela". Esta "ilusão de que nos podemos colocar acima de doutrinas" seria, assim, puro "engano de quem não balanceou ainda suficientemente o seu pensamento; na realidade, obediência cega e incontrolada a concepções aceitas sem maior reflexão". Em seguida, passou a contestar diferentes correntes filosóficas. Da metafísica, disse que "já completou seu tempo", uma vez que os "conhecimentos científicos a ultrapassaram largamente". Sobre o idealismo, apesar de fecundo quando representou "o ponto de partida do pensamento moderno na sua reação contra a metafísica escolástica das qualidades, ordenando o pensamento e atribuindo à inteligência (razão) seu legítimo papel na elaboração do conhecimento", fracassou em seguida quando foi "levado às suas naturais consequências, quando eliminou o mundo concreto exterior, ou pelo menos abriu entre ele e o ser pensante um abismo intransponível". Do materialismo vulgar, mesmo constituindo-se como "reação salutar contra o idealismo esterilizante e perdido em especulações abstratas que já hoje não passam de simples jogo de palavras", enfrentava problemas com "a inclusão do ser pensante em seu esquema", sendo que a ciência demonstraria jamais ser "possível reduzi-lo inteiramente à substância material". A dialética materialista, por sua vez, "clareia o campo filosófico e desembaraça o caminho do conhecimento", visto que descarta como inúteis "as noções metafísicas embaraçosas de uma hipotética substância constituinte do Universo, e de categorias permanentes impossíveis de conceituar, noções estas que vem atormentando sem nenhum resultado o pensamento filosófico de todos os tempos". Mais que isso, a dialética materialista ainda "resolve o dualismo imanente, e, apesar de todos os esforços, irredutível até o advento da dialética, do ser pensante e do mundo objetivo". Em suma:

> A dialética tem sido particularmente fecunda na análise dos fatos sociais; ela aliás se constituiu e consolidou em consequência da inclusão destes fatos no domínio da legítima pesquisa científica. Em primeiro lugar, ligou-os indissoluvelmente a seu conte-

> údo histórico. Mais que isto caracterizou-os como fenômenos históricos e só históricos que são. Não há fato social fora da história, *não há permanência dele através do tempo*. Em termos metodológicos, isto se reduz à necessidade de analisar e conhecer o fato social na história; não somente dentro e em função dela, mas como fato histórico que ele é por natureza. [...] O que nos cumpre apanhar na história não são situações, mesmo que se as considerem em evolução e transformação; e muito menos encadeamentos de causas e efeitos. Mas sim aquela própria evolução; o seu autodinamismo e linha de desenvolvimento, de que quaisquer situações não são senão cortes transversais e arbitrários; meras transições vazias de conteúdo próprio (*Ibidem*, p. 13-4).

O distanciamento de Caio Prado em relação Hegel em termos filosóficos fica, assim, atestado. Mas teria ele se afastado também das filosofias da história e da teleologia no seu fazer historiográfico? De partida, cabe distinguir as noções idealista e materialista de sentido na história. Na primeira, o sentido contido na Ideia que governa o mundo e conduz a história universal a um fim concebido *a priori* é aquele cuja manifestação concreta no mundo é realizada pela astúcia da razão ou a providência, a realização da Ideia pela manifestação do Espírito. Já na segunda, o sentido da história é uma abstração formulada pelo pensamento humano *a posteriori*, uma atribuição de sentido a um mundo concreto; um ponto de chegada historiográfico, não um ponto de partida da história. Portanto, reiteramos: segundo a teoria marxista da história, na sucessão de gerações onde uma atua sobre as condições legadas pela anterior e as transforma mediante atividade prática, pode haver uma distorção especulativa "ao converter-se a história posterior na finalidade da anterior". Deste modo, a finalidade (*telos*) da história não se insere na realidade concreta, é mera abstração humana: "o que se designa com as palavras 'destinação', 'finalidade', 'núcleo', 'ideia' da história anterior não é nada além de uma abstração da história posterior, uma abstração da influência ativa que a história anterior exerce sobre a posterior" (MARX; ENGELS, 2007, p. 40). No posfácio à segunda edição de *O Capital*, Marx (1983, p. 20) explica como surge a aparência daquela distorção:

> É, sem dúvida, necessário distinguir o método de exposição formalmente, do método de pesquisa. A pesquisa tem de captar detalhadamente a matéria, analisar as suas várias formas de evolução e rastrear sua conexão íntima. Só depois de concluído este trabalho é que se pode expor adequadamente o movimento real. Caso se consiga isso, e espelhada idealmente agora a vida da matéria, talvez possa parecer que se esteja tratando de uma construção *a priori*.

Caio Prado deduz do sentido da colonização tudo o que compõe a sociedade colonial e suas articulações externas, fazendo parecer uma construção *a priori*, uma teleologia. Mas trata-se de querer ultrapassar o nível do pensamento como representação dos dados imediatos e abarcar o pensamento como conceito. Portanto, o sentido da colonização é um resultado de uma investigação histórica. Apesar de parecer, não é uma teleologia, um destino manifesto (SECCO, 2008a, p. 179).

Na medida em que a consciência que os indivíduos adquirem de seu eventual destino orienta as suas ações em uma ou outra direção, ela configura o *sentido* da ação e dos fatos sociais. O *sentido* assume, então, a conotação de *significado* e a consciência que os sujeitos têm dele ganha força social na medida em que se exprime como norma de ação. O *sentido* da mudança histórica deixa de ser, assim, uma força cega e passa a ser um valor compartilhado por sujeitos históricos. Portanto, a interpretação da história não é arbitrária, ela deve traduzir o sentido real no movimento próprio do pensamento - um autodinamismo dialético -, deve expressar não apenas o predomínio de uma das forças em luta, mas a luta mesma das forças opostas, da qual resulta um sentido sempre mutável (GRESPAN, 2008, 69-71). O engajamento político e a vida militante de Caio Prado Júnior são a demonstração cabal de que, para ele, a ação humana e os conflitos que engedram, ainda que condicionados pelas circunstâncias herdadas, são os artífices da mudança histórica.

CONSIDERAÇÕES FINAIS

Desde cedo Caio Prado Júnior quis entender o Brasil. Segundo suas memórias, despertou este interesse quando percebeu o contraste com os países europeus, sobretudo a Inglaterra e a França. Pôde observar esta diferença porque nasceu em uma das famílias mais ricas do Brasil no início do século XX. Por isso conheceu a Europa e teve uma educação dos mais altos padrões.

Entretanto, as explicações ditas "tropicalistas" não o convenciam porque condenavam o Brasil ao atraso, sendo que o problema principal era a construção do futuro. A inquietação do jovem estudante de direito que se preparava para funções dirigentes nos assuntos políticos e empresariais da família o levou a coadunar com o que havia de pensamento minimamente crítico em seu convívio no seio das elites paulistanas: a reivindicação por eleições livres. Não sendo vencidos em urnas fraudadas, os representantes do velho regime em decadência deveriam ser vencidos por uma revolução. Seu comprometimento com a causa o levou a participar até mesmo de ações de sabotagem para que tropas chegassem do sul ao Rio de Janeiro sem alardes e Vargas pudesse assumir a Presidência da República. Decepcionado com a limitada mudança realizada pelo novo regime, Caio Prado buscou no marxismo perspectivas mais profundas de prática transformadora e encontrou nesta teoria e seu método de investigação a possibilidade de uma interpretação inovadora da história brasileira.

Caio Prado Júnior realizou sua operação historiográfica incorporando uma conquista de historiadores da antiguidade: a veracidade como objetivo a ser alcançado pela história, diferenciando-se assim da literatura (poesia). Este corte entre realidade e ficção foi revisto e acentuado no período moderno, culminando na busca da cientificidade do saber histórico, sobretudo na segunda metade do século XIX e início do século XX. Neste sentido, se por um lado ocupou-se da narrativa dos acontecimentos e da reconstituição dos eventos assim como os historiadores de todos os tempos, por outro lado acompanhou as mudanças de seu próprio tempo no modo de fazê-lo, buscando incorporar as diversas esferas da existência e os diferentes níveis de realidade em uma história totalizante. Para tanto, apropriou-se de conceitos e teorias das ciências sociais em geral e da economia política em particular para conseguir reconstituir os acontecimentos explicando-os em sua especificidade – portanto, nem como mera ilustração de uma teoria adotada *a priori*, nem como mera coleção de dados e informações exaustivamente reunidas. Analisando a história brasileira, atribuiu-lhe um sentido atravessando a "superfície dos acontecimentos".

Como procuramos demonstrar, Marx foi sua principal inspiração teórica na elaboração da categoria analítica que estrutura toda sua obra, o *sentido da colonização*. Sua leitura de *O Capital* o afastou da economia política com a qual teve contato inicialmente no curso de graduação da Faculdade de Direito. A análise que fez a respeito do modo como o capital comercial dominava e orientava a economia colonial e a ênfase que deu para esfera da circulação lhe permitiram captar a continuidade daquele sentido quando o Brasil já havia se tornado um país independente, ao passo que, por outro lado, o levaram a subestimar as transformações decorrentes da passagem da economia brasileira do escravismo ao capitalismo. Ainda assim, o modo como manuseou o instrumental teórico marxista o diferenciou tanto dos marxistas brasileiros que o antecederam quanto das tentativas prévias de narrar a história econômica do Brasil, sobretudo descritivas e pouco analíticas. Recusando tanto a historiografia metódica que ignorava ou ao menos subestimava a dimensão econômica do processo histórico quanto o historicismo que reunia dados econômicos em profusão sem lhes dar um tratamento teórico adequado, Caio Prado Júnior não abriu mão da cientificidade da história. Percorreu outro caminho, que fosse além do mero empirismo. Por um lado, não se deveria perder de vista a narrativa dos acontecimentos. Narrar é explicar, a explicação deve surgir da própria exposição dos fatos (PROST, 2015, p. 222). "Ora, em que consiste um trabalho de história, senão numa 'narrativa'? É certo que há muitas maneiras de 'narrar' um mesmo acontecimento. [...] Mas será sempre uma 'narrativa'" (PRADO JÚNIOR, 1960). Por outro lado, seria preciso lembrar que não há história sem teoria da história.

Assim, diferenciava-se também das filosofias da história, para quem o destino dos povos e da humanidade estava traçado de antemão por alguma força divina ou natural que os conduzia em nome da razão. Ainda que o façam sob circunstâncias dadas por gerações anteriores, homens e mulheres são os sujeitos de sua própria história ao estabelecerem relações de colaboração e conflito para a produção e reprodução de sua existência, seu modo de vida. A metafísica e a dialética idealista cediam lugar ao materialismo dialético, abrindo um vasto campo de investigação histórica para explicar a posição ocupada pelo Brasil no mercado mundial criado pelo desenvolvimento do capitalismo. "Aplicar um método de interpretação à pesquisa histórica não consiste em partir de premissas teóricas, e deduzir daí a interpretação. O que o marxismo nos oferece, é um método de indagação, de procura dos fatos históricos" (*Ibidem*). Ainda que a pesquisa arquivística e a consulta a grandes séries de fontes não fossem uma característica de seu fazer historiográfico, foi um historiador "ligado estreitamente ao concreto pelo conhecimento do meio físico, das populações, da sua distribuição no espaço, das suas formas de produção" (CÂNDIDO, 1989, p. 25). Percorrendo o território brasileiro, percebeu o tempo incidindo na realidade, o passado se fazendo presente. O estudo da geografia a partir do contato com a missão francesa na USP e a consequente experiência na AGB lhe permitiu encontrar nas paisagens de seu próprio tempo um meio de acesso às realidades passadas e assim formular tanto a ideia de projeção do tempo no espaço quanto uma maneira própria de compreender a dinâmica das crises e ciclos econômicos das diferentes regiões e atividades produtivas.

Em Caio Prado Júnior, é pronunciada a tendência a explicar a história por meio dos processos econômicos e, pois, utilizando-se das categorias de análise econômica. Isso poderia obstaculizar o objetivo de finalmente construir a tão almejada "história total". Mas aquela tendência jamais chega a termo se observarmos o conjunto da obra historiográfica de Caio Prado Júnior, na qual múltiplas perspectivas são lançadas sobre a história. Ao lado do economista, do filósofo, do sociólogo, do etnólogo e do geógrafo, a qualidade de historiador se destaca na medida em que é a análise da realidade em sua totalidade no tempo que predomina em seu pensamento. Certamente, as interações sociais para a produção e reprodução da vida material no espaço e no tempo, tem grande relevância, senão prioridade mesmo, nas narrativas que produziu. Mas para o autor era evidente que, como agentes e pensantes, os seres sociais, relacionados entre si pelas complexas interações humanas, não se reduzem à vida material por eles forjada. Segundo Braudel (2015, p. 110-1), as forças históricas são múltiplas e o autor foi "um observador atendo à vida múltipla dos homens". Para Caio Prado, a história econômica não era "um campo fechado, mas sim uma história coesa, mesclada aos acontecimentos, particularmente associada à vida política e à evolução social". Mas em contraste com o historiador francês, para o brasileiro a força das estruturas não fazem dos acontecimentos meras agitações de superfície, pois as ações dos sujeitos constroem sentido histórico sempre aberto à mudança e, portanto, a curta duração e o evento também incidem sobre a longa duração e a estrutura.

Como homem de ação, Caio Prado Júnior não tomou consciência dessa multiplicidade retirando e lendo os livros das estantes. A atenção que deu ao passado tinha em vista a construção do futuro, sua permanente e central preocupação, mesmo quando já sabia que o fim de sua vida estava próximo: "O passado sempre foi para mim o passado. E é o futuro que me interessa, mesmo apesar do pouco a que está reduzido..." (PRADO JÚNIOR, 1980c). O caminho escolhido em sua atividade intelectual foi "centralmente e essencialmente o de buscar na realidade brasileira tal como ela se apresenta, com toda naturalidade e sem os artifícios de esquemas teóricos sobrepostos, toda a inspiração para o pensamento e ação" (*Idem*, 1967a). Não por acaso afirmou, certa vez, a um amigo: "minha atividade de escrita acompanha sempre, *pari passu*, minha atividade política" (*Idem*, 1977). O conselho dado aos 60 anos de idade a jovens formandos é o de quem soube observar muito bem as experiências que a vida lhe proporcionou: "Estou seguro que deixando de estudar nos livros, para estudarem no grande livro da vida, vocês continuarão voltados para o ideal de um Brasil melhor, habitado por um povo mais feliz" (*Idem*, 1967b). Foram suas experiências de vida – muitas delas dramáticas, amargas, duras e violentas – que lhe permitiram, na periferia do capitalismo, ter uma leitura atenta do "livro da vida", cujas linhas são escritas com grandes doses de sangue, suor e lágrimas.

ANEXO

Bibliografia marxista publicada entre as décadas de 1920 e 1930 presentes na biblioteca pessoal de Caio Prado Júnior, atualmente sob a guarda do Instituto de Estudos Brasileiros.

BEER, Max. *Karl Marx sa vie et son ouvre*. Paris: Librairie de l'Humanité, 1926.

BOUKHARINE, N. *La théorie du matérialisme historique*. Paris: Editions Sociales Internationales, 1927.

______. *L'économie mundiale et l'imperialisme*. Paris: Editions Sociales Internationales, 1928.

ENGELS, F. *Ludwig Feuerbach et la fin de la philosophie classique*. Paris: Les Revues, 1930.

______. *L'origine de la famille de la propriété privée et de l'État*. Paris: Alfred Costes, 1931.

______. *Ouvres complètes de F. Engels*. Paris: Alfred Costes, Éditeur, 1931-1933 (3 t.).

______. *Karl Marx*. Paris: Bureau d'Editions, 1933.

LENIN. V. I. *L'état et la révolution*. Paris: Librairie de l'Humanité, 1925.

______. *Des amendes*: explication de la loi des amendes prélevées sur les ouvriers dans les usines. Paris: Bureau d'Editions, 1933.

______. *Du traité de Versailles*. Paris: Bureau d'Editions, 1934.

LOSOWSKY, A. *Mars el les syndicats*. Paris: Bureau d'Editions, 1933.

LUXEMBOURG, Rosa. *Réforme ou Révolution?*. Paris: Editions Sociales Internationales, 1932.

MARX, Karl. *Adresse inaugurale de l'association internationale des travailleurs*. Paris: Librairie de l'Humanité, 1921.

______. *Critique du programme de Gotha*. Paris: Librairie de l'Humanité, 1922.

______. *La genèse du capital (L'Accumulation primitive)*. Paris: Librairie de l'Humanité, 1924.

______. *La guerre civile en France*. Paris: Librairie de l'Humanité, 1925.

______. *La 18 Brumaire de Louis Bonaparte*. Paris: Editions Sociales Internationales, 1928.

______. *Herr Vogt (fin) et Le 18 brumaire de Louis Bonaparte*. Paris: Alfred Costes, 1928.

______. *Contribuition a la critique de l'économie politique*. Paris: Marcel Giard, 1928.

______. *Lettres à Kugelmann*. Paris: Editions Sociales Internationales, 1930.

______. *Travail salarie et capital suivi de Salairies, prix et profits*. Paris: Editions Sociales Internationales, 1931.

______. *Révolution et contre-revolution en Allemagne*. Paris: Alfred Costes, 1933.

______. *La guerre civile en France 1871*. Paris: Bureau d'Editions, 1933.

MARX, Karl; ENGELS, Friedrich. *Correspondance*. Paris: Alfred Costes, 1931-1934 (9 t.).

______. *El Manifesto Comunista*. Madrid: Editorial Cenit, 1932.

RIAZANOV, D. *Marx et Engels*. Paris: Editions Sociales Internationales, 1923.

______. *Karl Marx*. Paris: Editions Sociales Internationales, 1928.

STALIN, J. *Work in the rural districts*. Moscou: Publishing Society of Foreign Workers in the U.S.S.R., 1933.

TROTSKY, Leon. *Lenine*. Paris: Librairie du Travail, 1924.

______. *La révolution défigurée*. Paris: Rieder, 1929.

______. *L'Internationale Comuniste après Lénine*. Paris: Rieder, 1930.

______. *O plano quinquenal*. São Paulo: Empresa Editora Unitas, 1931

s/a. *Lettres de communards et de militants de la I Internationale à Marx, Engels et autres*. Paris: Bureau d'Editions, 1933.

REFERÊNCIAS

Fontes

Fontes de Caio Prado Júnior

Artigos

PRADO JÚNIOR. Caio. A crise da democracia brasileira. *A Chave*, São Paulo, n. 30, 17 nov. 1927.

______. O fator geográfico na formação e no desenvolvimento da cidade de São Paulo. *Geografia*, n. 3, 1935.

______. O programa da Aliança Nacional Libertadora. *Nova Escrita/Ensaio*, São Paulo, n. 10, 1982.

______. Contribuição para a análise da questão agrária no Brasil. In: *A revolução brasileira e A questão agrária no Brasil*. São Paulo: Companhia das Letras, 2014a.

______. Nova contribuição para a análise da questão agrária no Brasil. In: *A revolução brasileira e A questão agrária no Brasil*. São Paulo: Companhia das Letras, 2014b.

Cadernos e notas

PRADO JÚNIOR. Caio. [Introdução ao segundo volume de *Formação do Brasil contemporâneo*]. s/d(a), IEB/USP, código CPJ-FBC-024.

______. Teoria do equilíbrio e dos ciclos econômicos. s/d(b), IEB/USP, código CPJ-FIC-242.

______. Economia. s/d(c), IEB/USP, código CPJ-CAD031.

______. Ciclo crise. s/d(d), IEB/USP, código CPJ-CAD031-01.

Correspondências

PRADO JÚNIOR. Caio. Carta ao presidente do Diretório Central do Partido Democrático de São Paulo. 23 out. 1931, IEB/USP, código CPJ-CA-007.

______. Carta a Francisco de Borja. São Paulo, 26 mai. 1932a. IEB-USP, código CPJ-CA119.

______. Carta ao Comitê Regional de S. Paulo do PCB. 30 nov. 1932b, IEB/USP, código CPJ-CA114.

______. Carta a Jayme. 09 dez. 1932c. IEB/USP, código CPJ-CA007.

______. Carta a Lívio Xavier. São Paulo, 20 set. 1933a. IEB-USP, código CPJ-CA054.

______. Carta à *Revista Acadêmica*. São Paulo, 20 nov. 1934. IEB/USP, código CPJ-CA224.

______. Carta a Victor Rebouças. 12 ago. 1935. IEB/USP, código CPJ-CA053.

______. Carta a Evaldo da Silva Garcia. São Paulo, 11 mai. 1946. IEB/USP, código CPJ-CA002.

______. Carta em resposta a questões sobre perspectivas sociais e políticas do Brasil para os próximos 5 anos. São Paulo, 21 set. 1947. IEB/USP, código CPJ-CA0069.

______. Carta a Carlos Nelson Coutinho. São Paulo, 08 fev. 1960. IEB/USP, código CPJ-CA060.

______. Carta a Manoel Correia de Andrade. s.l., 12 dez. 1967a. IEB/USP, código CPJ-CA040.

______. Carta a Hermes Lima. São Paulo, [jun. 1977]. IEB/USP, código CPJ-CA070.

______. Carta a José Roberto do Amaral Lapa [rascunho]. s.l. s/d(e), IEB/USP, código CPJ-CA017.

______. Carta a Francisco Iglésias. [São Paulo, 16 jan. 1980a]. IEB/USP, código CPJ-CP-IGL004.

______. Carta a Francisco Iglésias. São Paulo, 16 jan. 1980b. IMS-Rio, código CLIT FI Cp 013156.jpg.

______. Carta a Francisco Iglésias. São Paulo, 07 abr. 1980c. IMS-Rio, código CLIT FI Cp 013157.jpg.

Entrevistas

PRADO JÚNIOR. Caio. "É preciso deixar o povo falar". In: MOTA. Lourenço Dantas (coord.). *A história vivida* (v. 1). São Paulo: O Estado de S. Paulo, 1981.

______. Que país é este? *Folha de S. Paulo*, São Paulo, Folhetim, 21 mai. 1978.

Fichas de estudos

PRADO JÚNIOR. Caio. O "sistema de plantação" em Marx. s/d(f), IEB/USP, código CPJ-FIC-237.

______. "Teoria do equilíbrio e dos ciclos econômicos". s/d(g), IEB/USP, código CPJ-FIC-242.

Livros

PRADO JÚNIOR. Caio. *Evolução política do Brasil*. São Paulo: Empresa Gráfica Revista dos Tribunais, 1933b.

______. *Formação do Brasil contemporâneo*. São Paulo: Livraria Martins Editora, 1942.

______. *História econômica do Brasil*. São Paulo: Brasiliense, 1945.

______. *Evolução política do Brasil e outros estudos*. São Paulo: Brasiliense, 1953.

______. *Diretrizes para uma política econômica brasileira*. São Paulo: Urupês, 1954.

______. *A revolução brasileira*. São Paulo: Brasiliense, 1966.

______. *História e desenvolvimento*: contribuição da historiografia para a teoria e prática do desenvolvimento brasileiro. São Paulo: Brasiliense, 1999.

Pronunciamentos

PRADO JÚNIOR. Caio. 82ª Sessão Ordinária, em 20 de outubro de 1947. *Anais da Assembleia Legislativa – 1ª Sessão da 1ª Legislatura 1947*, v. 5, p. 490-7. In: KAREPOVS, Dainis (coord.). *Caio Prado Júnior:* parlamentar paulista. São Paulo, Alesp, 2003.

______. Discurso de paraninfo da turma de 1967 da Faculdade de Ciências Econômicas e Administrativas (FCEA/USP). São Paulo, 07 de mar. 1967b. IEB/USP, código CPJ-CA012.

Fontes gerais

ALENCASTRO, Luis Felipe de. O aprendizado da colonização. *Economia e sociedade*, v. 1, n. 1, ago. 1992.

______. *O trato dos viventes*: formação do Brasil no Atlântico Sul. São Paulo: Companhia das Letras, 2000.

______. "Luis Felipe de Alencastro". In: MORAES, José Geraldo Vinci; REGO, José Marcio (dir.). *Conversas com historiadores brasileiros*. São Paulo: Editora 34, 2002.

ASSOCIAÇÃO dos Geógrafos Brasileiros. Ata de fundação. São Paulo, 17 set. 1934. IEB/USP, código CPJ-AGB002.

BBC-BRASIL. "Crise aumenta procura por obras de Karl Marx na Alemanha". BBC-Brasil, 20 out. 2008. Disponível em: https://www.bbc.com/portuguese/reporterbbc/story/2008/10/081020_marxvendas_mp.shtml. Acesso: 29 set. 2018.

BEVILAQUA, Clóvis. Estudos de direito e economia política. Rio de Janeiro: Livreiro-Editor; Paris: H. Garnier, 1902.

BLOCH, Marc. Apologia da história ou o ofício do historiador. Rio de Janeiro: Jorge Zahar, 2001.

BRASIL. Decreto de 23 de fevereiro de 1808. Disponível em: http://www.planalto.gov.br/ccivil_03/decreto/historicos/dim/DIM-23-2-1808.htm. Acesso: 10 de nov. 2020.

______. Lei de 11 de agosto de 1827. Disponível em: http://www.planalto.gov.br/ccivil_03/leis/lim/LIM.-11-08-1827.htm. Acesso: 29 set. 2018.

BRAUDEL. Fernand. Carta a Caio Prado Júnior. Paris, 08 nov. 1945. IEB/USP, código CPJ-CP-BRAU002a.

______. Carta a Caio Prado Júnior. Paris, 06 mai. 1946. IEB/USP, código CPJ-CP-BRAU003a.

______. La Mediterranée et le monde méditerranéen a l'époque de Phillipe II. Paris: Armand Colin, 1976.

______. *Discours de réception de Fernand Braudel*. Paris, 30. mai. 1985. Disponível em: http://www.academie-francaise.fr/discours-de-reception-de-fernand-braudel. Acesso: 19 jan. 2019.

______. "Conceito de país novo". *Revista de História*, n. 146, 2002.

______. "Para uma economia histórica". In: *Escritos sobre a história*. São Paulo: Perspectiva, 2014a.

______. "História e ciências sociais: a longa duração". In: *Escritos sobre a história*. São Paulo: Perspectiva, 2014b.

______. No Brasil: dois livros de Caio Prado Júnior. *Mouro - Revista Marxista*, São Paulo, ano 6, n. 9, jan. 2015.

BRITO, Lemos. *Pontos de partida para a história econômica do Brasil*. São Paulo: Companhia Editora Nacional, 1939.

CHAUNU, Pierre. *A história como ciência social*: a duração, o espaço e o homem na época moderna. Rio de Janeiro: Jorge Zahar Editora, 1976.

______. "A economia: ultrapassagem e prospectiva". In: LE GOFF, Jacques; NORA, Pierre (dir.). *História:* novas abordagens. Rio de Janeiro: Livraria Francisco Alves Editora, 1995.

COLLINGWOOD, R. G. *The idea of history*. Oxford: Oxford University Press, 1970.

COMITÊ Regional de São Paulo do PCB. Carta a Caio Prado Júnior. São Paulo, 29 nov. 1932, IEB/USP, código CPJ-CP-CRSPPCB001.

COMPANHIA Editora Nacional. "Um estudo de vanguarda: nota da editora para a 3ª edição". In: BRITO, Lemos. *Pontos de partida para a história econômica do Brasil*. São Paulo: Companhia Editora Nacional, 1980.

D'OLIVEIRA, José de Alcantara Machado *et. al.*. "Manifesto de fundação da Escola Livre de Sociologia e Política de São Paulo". In: KANTOR, Iris; MACIEL, Débora A.; SIMÕES, Júlio Assis (orgs.). A *Escola Livre de Sociologia e Política*: os anos de formação (1933-1953): depoimentos. São Paulo: Sociologia e Política, 2009.

DE CERTEAU, Michel. "A operaçao histórica". In. Jacques LE GOFF, Pierre NORA (orgs.). *Fazer história*: novos problemas (v. 1). Lisboa: Livraria Bertrand, 1977.

DEPARTAMENTO de Ordem Política e Social. [Prontuário de Caio Prado Júnior]. São Paulo, 15 fev. 1977. Arquivo Público do Estado de São Paulo, fundo DEOPS, dossiê 30-K-33, documento 227.

DROYSEN, Johann Gustav. "Arte e método". MARTINS, Estevão de Rezende (org.). A história pensada: teoria e método na historiografia europeia do século XIX. São Paulo: Contexto, 2010.

ECONOMICUS. Ilegitimidade do juro. *A Chave*, n. 6, 24 abr. 1924a.

______. Ilegitimidade do juro. *A Chave*, n. 8, 08 mai. 1924b.

FACULDADE de Direito de São Paulo. Histórico escolar de Caio Prado Júnior no curso de Direito (1924-1928). In: MARTINEZ, Paulo Henrique. *A dinâmica de um pensamento crítico*: Caio Prado Jr. (1928-1933). São Paulo: Edusp; Fapesp, 2008.

FARGE, Arlette. *Lugares para a história*. Belo Horizonte: Autêntica, 2015.

FLORENTINO, Manolo. *Em costas negras: um estudo sobre o tráfico de escravos africanos para o porto do Rio de Janeiro (1790-1835).* Tese (doutorado) Universidade Federal Fluminense, Instituto de História, Niterói, 1991.

______. *Em costas negras*: uma história do tráfico atlântico de escravos entre a África e o Rio de Janeiro (séculos XVIII e XIX). Rio de Janeiro: Arquivo Nacional, 1993.

FOLHA de S. Paulo. USP presta homenagem ao historiador Caio Prado Jr. *Folha de S. Paulo*, São Paulo, 02 mar. 1984.

______. "Mortes", *Folha de S. Paulo*, São Paulo, 24 nov. 1990.

FRAGOSO, João Luís. *Comerciantes, fazendeiros e formas de acumulação em uma economia escravista-colonial: Rio de Janeiro (1799-1888).* Tese (doutorado) Universidade Federal Fluminense, Instituto de História, Niterói, 1990.

______. *Homens de grossa ventura*: acumulação e hierarquia na praça mercantil do Rio de Janeiro (1790-1830). Rio de Janeiro: Arquivo Nacional, 1992.

FRAGOSO, João Luís; FLORENTINO, Manolo. *O arcaísmo como projeto.* Rio de Janeiro: Civilização Brasileira, 1993.

FURTADO, Celso. *A economia brasileira*: contribuição à análise de seu desenvolvimento. Rio de Janeiro: Editora A Noite, 1954.

_______. *Formação econômica do Brasil.* São Paulo: Companhia Editora Nacional, 1980.

______. *Economia colonial no Brasil nos séculos XVI e XVII*: elementos de história econômica aplicado à análise dos problemas econômicos e sociais. São Paulo: Hucitec; Abphe, 2001.

GIRON, Luís Antônio. "Caio Prado Jr. morre aos 83 anos". *Folha de S. Paulo*, São Paulo, 24 nov. 1990.

HEGEL, G. W. *A razão na história*: introdução à filosofia da história universal. Lisboa: Edições 70, 1995.

IGLÉSIAS, Francisco. Carta a Caio Prado Júnior. Belo Horizonte, 5 jan. 1980. IEB/USP, código CPJ-CP-IGL002.

INSTITUTO Histórico e Geográfico Brasileiro. Breve notícia sobre a creação do Instituto Historico e Geographico Brazileiro. *Revista do Instituto Histórico Geográfico Brasileiro*, t. 1, n. 1, 1º trim. 1839a (3ª ed., 1908).

______. Extracto dos estatutos do Instituto Historico Geographico Brazileiro. *Revista do Instituto Histórico Geográfico Brasileiro*, t. 1, n. 1, 1º trim. 1839b (3ª ed., 1908).

______. [Folha de rosto]. *Revista do Instituto Histórico Geográfico Brasileiro*, t. 1, n. 1, 1º trim. 1839c (3ª ed., 1908).

JEVONS, W. Stanley. *A teoria da economia política*. São Paulo: Nova Cultural, 1988.

KANT, Immanuel. *Ideia de uma história universal de um ponto de vista cosmopolita*. São Paulo: Brasiliense, 1986.

KEYNES, John Maynard. "A short view of Russia". In: ______. *Essays in persuasion*. Cambridge: Cambridge University Press, 1931, p. 258. Disponível em: http://pombo.free.fr/krussia.pdf. Acesso: 27 set. 2018.

KOSELLECK, Reinhart. *Futuro passado*: contribuição à semântica dos tempos históricos. Rio de Janeiro: Contraponto; Editora PUC-RIO, 2006.

KUZNETZ, Simon. Equilibrium economics and busines-cycle theory. *The Quarterly Journal of Economics*, v. 44, n. 3, mai. 1930.

LADURIE, Emmanuel Le Roy. "Acontecimento e longa duração na história social: o exemplo dos *chouans*". In: NOVAIS, Fernando; SILVA, Rogério Forastieri da. (orgs.) *Nova História em perspectiva*: propostas e desdobramentos (v.1). São Paulo: Cosac Naify, 2011.

LAPA, José Roberto do Amaral. *O antigo sistema colonial*. São Paulo: Brasiliense, 1982.

MAIA, M de Campos. Legitimidade do juro, *A Chave*, n. 7, 1º mai. 1924a.

______. Legitimidade do juro, *A Chave*, n. 9, 16 mai. 1924b.

MARX, Karl; ENGELS, Friedrich. *A sagrada família ou A crítica da Crítica crítica contra Bruno Bauer e consortes*. São Paulo: Boitempo, 2003.

______. *A ideologia alemã*. São Paulo: Boitempo, 2007.

MARX, Carlos. *O Capital*. Lisboa: Guimarães e Cia., 1912.

MARX, Karl. *Le Capital*. (XIV t.). Paris: Alfred Costes, 1924-1930.

______. *Le Capital* (t. XI). Paris: 1928.

______. *O Capital*: crítica da economia política (v.1, t. 1). São Paulo: Abril Cultural, 1983.

______. *O Capital*: crítica da economia política (v.1, t. 2). São Paulo: Abril Cultural, 1984a.

______. *O Capital*: crítica da economia política (v.2). São Paulo: Abril Cultural, 1984b.

______. *O Capital*: crítica da economia política (v.3, t. 1). São Paulo: Nova Cultural, 1986a.

______. *O Capital*: crítica da economia política (v.3, t. 2). São Paulo: Nova Cultural, 1986b.

______. O 18 Brumário de Luís Bonaparte. In: *O 18 Brumário e Cartas a Kugelmann*. Rio de Janeiro: Paz e Terra, 1997.

______. *Contribuição à crítica da economia política*. São Paulo: Expressão Popular, 2008.

MELO NETO, J. J. Cardoso de. Almeida Nogueira. *Revista da Faculdade de Direito da Universidade de São Paulo* v. 38, 1942.

______. Almeida Nogueira e a cadeira de Economia Política na Faculdade de Direito. *Revista da Faculdade de Direito da Universidade de São Paulo*, v. 48, 1953.

MESQUITA FILHO, Julio de. A nossa universidade. *O Estado de S. Paulo*, São Paulo, 25 jan. 1947.

MONBEIG, Pierre. "A filosofia que orientou a criação da USP continua válida". In: MOTA, Lourenço Dantas (coord.). *A história vivida* (v. 2). São Paulo: O Estado de S. Paulo, 1981.

NETO, Basílio Machado. Carta a Caio Prado Júnior. Rio de Janeiro, 27 dez. 1956. IEB/USP, código CPJ-CP-CNC001.

______. Carta a Caio Prado Júnior. Rio de Janeiro, 23 dez. 1958. IEB/USP, código CPJ-CP-CNC003.

NOGUEIRA, José Luis de Almeida. *Curso didáctico de economia política ou sciencia do valor*. São Paulo: Graphica São José, 1936.

NORA, Pierre. "O regresso do acontecimento". In: Jacques LE GOFF, Pierre NORA (orgs.). *Fazer história*: novos problemas (v. 1). Lisboa: Livraria Bertrand, 1977.

______. Entre memória e história: a problemática dos lugares. *Projeto História*, São Paulo, n. 10, dez. 1993.

NORMANO, J. F. *Evolução econômica do Brasil*. São Paulo: Companhia Editora Nacional, 1939.

O ESTADO de S. Paulo. A reforma do ensino. *O Estado de S. Paulo*, São Paulo, 14 abr. 1925.

______. "Comunistas divididos até na festa", *O Estado de S. Paulo*, São Paulo, 26 mar. 1986.

______. "Caio Prado Júnior morre aos 83 anos", *O Estado de S. Paulo*, São Paulo, 24 nov. 1990.

O GLOBO. "O Capital, de Karl Marx, volta à moda em meio à crise financeira". Rio de Janeiro, *O Globo*, 16 out. 2008. Disponível em: https://oglobo.globo.com/economia/o-capital-de-karl-marx-volta-moda-em-meio-crise-financeira-3824043. Acesso: 29 set. 2018.

ODÁLIA, Nilo. Sentido de colonização, modo de produção e história colonial. *Debate & crítica*, n. 4, nov. 1974,

ORIONE, Marcus. Entrevista concedida ao autor. São Paulo, 12 dez. 2013.

PANITCH, Leo. Thoroughly modern Marx. *Foreing Policy*, 30 set. 2009. Disponível em: https://foreignpolicy.com/2009/09/30/thoroughly--modern-marx/. Acesso: 29 set. 2018.

RANKE, Leopold von. "O conceito de história universal". In: MARTINS, Estevão de Rezende (org.). *A história pensada*: teoria e método na historiografia europeia do século XIX. São Paulo: Contexto, 2010.

REBOUÇAS, Victor. Carta a Caio Prado Júnior. 06 ago. 1935. IEB/USP, código CPJ-REB001.

RIBEIRO, Afonso Martins. O Congresso de Estudantes de Direito. *A Chave*, 11 nov. 1926.

SANT'ANA, Nuno. Formação do Brasil Contemporâneo, por Caio Prado Júnior, Livraria Martins, São Paulo, 1942. *Correio Paulistano*, São Paulo, 20 dez. 1942.

SÃO PAULO. Decreto nº 6.283, de 25 de janeiro de 1934. Disponível em: http://www.leginf.usp.br/?historica=decreto-n-o-6-283-de-25-de-janeiro-de-1934. Acesso: 29 set. 2018.

SIMIAND, François. Méthode historique et science sociale. Étude critique d'après les ouvrages récents de M. Lacombe et de M. Seignobos. *Revue de Synthèse Historique*, v. 6, n. 16, fev. 1903.

______. La causalité en histoire. Séance du 31 mai 1906. *Bulletin de la Société Française de Philosophie*, v. 6, n. 6, 1906.

______. DEMANGEON, Albert. *La Picardie et les régions voisines*. Artois, Cambrésis, Beauvais. Paris : Colin, 1905 ; BLANCHARD, Raoul. *La Flandre*. Étude géographique de la plaine flamande en France, Belgique et Hollande. Paris : Colin, 1906; VALLAUX, Camille. *La basse Bretagne*. Étude de géographie humaine. Paris: Société Nouvelle de Librairie et d'Édition, 1907 ; VACHER, Antoine. *Le Berry*.

Contribution à l'étude géographique d'une région française, Paris : Colin, 1908 ; SION, Jules. *Les paysans de la Normandie orientale.* Pays de Caux, Bray, Vexin normand, Vallée de la Seine. Paris : Colin, 1909. *l'Année Sociologique*, t. XI, 1910.

SIMONSEN, Roberto C. *História econômica do Brasil (1500-1820).* São Paulo: Companhia Editora Nacional, 1978.

SIMONSEN, Roberto; GUDIN, Eugênio. *A controvérsia do planejamento na economia brasileira.* Brasília: Ipea, 2010.

SMITH, Adam. *A riqueza das nações*: investigação sobre sua natureza e suas causas. (v. I) São Paulo: Nova Cultural, 1985.

SODRÉ, Nelson Werneck. *Formação histórica do Brasil.* São Paulo: Brasiliense, 1964.

______. *O que se deve ler para conhecer o Brasil.* Rio de Janeiro: Civilização Brasileira, 1967.

STONE, Lawrence. "O retorno da narrativa: reflexões sobre uma nova velha história". In: Fernando NOVAIS e Rogério Forastieri da SILVA. (orgs.) *Nova História em perspectiva*: debates (v.2). São Paulo: Cosac Naify, 2013.

VIANA, Victor. *Histórico da formação econômica do Brasil.* Rio de Janeiro: Imprensa Nacional, 1922.

VIDAL DE LA BLACHE, Paul. Quadro da geografia da França. *GEOgraphia*, ano 1, n. 1, 1999, p. 143. Disponível em: http://www.geographia.uff.br/index.php/geographia/article/download/12/10. Acesso: 30 set. 2018.

XAVIER, Livio. Bibliografia – Evolução política do Brasil. *Diário da Noite*, São Paulo, 19 set. 1933. In: MARTINEZ, Paulo Henrique. *A dinâmica de um pensamento crítico*: Caio Prado Jr. (1928-1933). São Paulo: Edusp; Fapesp, 2008.

Bibliografia

Bibliografia sobre Caio Prado Júnior

AB'SÁBER, Azib Nacib. "Tempos e espaços na mira de um historiador". In: D'INCAO. Maria Angela. *História e ideal*: ensaios sobre Caio Prado Júnior. São Paulo: Editora UNESP; Brasiliense; Secretaria de Estado da Cultura, 1989.

ABAURRE GNERRE, Maria Lúcia. A forma e a nação: estilo historiográfico em Formação do Brasil Contemporâneo. Dissertação (mestrado) Universidade Estadual de Campinas, Instituto de Filosofia e Ciências Humanas, Campinas, 2001.

______. Intertextualidades em Formação do Brasil contemporâneo: um mapa dos diálogos de Caio Prado Jr. com Capistrano de Abreu, Euclides da Cunha e Oliveira Vianna. *LPH – Revista de História*, Mariana, n. 16, 2006.

ALFONSO, Daniel A. Caio Prado Júnior e a gênese do marxismo reformista no Brasil. *Iskra*, n. 1, 2008.

ANTUNES, Ricardo. Caio Prado Júnior, um intelectual revolucionário. *Nova Escrita/Ensaio*, São Paulo, n. 10, 1982.

ARAÚJO, Braz José de. Caio Prado Júnior e a questão agrária no Brasil, *Temas*, São Paulo, n. 1, 1977.

BARROS, Cesar Mangolim. Desenvolvimento e revolução no pensamento de Caio Prado Júnior. *Ipech Digital*, n. 1, 2007.

BECHER, Mariela Natalia. *Sonhos (des)comunais em tempos de decomposição social*. Mariátegui e Caio Prado Jr., fontes do marxismo latino-americano. Tese (doutorado) Universidade Federal do Rio de Janeiro, Escola de Serviço Social, Rio de Janeiro, 2011.

BORGES, Daniel de Souza Sales. *O partido de Caio Prado Júnior*: o Comitê de Ação e a reorganização do PCB (1941-1945). Dissertação (mestrado) Universidade Federal Rural do Rio de Janeiro, Instituto de Ciências Humanas e Sociais, Rio de Janeiro, 2016.

CARONE, Edgard. Caio Prado Júnior. *Revista IEB*, São Paulo, n. 32, 1991.

CASTRO, Ana Cristina Veiga de. *Interpretação da colônia no pensamento brasileiro:* Gilberto Freyre, Caio Prado Júnior e Florestan Fernandes. Dissertação (mestrado) Universidade de São Paulo, Faculdade de Filosofia, Letras e Ciências Humanas, São Paulo, 2001.

CAVALCANTI, Paulo. Os equívocos de Caio Prado Júnior. *Argumentos*, São Paulo, 1966.

COLISTETE, Renato Perim. *O desenvolvimentismo e seus críticos:* as ideias da CEPAL e de Caio Prado Jr. sobre a internacionalização econômica nos anos 1950. Dissertação (mestrado) Universidade Estadual de Campinas, Instituto de Economia, Campinas, 1990.

______. Caio Prado Jr. e a análise do capital estrangeiro nos anos 50. *Estudos Econômicos*, v. 24, n. 2, 1990.

COLLACIO, Talita Yosioka. *Os Sertões de Euclides da Cunha e "os sertões" de Caio Prado Júnior:* um universo entre história e literatura. Dissertação (mestrado) Universidade de São Paulo, Instituto de Estudos Brasileiros, São Paulo, 2016.

CORSI, Francisco Luiz. "Caio Prado Júnior e a questão do desenvolvimento". In: MAZZEO, Antonio Carlos; LAGOA, Maria Izabel (orgs.). *Corações Vermelhos:* os comunistas brasileiros no século XX. São Paulo: Cortez, 2003.

COSTA, Iraci del Nero da. Repensando o modelo interpretativo de Caio Prado Jr. *Cadernos NEHD*, São Paulo, n. 3, 1995.

COSTA, João Henrique. Agricultura e aventura no Brasil colônia: breve ensaio a partir de Gilberto Freyre, Sérgio Buarque de Holanda e Caio Prado Júnior. *Revista Espaço Acadêmico*, Maringá, n. 108, mai. 2010.

COUTINHO, Carlos Nelson. Uma via "não-classica" para o capitalismo. In: D'INCAO. Maria Angela. *História e ideal*: ensaios sobre Caio Prado Júnior. São Paulo: Editora UNESP; Brasiliense; Secretaria de Estado da Cultura, 1989.

______. "Atualidade de Caio Prado Júnior". In: RÊGO, Rubem Murilo Leão. *Sentimento do Brasil*: Caio Prado Júnior – continuidades e mudanças no desenvolvimento da sociedade brasileira. Campinas: Editora da Unicamp, 2000.

D'INCAO. Maria Angela. *História e ideal*: ensaios sobre Caio Prado Júnior. São Paulo: Editora UNESP; Brasiliense; Secretaria de Estado da Cultura, 1989.

DEAECTO, Marisa M. Evolução Política do Brasil, de Caio Prado Jr.: itinerário de leitura. *Espaço Acadêmico*, Maringá, n. 70, mar. 2007.

DEL'OMO FILHO, Rafael. *As primeiras interpretações marxistas da realidade brasileira.* Dissertação (mestrado) Universidade Estadual Paulista, Faculdade de Filosofia e Ciências, Marília, 2014.

ENGLANDER, Alexander David Anton Couto. *As tensões da forma*: ação coletiva nos ensaios de Oliveira Vianna e Caio Prado Jr. Dissertação (mestrado) Universidade Federal do Rio de Janeiro, Instituto de Filosofia e Ciências Sociais, Rio de Janeiro, 2011.

ERBELI JÚNIOR, Otávio. O debate em torno da questão agrária: o PCB e Caio Prado Júnior. *Em Tempo de Histórias*, Brasília, n. 21, ago.-dez. 2012.

FAUSTO, Ruy. A Revolução Brasileira de Caio Prado Júnior. *Teoria e Prática*, São Paulo, nº 2, ago. 1967.

FAVIANO, Giovana Beraldo (et. al). Caio Prado Júnior e *Os sertões*, de Euclides da Cunha. *Revista IEB*, São Paulo, n. 54, set.-mar., 2012.

FERNANDES, Florestan. "A visão do amigo". In: D'INCAO. Maria Angela. *História e ideal*: ensaios sobre Caio Prado Júnior. São Paulo: Editora UNESP; Brasiliense; Secretaria de Estado da Cultura, 1989.

______. "Os enigmas do círculo vicioso". In: PRADO JÚNIOR. Caio. *História e desenvolvimento*. São Paulo: Brasiliense, 1999.

FERNANDES, Luís Eduardo da Rocha Maia. *A primavera foi inexorável?* Caio Prado Júnior, o PCB e o golpe de 1964. Dissertação (mestrado) Universidade Federal Fluminense, Niterói, 2016.

FERRARI, Andrés; FONSECA, Pedro Cezar Dutra. A escravidão colonial brasileira na visão de Caio Prado Júnior e Jacob Gorender: uma apreciação crítica. *Ensaios FEE*, Porto Alegre, v. 32, n.1, jun. 2011.

FERREIRA, Bernardo. "Do Brasil colônia de ontem ao Brasil nação de amanhã": "Revolução da Independência" e história do Brasil em Caio Prado Jr. *DADOS*, Rio de Janeiro, v. 51, n. 2, 2008.

FIORI, Diogo Del. Interpretações do Brasil: análise comparativa entre as ideias de Fernando Henrique Cardoso e Caio Prado Júnior. *Estudos do CEPE*, Santa Cruz do Sul, n. 33, jan.-jun., 2011.

FONSECA, Pedro Cezar Dutra. Homenagem a Caio Prado Jr. *Análise Econômica*, v. 8, n. 14, nov. 1990.

FONTES, Virgínia. Autores clássicos e questões clássicas: o capitalismo no Brasil e Caio Prado Jr. *Espaço Acadêmico*, Maringá, n. 70, mar. 2007.

FORTE, Vinícius Limaverde. *Dilemas no marxismo do sul*: tensões eurocêntricas na interpretação do Brasil de Caio Prado Jr. Tese (doutorado) Universidade Federal de Pernambuco, Centro de Filosofia e Ciências Humanas, Recife, 2016.

GILENO, Carlos Henrique. Sentido da colonização e escravismo: breve relato sobre a obra historiográfica de Caio Prado Júnior. *Cadernos de Estudos Sociais*, Recife, v. 32, n. 1, jan.-jul., 2017.

GRESPAN, Jorge. A teoria da história em Caio Prado Jr.: dialética e sentido. *Revista do IEB*, São Paulo, n. 47, set. 2008.

HANNA, Fábio Tadeu Vighy. *As classes sociais brasileiras em Caio Prado Júnior*: papéis político-econômicos na consolidação da nação (1933-1966). Tese (doutorado) Universidade Estadual Paulista, Faculdade de Ciências e Letras, Assis, 2007.

IGLESIAS, Francisco. "Um historiador revolucionário". In: PRADO JÚNIOR, Caio. *Caio Prado Júnior:* história. São Paulo: Ática, 1982.

______. Caio Prado Júnior, 1907/1990. *DADOS*, Rio de Janeiro, v. 33, n. 3, 1990.

IUMATTI, Paulo Teixeira; SEABRA, Manoel; HEIDEMANN, Heinz Dieter (orgs.). *Caio Prado Júnior e a Associação de Geógrafos Brasileiros*. São Paulo: Edusp, 2008.

IUMATTI, Paulo Teixeira. *Diários políticos de Caio Prado Júnior*: 1945. São Paulo: Brasiliense, 1998.

______. Cidadania e questão agrária - Caio Prado Júnior e a cidade de São Paulo (1943-1946). *Projeto História*, São Paulo, n. 19, nov. 1999.

______. Caio Prado Júnior e as ciências naturais: sua apreensão das transformações epistemológicas da virada do século XIX. *Estudos Sociedade e Agricultura*, Rio de Janeiro, n. 14, abr. 2000.

______. Caio Prado Júnior - uma visão do mundo e da metrópole. *Caderno Paulista - Diário Oficial Leitura*, São Paulo, n. 20, dez. 2000.

______. Os diários políticos de Caio Prado Júnior. *Diário Oficial Leitura*, São Paulo, n. 1, 2004.

______. Um viajante e suas leituras. *Revista do Arquivo Público Mineiro*, Belo Horizonte, v. 43, jan.-jun., 2007.

______. *Caio Prado Júnior*: uma trajetória intelectual. São Paulo, Brasiliense, 2007.

______. "O percurso para o 'sentido da colonização' e a dinâmica da historiografia brasileira nas primeiras décadas do século XX". In: IUMATTI, Paulo Teixeira; SEABRA, Manoel; HEIDEMANN, Heinz Dieter (orgs.). *Caio Prado Júnior e a Associação de Geógrafos Brasileiros*. São Paulo: Edusp, 2008.

______. *História, dialética e diálogo com as ciências*: a gênese de *Formação do Brasil contemporâneo*, de Caio Prado Jr. (1933-1942). São Paulo: Intermeios, 2018.

KAREPOVS, Dainis (coord.). *Caio Prado Júnior*: parlamentar paulista. São Paulo, Alesp, 2003.

KAREPOVS, Dainis. Um grande intérprete do Brasil. *Teoria e Debate*, n. 149, jun. 2016. Disponível em: https://teoriaedebate.org.br/estante/caio-prado-junior-uma-biografia-politica/. Acesso: 23 jan. 2019.

KAYSEL, André. *Dois encontros entre o marxismo e a América Latina*. São Paulo: Hucitec, 2012a.

______. Os dilemas do marxismo latino-americano nas obras de Caio Prado Jr. e José Carlos Mariátegui. *Revista Brasileira de Ciências Sociais*, v. 27, n. 79, jun., 2012b.

KONDER, Leandro. "A façanha de uma estreia". In: D'INCAO. Maria Angela. *História e ideal*: ensaios sobre Caio Prado Júnior. São Paulo: Editora UNESP; Brasiliense; Secretaria de Estado da Cultura, 1989.

______. Caio Prado Jr.: nadador e aviador. *Revista USP*, São Paulo, n. 38, jun. 1998.

LAPA, José Roberto do Amaral. Caio Prado Júnior: Formação do Brasil contemporâneo. In: MOTA, Lourenço Dantas (org.). *Introdução ao Brasil*: um banquete no trópico. São Paulo: Editora Senac, 1999.

LARA, Juliane Rocha. *Autoritarismo e democracia*: duas formas de superação do atraso – Caio Prado Júnior e Alberto Guerreiro Ramos no debate. Dissertação (mestrado) Universidade Federal de Juiz de Fora, Instituto de Ciências Humanas, Juiz de Fora, 2013.

LEÃO, Igor Zanoni Constant Carneiro. *A matriz teórica de Caio Prado Júnior*: a nação inconclusa. Tese (doutorado) Universidade Estadual de Campinas, Instituto de Economia, Campinas, 1994.

______. Uma visão de Caio Prado Júnior. *Revista paranaense de desenvolvimento*, n. 83, set.-dez., 1994.

LEÃO, Igor Zanoni Constant Carneiro; SILVA, Newton Garcia da. A relação entre Caio Prado Júnior e Celso Furtado. *Economia & Tecnologia*, ano 7, v. 27, out.-dez., 2011.

LIMA. Heitor Ferreira. "Caio Prado e seu tempo". In: D'INCAO. Maria Angela. *História e ideal*: ensaios sobre Caio Prado Júnior. São Paulo: Editora UNESP; Brasiliense; Secretaria de Estado da Cultura, 1989.

LIMA, Valéria Ferreira Santos de Almeida. Caio Prado Júnior. "Formação do Brasil contemporâneo: colônia". *Revista de Políticas Públicas*, v. 12, n. 1, jan.-jun., 2008.

LIMONGI, Fernando Papaterra. Marxismo, nacionalismo e cultura: Caio Prado Jr. e a Revista Brasiliense. *Revista Brasileira de Ciências Sociais*, v. 5, n. 2, 1987.

MALTA, Cesar. "A revolução brasileira" de Caio Prado Jr. *Revista Civilização Brasileira*, Rio de Janeiro, ano I, n. 9-10, set.-nov., 1966.

MACHADO, Antônio de Alcântara. Um novo valor. *Diário de São Paulo*, São Paulo, 13 out. 1933. In: MARTINEZ, Paulo Henrique. *A dinâmica de um pensamento crítico*: Caio Prado Jr. (1928-1933). São Paulo: Edusp; Fapesp, 2008.

MANZATTO, Rômulo. Caio Prado Jr. e a formação de um clássico do pensamento econômico brasileiro. *Informações Fipe*, São Paulo, n. 420, set. 2015.

______. *Formação e revolução em Caio Prado Júnior e Celso Furtado.* Dissertação (mestrado) Universidade de São Paulo, Faculdade de Filosofia, Letras e Ciências Humanas, São Paulo, 2018.

MARTINEZ, Paulo Henrique. *A dinâmica de um pensamento crítico*: Caio Prado Jr. (1928-1933). São Paulo: Edusp; Fapesp, 2008.

MARTINS FONTES, Yuri. *O marxismo de Caio Prado e Mariátegui*: formação do pensamento latinoamericano contemporâneo. Tese (doutorado) Universidade de São Paulo, Faculdade de Filosofia, Letras e Ciências Humanas, São Paulo, 2015.

MATOZINHO, José Carlos. "Prezado professor": correspondências de Caio Prado Júnior como via pedagógica de convicções políticas. Dissertação (mestrado) Universidade de São Paulo, Faculdade de Educação, São Paulo, 2013.

MATTEI, Lauro (org.). *Caio Prado Júnior*: dilemas do desenvolvimento brasileiro. Florianópolis: Editora Insular, 2012.

MELO, Franklin Rabelo. *Incidências trotskistas em Caio Prado Júnior, Ruy Mauro Marini e Florestan Fernandes.* Dissertação (mestrado) Universidade de Brasília, Instituto de Ciências Humanas, Brasília, 2018.

MELO, Jayro Gonçalves de. *O nacional em Caio Prado Jr.* Tese (doutorado) Universidade de São Paulo, Faculdade de Filosofia, Letras e Ciências Humanas, São Paulo, 1987.

______. O economicismo em Caio Prado Jr. *Novos Estudos Cebrap*, nº 18, set. 1987.

MENDES, Claudinei Magno Magre. "Caio Prado Júnior e a História do Brasil: a colonização para o mercado externo". In: ALVES, P. (org.) *Ensaios Historiográficos.* Assis: Autores Associados, 1997.

______. *Política e história em Caio Prado Júnior.* São Luís: Editora UEMA, 2008.

______. Um estudo sobre a relação entre Caio Prado Júnior e Fernando A. Novais. *Acta Scientiarum*, Maringá, v. 35, n. 2, jul.-dez., 2013.

MONTALVÃO, Sérgio. O intelectual e a política: a militância comunista de Caio Prado Júnior (1931-1945). *Revista de História Regional*, Ponta Grossa, v. 7, n. 1, jan. 2002.

______. O sentido da nação: parâmetros e intencionalidades na escrita da história de Caio Prado Júnior. *Cadernos de História*, Ouro Preto, ano 1, n. 2, set. 2006.

______. Histórias cruzadas: uma prosopografia dos fundadores da Revista Brasiliense (São Paulo, 1955). *História*, Franca, v. 36, 2017.

MOREIRA, Vânia Maria Losada. *História, etnia e nação*: o índio e a formação nacional sob a ótica de Caio Prado Júnior. *Memoria Americana*, Buenos Aires, v. 16, n. 1, jun. 2008.

MOTTA, José Flávio. O mirante de Caio Prado Júnior, os excluídos e a globalização. *Informações Fipe*, São Paulo, n. 212, mai. 1998.

MOURA, Golbery Luiz Lessa de. *Livros caiopradianos*: a contribuição de cada uma das principais obras de Caio Prado Jr. para sua interpretação do Brasil. Tese (doutorado) Universidade Estadual de Campinas, Instituto de Filosofia e Ciências Humanas, Campinas, 2005.

NOGUEIRA, Antonio Gilberto R. Nogueira; GONÇALVES, Adelaide (orgs.). *Caio Prado Júnior*: legado de um saber-fazer histórico. São Paulo: Hucitec, 2013.

NOVAIS, Fernando. Caio Prado Júnior: historiador. *Novos Estudos Cebrap*, São Paulo, v. 2, n. 2, 1983.

______. Caio Prado Jr. na historiografia brasileira. In: MORAES, Reginaldo; ANTUNES, Ricardo; FERRANTE, Vera B. (orgs.). *Inteligência brasileira*. São Paulo: Brasiliense, 1986.

______. Sobre Caio Prado Júnior. In: *Aproximações:* estudos de história e historiografia. São Paulo: Cosac Naify, 2005a.

______. Entrevista. In: PRADO JÚNIOR, Caio. *Formação do Brasil contemporâneo*: colônia. São Paulo: Companhia das Letras, 2011.

OLIVARES, Guillermo Palacios y. Caio Prado Jr. y la historia agraria de Brasil y Mexico. *Revista do IEB*, São Paulo, n. 47, 2008.

PACHECO JÚNIOR, Israel. *Caio Prado Júnior:* do sentido da colonização ao sentido da revolução. Dissertação (mestrado) Universidade Estadual de Campinas, Instituto de Filosofia e Ciências Humanas, Campinas, 2013.

______. Considerações sobre o pensamento de Caio Prado Júnior: colonização e revolução. *Praça*, Recife, v. 2, n. 1, 2018.

PÁDUA, Elisabete M. Marchesini de. *Um estudo dos pressupostos filosóficos de Caio Prado Júnior:* contribuição à crítica da revolução burguesa no Brasil. Dissertação (mestrado) Pontifícia Universidade Católica de São Paulo, Departamento de Filosofia, São Paulo, 1989.

PAULA, João Antônio de. Caio Prado Júnior e o desenvolvimento econômico brasileiro. *Pesquisa & Debate*, São Paulo, v. 17, n. 1 (29), 2006.

PEREIRA, Evelyne Medeiros; BARROSO, Milena Fernandes. Setores orgânico e inorgânico na formação social brasileira em Caio Prado Júnior. *Em Pauta*, v. 14, n. 18, jul.-dez., 2016.

PERICÁS. Luiz Bernardo. Caio Prado Júnior e o socialismo. *Mouro – Revista Marxista*, São Paulo, n. 3, 2010.

______. Caio Prado Júnior. In: PERICÁS, Luiz Bernardo; SECCO, Lincoln (orgs.). *Intérpretes do Brasil*: clássicos, rebeldes e renegados. São Paulo: Boitempo, 2014.

______. *Caio Prado Júnior*: uma biografia política. São Paulo: Boitempo, 2016.

PINHEIRO, Milton (org.). *Caio Prado Júnior*: história e sociedade. Salvador: Quarteto, 2011.

PINTO, João Alberto da Costa. Caio Prado Jr.: uma interpretação do seu pensamento. Dissertação (mestrado) Pontifícia Universidade Católica de São Paulo, Departamento de História, São Paulo, 1993.

______. Os impasses da *intelligentsia* diante da revolução capitalista no Brasil (1930-64): historiografia e política em Gilberto Freyre, Caio Prado Jr. e Nelson Werneck Sodré. Tese (doutorado) Universidade Federal Fluminense, Departamento de História, Niterói, 2005.

______. Caio Prado Júnior: a derrota do marxismo no Brasil. *Revista Espaço Acadêmico*, Maringá, n. 70, mar. 2007.

______. *O nacionalismo corporativista de Caio Prado Júnior*. Goiânia: Cânone Editorial, 2013.

______. A nação corporativista de Caio Prado Júnior. *Historia Actual Online*, n. 32, out. 2013.

POMAR, Wladimir. *A questão agrária no Brasil e a contra-revolução do Sr. Caio Prado*. Rio de Janeiro: Edições Alvorada, 1969.

PORTELLA JÚNIOR, Onofre Alves. *Desenvolvimento brasileiro:* o olhar de Caio Prado Júnior na revista Brasiliense (1955-1964). Dissertação (mestrado) Pontifíca Universidade Católica de São Paulo, Departamento de História, São Paulo, 2012.

PRADO, Danda. "Meu pai". In: D'INCAO. Maria Angela. *História e ideal*: ensaios sobre Caio Prado Júnior. São Paulo: Editora UNESP; Brasiliense; Secretaria de Estado da Cultura, 1989.

RÊGO, Rubem Murilo Leão. Caio Prado Jr: sentimento do Brasil. *Revista USP*, São Paulo, n. 38, jun.-ago., 1998.

______. *Sentimento do Brasil*: Caio Prado Júnior – continuidades e mudanças no desenvolvimento da sociedade brasileira. Campinas: Editora da Unicamp, 2000.

______. Caio Prado Júnior: intérprete do Brasil. In: BASTOS, Elide Rugai; RIDENTI, Marcelo; ROLLAND, Denis (orgs.). Intelectuais: sociedade e política. São Paulo: Cortez, 2003.

REIS, José Carlos. Anos 1960: Caio Prado Jr. e "A revolução brasileira". *Revista Brasileira de História*, v. 19, n. 37, set. 1999.

RIBEIRO, Fabiano. *Estudo sobre a história social, econômica e política na obra "Formação do Brasil contemporâneo", de Caio Prado Júnior.* Dissertação (mestrado) Universidade Estadual de Londrina, Centro de Letras e Ciências Humanas, Londrina, 2018.

RICUPERO, Bernardo. Caio Prado Jr.: o primeiro marxista brasileiro. *Revista USP,* São Paulo, n. 38, jun.-ago. 1998.

______. *Caio Prado Jr. e a nacionalização do marxismo no Brasil.* São Paulo: Departamento de Ciência Política da USP. Fapesp, Editora 34, 2000.

______. *Sete lições sobre as interpretações do Brasil.* São Paulo: Alameda, 2007.

______. "História e política em Formação do Brasil contemporâneo", In: PRADO JÚNIOR, Caio. *Formação do Brasil contemporâneo*: colônia. São Paulo: Companhia das Letras, 2011.

______. Caio Prado Jr. como intérprete do Brasil. *Sinais Sociais*, Rio de Janeiro, v. 7, n. 19, mai.-ago., 2012.

ROCHA, Marcos Antônio M. da. Desenvolvimento nacional, estrutura e superestrutura na obra de Caio Prado Júnior. *Oikos*, Rio de Janeiro, v. 8, n. 2, 2009.

ROCHA, Ronald de Oliveira. O "capitalismo mercantil" de André Gunder Frank e Caio Prado Jr. *Teoria e Política*, ano 1, n. 3, 1980.

RODRIGUES, Arthur Bastos. *A função do direito na formação do capitalismo brasileiro de via colonial em Caio prado Jr.* Dissertação (mestrado) Universidade federal de Juiz de Fora, Faculdade de Direito, Juiz de Fora, 2017.

RODRIGUES, Fabiana de Cássia. *O papel da questão agraria no desenvolvimento do capitalismo nacional, entre 1950 e 1964, em Caio Prado Junior, Celso Furtado, Ignacio Rangel e autores pecebistas*. Dissertação (mestrado) Universidade Estadual de Campinas, Instituto de Economia, Campinas, 2005.

SAMPAIO JÚNIOR, Plínio de Arruda. *Entre a nação e a barbárie*: os dilemas do capitalismo dependente em Caio Prado, Florestan Fernandes e Celso Furtado. Petrópolis: Vozes, 1999.

SANTOS, Milton. "Renovando o pensamento geográfico". In: In: D'INCAO. Maria Angela. *História e ideal*: ensaios sobre Caio Prado Júnior. São Paulo: Editora UNESP; Brasiliense; Secretaria de Estado da Cultura, 1989.

SANTOS, Raimundo. O agrarismo brasileiro na interpretação de Caio Prado Jr. In: SANTOS, Raimundo; COSTA, Luiz Flávio Carvalho (orgs.). *Política e reforma agrária*. Rio de Janeiro: Mauad, 1998.

______. Opinião pública e partidos políticos em algumas análises de conjuntura de Caio Prado Jr. In: QUARTIM DE MORAES, João; DEL ROIO, Marcos (orgs.). *História do marxismo no Brasil*. Campinas: Editora da Unicamp, v. 4, 2000.

______. *Caio Prado Júnior na cultura política brasileira*. Rio de Janeiro: Mauad; FAPERJ, 2001.

______. *Agraristas políticos brasileiros*. Brasília: Fundação Astrojildo Pereira. 2007.

______. Caio Prado Jr., nosso clássico publicista. *Espaço Acadêmico*, Maringá, n. 70, mar. 2007.

SANTOS, Raimundo (org.). *Caio Prado Jr.*: dissertações sobre a revolução brasileira. São Paulo: Brasiliense; Fundação Astrojildo Pereira. 2007.

SANTOS, Richard. O negro objetificado na obra de Caio Prado Jr. e Florestan Fernandes: uma análise das narrativas sócio-históricas na construção do pensamento social brasileiro. *Revista África e Africanidades*, ano 9, n. 23, abr. 2017.

SCHAEFER, Sérgio. *A lógica dialética*: um estudo da obra filosófica de Caio Prado Júnior. Porto Alegre: Movimento; Faculdades Integradas de Santa Cruz do Sul, 1985.

SEABRA, Manoel. "Caio Prado Jr. e os primeiros anos da AGB". In: IUMATTI, Paulo Teixeira; SEABRA, Manoel; HEIDEMANN, Heinz Dieter (orgs.). *Caio Prado Júnior e a Associação de Geógrafos Brasileiros*. São Paulo: Edusp, 2008.

SECCO, Lincoln. O marxismo de Caio Prado Jr. *Teoria e Debate*, São Paulo, n. 73, set.-out., 2007.

______. *Caio Prado Júnior*: o sentido da revolução. São Paulo: Boitempo, 2008a.

______. Tradução do marxismo no Brasil: Caio Prado Júnior. *Mouro – Revista Marxista*, São Paulo, ano 1, n. 2, jan. 2010.

SEGATTO, José Antônio. O lugar de Caio Prado Jr. na cultura política brasileira. *Estudos Sociedade e Agricultura*, Rio de Janeiro, n. 15, out. 2010.

SILVA, Luiz Rogerio Oliveira da. *A crônica da reforma agrária em Caio Prado Junior e nos textos pecebistas*. Tese (doutorado) Universidade Estadual de Campinas, Instituto de Filosofia e Ciências Humanas, Campinas, 2002.

SILVA DIAS, Maria Odila Leite da. "Impasses do inorgânico". In: D'INCAO. Maria Angela. *História e ideal*: ensaios sobre Caio Prado Júnior. São Paulo: Editora UNESP; Brasiliense; Secretaria de Estado da Cultura, 1989.

SILVA, Renata Bastos da. *Caio Prado Júnior na política, 1947-1948*. Tese (doutorado) Faculdade de Filosofia, Letras e Ciências Humanas da Universidade de São Paulo, 2012.

SILVA, Ricardo Oliveira da. *A questão agrária brasileira em debate*: as perspectivas de Caio Prado Júnior e Alberto Passos Guimarães. Dissertação (mestrado) Universidade Federal do Rio Grande do Sul, Instituto de Filosofia e Ciências Humanas, Porto Alegre, 2008.

______. Questão agrária e o ser do Brasil: uma leitura de Formação do Brasil Contemporâneo. *Saeculum*, João Pessoa, n. 26, jan.-jun., 2012.

______. *Em busca da nação:* interpretações da questão agrária brasileira em meados do século XX. Tese (doutorado) Universidade Federal do Rio Grande do Sul, Instituto de Filosofia e Ciências Humanas, Porto Alegre, 2013.

SILVA, Sérgio. A crítica ao capitalismo real. In: D'INCAO. Maria Angela. *História e ideal*: ensaios sobre Caio Prado Júnior. São Paulo: Editora UNESP; Brasiliense; Secretaria de Estado da Cultura, 1989.

SILVEIRA, Cid. Teoria marxista da revolução brasileira. *Revista Civilização Brasileira*, Rio de Janeiro, ano I, n. 8, jul., 1966.

SOUZA, Alex Augusto. Contribuições de Gilberto Freyre e Caio Prado Júnior para a construção do pensamento social brasileiro. *Revista Espaço Acadêmco*, n. 204, mai. 2018.

SOUZA, Ângela; RAGO, Maria Aparecida de Paula. Caio Prado: vida e obra transgressoras e o destino trágico de seu pensamento. *Verinotio*, ano 11, n. 17, abr. 2013.

SOUZA, Ângela Maria. *O Brasil de Caio Prado Júnior nas páginas da Revista Brasiliense (1955-1964)*. Dissertação (mestrado) Pontifícia Universidade Católica de São Paulo, Departamento de História, São Paulo, 2004.

______. *O Brasil descortinado por Caio Prado Jr.*: gênese e reiteração do círculo vicioso. Tese (doutorado) Pontifíca Universidade Católica de São Paulo, Departamento de História, São Paulo, 2009.

STEVANI, Sara Cristina Pastro. *O regionalismo na formação territorial brasileira em Caio Prado Júnior.* Dissertação (mestrado) Universidade Estadual Paulista, Instituto de Geociências e Ciências Exatas, Rio Claro, 2011.

TAUIL, Carlos Eduardo. "A questão agrária em Caio Prado Júnior: a premissa da questão nacional". In: CEPÊDA, Vera Alves; CARVALHO, Joelson Gonçalves de (orgs.). *A questão agrária no pensamento político e social brasileiro.* São Paulos: Ideias Intelectuais e Instituições - UFSCar, 2016.

TAVARES, Assis. Caio Prado e a teoria da revolução brasileira. *Revista Civilização Brasileira*, Rio de Janeiro, ano I, n. 11-12, mar., 1967.

VASCONCELOS, Ruth. Caio Prado Júnior na cultura política brasileira. *Estudos de Sociologia*, Araraquara, v. 6, n. 10, mai. 2007.

VIANA, Nildo. A dialética positivista de Caio Prado Júnior. *Espaço Acadêmico*, Maringá, n. 70, mar. 2007.

VICTORIANO, Marcia R. *A questão nacional em Caio Prado Jr.*: uma interpretação original do Brasil. São Paulo: Edições Pulsar, 2001.

WIDER, Maria Célia. *Caio Prado Júnior*: um intelectual irresistível. São Paulo: Brasiliense, 2007.

ZOREK, Bruno de Macedo. *Concepções de sujeito e objeto do conhecimento na obra histórica de Caio Prado Jr.* Dissertação (mestrado)

Universidade Federal do Rio Grande do Sul, Instituto de Filosofia e Ciências Humanas, Porto Alegre, 2007.

______. Desenvolvimento histórico do sujeito epistemológico na obra de Caio Prado Jr. *Ars Historica*, Rio de Janeiro, v. 1, n. 2, jul.-dez., 2012

Bibliografia geral

AGUIRRE ROJAS, Carlos Antonio. *La "escuela" de los Annales*: ayer, hoy, mañana. Mexico: Editorial Contrahistorias, 2005.

ALMEIDA, Paulo Roberto. História econômica brasileira: uma tentativa de síntese bibliográfica. *Revista de Economia & Relações Internacionais*, v. 11, n. 21, jul. 2012.

ARRUDA, José Jobson; TENGARRINHA, José Manoel. *Historiografia luso-brasileira contemporânea*. Bauru: EDUSC, 1999.

ARRUDA, José Jobson de A. História e crítica da história econômica quantitativa. *Revista de História*, São Paulo, v. 55, n. 110, 1977.

ASSADOURIAN, Carlos Sempat. "Modos de produccion, capitalismo y subdesarollo em America Latina". In: ASSADOURIAN, Carlos Sempat *et. al. Modos de produción en America Latina*. Córdoba: Ediciones Pasado y Presente, 1973.

BARBOSA, Wilson do Nascimento. "Uma teoria marxista dos ciclos econômicos". In: COGGIOLA, Oswaldo (org.). *Marx e Engels na história*. São Paulo, Xamã, 1996.

BARROS, José d'Assunção. As crises recentes da historiografia. *Diálogos*, v. 14, n. 1, 2010.

BATALHA, Cláudio H. M. "A difusão do marxismo e os socialistas brasileiros na virada do século XIX". In: MORAES, João Quartim (org.). *História do marxismo no Brasil*: os influxos teóricos (v. 2). Campinas: Editora da Unicamp, 2007.

BIANCHI, Álvaro. Octavio Brandão e o confisco da memória: nota à margem da história do comunismo brasileiro. *Crítica Marxista*, São Paulo, n. 34, 2012.

BIELSCHOWSKY, Ricardo. *Pensamento econômico brasileiro:* o ciclo ideológico do desenvolvimentismo, Rio de Janeiro: Contraponto, 2000.

BOURDÉ, Guy; MARTIN, Hervé. *As escolas históricas*: da Idade Média aos nossos dias. Lousã: P.E.A., 2012.

BRANDÃO, Gildo Marçal. *A esquerda positiva*: as duas almas do Partido Comunista (1922-1964). São Paulo: Hucitec, 1997.

CANABRAVA, Alice Piffer. "As condições sociais, econômicas e políticas da fundação". CANABRAVA Alice Piffer (coord.). *História da Faculdade de Economia e Administração da Universidade de São Paulo (1946-1981)*. São Paulo: FEA/USP, 1984.

CANDIDO, Antônio. "O significado de *Raízes do Brasil*". In: HOLANDA, Sérgio Buarque de. *Raízes do Brasil*. São Paulo: Companhia das Letras, 1995.

CAPELATO, Maria Helena Rolim; GLEZER, Raquel; FERLINI, Vera Lucia Amaral. Escola uspiana de história. *Estudos Avançados*, São Paulo, v. 8, n. 22, set-dez, 1994

CARONE, Edgard. *A primeira república (1889-1930)*: texto e contexto. São Paulo: Difel, 1969.

______. *O marxismo no Brasil*: das origens a 1964. Rio de Janeiro: Dois Pontos, 1986.

CHACON, Vamireh. *História das ideias socialistas no Brasil*. Fortaleza: Edições UFC; Rio de Janeiro: Civilização Brasileira, 1981.

COGGIOLA, Oswaldo (org.). *Marx e Engels na história*. São Paulo, Xamã, 1996.

COHEN, Gerald A. *A teoria da história de Karl Marx*: uma defesa. Campinas: Editora da Unicamp, 2013.

COMPANHIA EDITORA NACIONAL. "Um estudo de vanguarda: nota da editora para a 3ª edição". In: BRITO, Lemos. *Pontos de partida para a história econômica do Brasil*. São Paulo: Companhia Editora Nacional, 1980.

CONSENTINO, Daniel do Val; SILVA, Roberto Pereira; GAMBI, Thiago F. R. "Existe um pensamento econômico brasileiro?". In: CONSENTINO, Daniel do Val; GAMBI, Thiago F. R. (orgs.) História do pensamento econômico: pensamento econômico brasileiro. Niterói: Eduff; São Paulo: Hucitec, 2019.

CORRÊA, Fábio Rogério Cassimiro. Rompendo com a economia política clássica no século XIX: a recepção das ideias de Henry Dunning MacLeod no Brasil. CONGRESSO BRASILEIRO DE HISTÓRIA ECONÔMICA, 11; CONFERÊNCIA INTERNACIONAL DE HISTÓRIA DE EMPRESAS, 12, 2015, Vitória. Disponível em: http://www.abphe.org.br/arquivos/2015_fabio_cassimiro_correa_rompendo-com-a-economia--politica-classica-no-seculo-xix-a-recepcao-das-ideias-de-henry-dunning-macleod-no-brasil.pdf. Acesso: 17 fev. 2022.

COSTA, Emília Vioti da. Estruturas versus experiência: novas tendências na história do movimento operário e das classes trabalhadoras na América Latina: o que se perde e o que se ganha. *BIB - Revista Brasileira de Informação Bibliográfica em Ciências Sociais*, Rio de Janeiro, n. 29, 1990.

______. *Coroas de glória, lágrimas de sangue*. São Paulo: Companhia das Letras, 1998a.

______. Novos públicos, novas políticas, novas histórias: do reducionismo econômico ao reducionismo cultural: em busca da dialética. *Anos 90*, n. 10, dez. 1998b.

______. *Da Monarquia à República*: momentos decisivos. [1977] São Paulo: Editora UNESP, 2010.

COUTINHO, Maurício Chalfin. *Marx*: notas sobre a teoria do capital. São Paulo: Editora Hucitec, 1997.

______. Incursões marxistas. *Estudos Avançados*, São Paulo, v. 15, n. 41, jan.-abr. 2001.

CUNHA, Paulo Ribeiro da; CABRAL, Fátima (orgs.). *Nelson Werneck Sodré*: entre o sabre e a pena. São Paulo: Editora Unesp, 2011.

D'ALÉSSIO, Marcia Mansor. "A política no fazer e no saber históricos". In: SEBRIAN, Raphael Nunes Nicolleti (org.). *Dimensões da política na historiografia*. Campinas: Pontes Editores, 2008.

______. *História e Historiografia:* inquietações em torno do conhecimento histórico. Tese (Livre docência em história) Escola de Filosofia, Letras e Ciências Humanas da Universidade Federal de São Paulo, Guarulhos, 2011

______. Teoria e história: uma relação delicada. *Expedições*, ano 7, n. 2, ago.-dez., 2016.

DE CERTEAU, Michel. *A escrita da história*. Rio de Janeiro: Forense Universitária, 2015.

DEL RIO, Ramón. Crisis de las historiografias marxistas y ultimas tendências: ¿existe hoy uma nueva historia social? *Revista HMiC*, n. IX, 2011.

DEL ROIO, Marcos. "O impacto da Revolução Russa e da Internacional Comunista no Brasil". In: MORAES, João Quartim; AARÃO REIS, Daniel (orgs.). *História do marxismo no Brasil*: o impacto das revoluções (v. 1). Campinas: Editora da Unicamp, 2007.

DEL VECCHIO, Angelo. "Preâmbulo: as influências presentes nos anos de formação da Escola Livre de Sociologia e Política de São Paulo". In:

KANTOR, Iris; MACIEL, Débora A.; SIMÕES, Júlio Assis (orgs.). *A Escola Livre de Sociologia e Política*: os anos de formação (1933-1953): depoimentos. São Paulo: Sociologia e Política, 2009.

DELACROIX, Cristian; DOSSE, Françoise; GARCIA, Patrick. *As correntes históricas na França*: século XIX e XX. Rio de Janeiro: Editora FGV, 2012.

DEMIER, Felipe. A *lei do desenvolvimento desigual e combinado* de Leon Trotsky e a intelectualidade brasileira: breves comentários sobre uma relação pouco conhecida. *Outubro*, São Paulo, n. 16, 2007.

DOBB, Maurice. *Economia política e capitalismo*. Rio de Janeiro: Edições Graal, 1978.

DOSSE, François. *História em migalhas*: dos *Annales* à Nova História. São Paulo: Ensaio; Campinas: Editora da Unicamp, 1992.

______. *A história*. São Paulo: Editora Unesp, 2012.

______. *Renascimento do acontecimento*: um desafio para o historiador: entre Esfinge e Fênix. São Paulo: Editora Unesp, 2013.

______. *O desafio biográfico*: escrever uma vida. São Paulo: Edusp, 2015.

ELIAS, Bruno. A crítica de Marx aos "Direitos do Homem e do Cidadão" no ensaio *Sobre a questão judaica*. *Perseu: história, memória e política*, São Paulo, n. 13, ano 11, fev. 2017.

ERBERELI JÚNIOR, Otávio. *A escrita da história entre dois mundos*: uma análise da produção de Alice Piffer Canabrava (1935-1961). Dissertação (mestrado) Universidade Estadual Paulista, Assis, 2014.

FACULDADE de Direito da Universidade de São Paulo. *O Memorial das Arcadas* [exposição de longa duração]. São Paulo, Faculdade de Direito da USP, 1999.

FALCON, Francisco. *Mercantilismo e transição*. São Paulo: Brasiliense, 1981.

FRITSCH, Winston. "Apresentação". In: SMITH, Adam. *A riqueza das nações*: investigação sobre sua natureza e suas causas. (v. I) São Paulo: Nova Cultural, 1985.

GARAVAGLIA, Juan Carlos. "Introducion". In: ASSADOURIAN, Carlos Sempat *et. al. Modos de produción en America Latina*. Córdoba: Ediciones Pasado y Presente, 1973.

GODINHO, Vitorino Magalhães. *Introdução à história econômica*. Lisboa: Livros Horizonte, s/d.

GOMES, Rosa Rosa de Souza Rosa. *A teoria da acumulação de Rosa Luxembourg e o SPD*: da "Reforma social ou revolução" ao "Socialismo ou barbárie". Dissertação (mestrado) Faculdade de Filosofia, Letras e Ciências Humanas, Universidade de São Paulo, São Paulo, 2016.

GORENDER, Jacob. *O escravismo colonial*. São Paulo: Editora Fundação Perseu Abramo, 2010.

______. "Do pecado original ao desastre de 1964". In: D'INCAO. Maria Angela. *História e ideal*: ensaios sobre Caio Prado Júnior. São Paulo: Editora UNESP; Brasiliense; Secretaria de Estado da Cultura, 1989.

GREMAUD, Amaury Patrick. "Uma escola macleodista no Brasil: a economia política no Largo São Francisco ao longo do Império e da República Velha". ENCONTRO NACIONAL DE ECONOMIA POLÍTICA, 3, 1998, Niterói. Anais do III Encontro Nacional de Economia Política. v. 1. Niterói: Editora da Universidade Federal Fluminense; SEP, 1998.

GRESPAN, Jorge Luis da Silva. "O marxismo de Nelson Werneck Sodré". In: SILVA, Marcos (org.) *Nelson Werneck Sodré na historiografia brasileira*. Bauru: Edusc; São Paulo: FAPESP, 2001.

GUIMARÃES, Manoel L. S. Nação e civilização nos trópicos: o Instituto Histórico e Geográfico Brasileiro e o projeto de uma história nacional. *Estudos Históricos*, v. 1, n. 1, 1988. Disponível em: https://moodle.ufsc.br/mod/resource/view.php?id=430865. Acesso: 02 out. 2018.

HAJEK, Milos "A bolchevização dos partidos comunistas". In: HOBSBAWM, Eric. *História do marxismo* (v. 4). Rio de Janeiro: Paz e Terra, 1985.

HALDANE, J. B. S. "Prólogo". In. ENGELS, Friedrich. *A dialética da natureza*. Rio de Janeiro: Paz e Terra, 1976.

HARTOG, François. *Evidência da história*: o que os historiadores veem. Belo Horizonte: Autêntica, 2013.

______. *Regimes de historicidade*: presentismo e experiências do tempo. Belo Horizonte: Autêntica, 2015.

HILL, Christopher. *O mundo de ponta cabeça*: ideias radicais durante a revolução inglesa de 1640. São Paulo: Companhia das Letras, 1987.

HIRANO, Sedi. *Formação do Brasil colonial*: capitalismo e pré-capitalismo. São Paulo: Edusp, 2008.

HOBSBAWM, Eric J. *Revolucionários*: ensaios contemporâneos. Rio de Janeiro: Paz e Terra, 2003

______. *Como mudar o mundo*: Marx e o marxismo. São Paulo: Companhia das Letras, 2011.

______. *Sobre história*. São Paulo: Companhia das Letras, 2013.

HRUBY, Hugo. O Instituto Histórico e Geográfico Brasileiro no limiar da República (1889-1912): momentos decisivos. *IX Encontro Estadual de História (ANPUH-RS)*, Porto Alegre, jul. 2008. Disponível em: http://eeh2008.anpuh-rs.org.br/resources/content/anais/1212158581_ARQUIVO_HugoHruby.pdf. Acesso: 02 out. 2018.

HUNT, E. K.; SHERMAN, H. J. *História do pensamento econômico*. Petrópolis: Vozes, 2010.

HUNT, E. K. *História do pensamento econômico*. Rio de Janeiro: Campus, 1989.

IGLÉSIAS, Francisco. *Introdução à historiografia econômica*. Belo Horizonte: Faculdade de Ciências Econômicas da Universidade de Minas Gerais, 1959.

IGLESIAS, Francisco. "Homenagem a Roberto Simonsen". In: KANTOR, Iris; MACIEL, Débora A.; SIMÕES, Júlio Assis (orgs.). A *Escola Livre de Sociologia e Política*: os anos de formação (1933-1953): depoimentos. São Paulo: Sociologia e Política, 2009.

JASMIN, Marcelo Gantus; FERES JÚNIOR, João (orgs.). *História dos conceitos*: debates e perspectivas. Rio de Janeiro: Editora PUC-Rio: Edições Loyola: Iuperj, 2006.

JOHNSTONE, Monty "Um instrumento político de novo tipo: o partido leninista de vanguarda". In: HOBSBAWM, Eric. *História do marxismo* (v. 4). Rio de Janeiro: Paz e Terra, 1985.

KANTOR, Iris; MACIEL, Débora A.; SIMÕES, Júlio Assis (orgs.). A *Escola Livre de Sociologia e Política*: os anos de formação (1933-1953): depoimentos. São Paulo: Sociologia e Política, 2009.

KAREPOVS, Dainis; MARQUES, Castilho Marques; LÖWY, Michael. "Trotsky e o Brasil". In: MORAES, João Quartim (org.). *História do marxismo no Brasil*: os influxos teóricos (v. 2). Campinas: Editora da Unicamp, 2007.

KAREPOVS, Dainis. *A classe operária vai ao parlamento*: o Bloco Operário e Camponês do Brasil (1924-1930). São Paulo: Alameda, 2006.

KONDER, Leandro. *O que é dialética*. São Paulo: Brasiliense, 2008.

______. *A derrota da dialética*: a recepção das ideias de Marx no Brasil, até o começo dos anos 1930. São Paulo: Expressão Popular, 2009.

KONSTANTIVOV, F. V. *Teoria materialista da história*. Rio de Janeiro: Editora Equipe, 1969.

KOSELLECK, Reinhart. *Futuro passado*: contribuição à semântica dos tempos históricos. Rio de Janeiro: Contraponto; Editora PUC-RIO, 2006.

KULA, Witold. *Problemas y métodos de la história econômica*. Barcelona: Ediciones Península, 1977.

LACERDA. Felipe Castilho de. *Otávio Brandão e as matrizes intelectuais do comunismo brasileiro*. Dissertação (mestrado) Faculdade de Filosofia, Letras e Ciências Humanas da Universidade de São Paulo, São Paulo, 2017.

LEFEBVRE, Henri. *O fim da história*. Lisboa: Dom Quixote, 1971.

LEONÍDIO, Adalmir. Em torno das origens: Leroy-Beaulieu e o pensamento social brasileiro. *Estudos Sociedade e Agricultura*, Rio de Janeiro, n. 13, out. 1999.

LIMA, Heitor Ferreira. *Mauá e Roberto Simonsen*: dois pioneiros do desenvolvimento. São Paulo: Editora Edaglit, 1963.

______. *História do pensamento econômico no Brasil*. São Paulo: Companhia Editora Nacional, 1976a.

______. *História político-econômica e industrial do Brasil*. São Paulo: Companhia Editora Nacional, 1976b.

LIMA, Luis Correia. *Fernand Braudel e o Brasil*: vivência e brasilianismo (1935-1945). São Paulo: Edusp, 2009.

MAIA, Carlos Alvarez. Crise da história ou crise dos historiadores: no *linguistic turn*, o caso brasileiro. *Projeto História*, n. 41, dez. 2010.

MALERBA, Jurandir. ROJAS, Carlos Aguirre (orgs.). *Historiografia contemporânea em perspectiva crítica*. Bauru: EDUSC, 2007.

MANTEGA, Guido; MORAES, Maria. *A economia política brasileira em questão. (1964-1975)*. São Paulo: Editora Aparte, s/d.

MANTEGA, Guido. *A economia política brasileira*. Petrópolis: Vozes, 1984.

______. "Marxismo na economia brasileira". In: SZMRECSÁNYI, Tamás; SUZIGAN, Wilson (orgs.). *História econômica do Brasil contemporâneo*. São Paulo: Hucitec, ABPHE, Editora da USP, Imprensa Oficial, 2002.

______. "Marxismo na economia brasileira". In: MORAES, João Quartim (org.). *História do marxismo no Brasil*: os influxos teóricos (v. 2). Campinas: Editora da Unicamp, 2007.

MARINGONI, Gilberto. "Os personagens e as ideias". In: TEIXEIRA, Aloísio; MARINGONI, Gilberto; GENTIL, Denise Lobato. *Desenvolvimento*: o debate pioneiro de 1944-1945. Brasília: Ipea, 2010.

MARIUTTI, Eduardo Barros. *Colonialismo, imperialismo e o desenvolvimento econômico europeu*. São Paulo: Hucitec, 2009.

MARQUESE, Rafael de Bivar. "*Capitalismo e escravidão* e a historiografia sobre a escravidão negra nas Américas". In: WILLIAMS, Eric. *Capitalismo e escravidão*. São Paulo: Companhia das Letras, 2012.

MARTINS, Ana Luiza; BARBUY, Heloisa. *Arcadas*: História da Faculdade de Direito do Largo de São Francisco (1827-1997). São Paulo: Alternativa, 1998.

MAZZEO, Antonio Carlos; LAGOA, Maria Izabel (orgs.). *Corações Vermelhos:* os comunistas brasileiros no século XX. São Paulo: Cortez, 2003.

MAZZEO, Antonio Carlos. "O Partido Comunista na raiz da teoria da *Via Colonial* do desenvolvimento do capitalismo". In: MAZZEO,

Antonio Carlos; LAGOA, Maria Izabel (orgs.). *Corações Vermelhos:* os comunistas brasileiros no século XX. São Paulo: Cortez, 2003.

MAZZUCCHELLI, Frederico. *As ideias e os fatos*: ensaios em teoria e história. São Paulo: Editora Unesp, 2017.

MELLO, Alex Fiuza de. Capitalismo e mundialização em Marx. São Paulo: Perspectiva; Belem: Sectam, 2000.

MONASTERIO, Leonardo; EHRL, Philipp. Colônias de povoamento versus colônias de exploração: de Heeren a Acemoglu. In: INSTITUTO DE PESQUISA ECONÔMICA APLICADA. Texto para discussão 2119. Brasília: Ipea, ago. 2015, p. 11-6. Disponível em: http://www.ipea.gov.br/portal/images/stories/PDFs/TDs/td_2119.pdf. Acesso: 25 jan. 2019.

MORAES, João Quartim. "Nelson Werneck Sodré: a fundamentação marxista do programa nacional-democrático". In: SILVA, Marcos (org.) Nelson Werneck Sodré na historiografia brasileira. Bauru: Edusc; São Paulo: FAPESP, 2001.

MORAES, João Quartim; AARÃO REIS, Daniel (orgs.). História do marxismo no Brasil: o impacto das revoluções (v. 1). Campinas: Editora da Unicamp, 2007.

MORAES, João Quartim (org.). História do marxismo no Brasil: os influxos teóricos (v. 2). Campinas: Editora da Unicamp, 2007.

MORAES, José Geraldo Vinei; REGO, José Marcio (dir.). Conversas com historiadores brasileiros. São Paulo: Editora 34, 2002.

MORAES FILHO, Evaristo. "A proto-história do marxismo no Brasil". In: MORAES, João Quartim; AARÃO REIS, Daniel (orgs.). História do marxismo no Brasil: o impacto das revoluções (v. 1). Campinas: Editora da Unicamp, 2007.

MOREIRA, Silvia. São Paulo na Primeira República. São Paulo: Brasiliense, 1988.

MOTA, Carlos Guilherme. Ideologia da cultura brasileira (1933-1974). São Paulo: Ática, 1977.

NAGEL, Ernest. "Ciências nomotéticas e ciências ideográficas". In: SILVA. Maria Beatriz Nizza. da (org.), Teoria da História. São Paulo: Cultrix, 1976.

NAPOLEONI, Cláudio. O pensamento econômico do século XX. São Paulo: Círculo do Livro, s/d .

NETTO, José Paulo. Introdução ao estudo do método de Marx. São Paulo: Expressão Popular, 2011.

______. Introdução à obra de Marx. [s.l.] 2012, p. 2-6. Disponível em: https://marxismo21.org/wp-content/uploads/2012/07/Introducão-à-obra-de-Marx-José-Paulo-Neto.pdf. Acesso: 27 set. 2018.

NOVAIS, Fernando; SILVA, Rogério Forastieri da. (orgs.) Nova História em perspectiva. São Paulo: Cosac Naify, 2011 (2 v.).

NOVAIS, Fernando A. Considerações sobre o sentido da colonização. Revista do Instituto de Estudos Brasileiros, São Paulo, n. 6, 1969.

______. "Capistrano de Abreu na historiografia brasileira". In: Aproximações: estudos de história e historiografia. São Paulo: Cosac Naify, 2005b.

______. Colonização e sistema colonial: discussão de conceitos em perspectiva histórica. In: Aproximações: estudos de história e historiografia. São Paulo: Cosac Naify, 2005c.

______. Portugal e Brasil na Crise do Antigo Sistema Colonial (1777-1808). São Paulo: Hucitec, 2006.

______. História econômica e interpretação econômica da história. Aula inaugural dos cursos de pós-graduação do Instituto de Economia da Unicamp. Campinas, 04 mar. 2012. Disponível em: https://youtu.be/UiClhQbLGCg. Acesso: 24 jan. 2023.

PALMER. Bryan D. La historia social y la coyuntura presente. *Historia Social*, n. 60, 2008.

PAULA, João Antônio de. "Pensamento econômico e história do pensamento econômico do Brasil". In: SAES, Alexandre Macchione; RIBEIRO, Maria Alice Rosa; SAES, Flávio Azevedo Marques (orgs.). *Rumos da história econômica no Brasil*: 25 anos da ABPHE. São Paulo: Alameda, 2017.

POCKOCK, John G. A. Conceitos e discursos: uma diferença cultural? Comentário sobre o *paper* de Melvin Richter. In: JASMIN, Mafcelo Gantus; FERES JÚNIOR, João (orgs.). *História dos conceitos*: debates e perspectivas. Rio de Janeiro: Editora PUC-Rio: Edições Loyola: Iuperj, 2006.

POPPINO, Rollie E. A century of the Revista do Instituto Histórico e Geográfico Brasileiro. *Hispanic American Historical Review*, v. 33, n. 2, maio 1953.

PROST, Antoine. *Doze lições sobre a história*. Belo Horizonte: Autêntica, 2015.

PRADO, Euletério F. S. "A ortodoxia neoclássica". In: SZMERECSANYI, Tamás; COELHO, Francisco da Silva. (orgs.). *Ensaios de história do pensamento econômico no Brasil contemporâneo*. São Paulo: Editora Atlas, 2007.

REIS, José Carlos. *Escola dos Annales*: a inovação em história. São Paulo: Paz e Terra, 2000.

______. *História e teoria*: historicismo, modernidade, temporalidade e verdade. Rio de Janeiro: Editora FGV, 2006.

______. *O desafio historiográfico*. Rio de Janeiro: FGV, 2010.

RIBEIRO, Maria Alice Rosa. As primeiras pesquisadoras brasileiras em história econômica e a construção da disciplina no Brasil. *História econômica & história de empresas*, v. 2, n. 2, 1999.

RICUPERO, Rodrigo. *A formação da elite colonial*: Brasil, c.1530 c.1630. São Paulo: Alameda, 2009

ROBINSON, Joan. "Kalecki and Keynes". In: *Collected economic papers* (v. 3). Oxford:Basil Blackwell, 1965.

RODRIGUES, José Honório. "Vida e história". In: *Vida e história*. Rio de Janeiro: Civilização Brasileira, 1966.

______. *Teoria da história do Brasil*: introdução metodológica. São Paulo: Companhia Editora Nacional, 1969.

______. "Capistrano de Abreu e a Alemanha". In: *História e historiografia*. Petrópolis: Vozes, 1970.

SAES, Alexandre Macchione; RIBEIRO, Maria Alice Rosa; SAES, Flávio Azevedo Marques (orgs.). *Rumos da história econômica no Brasil*: 25 anos da ABPHE. São Paulo: Alameda, 2017.

SAES, Alexandre Macchione. "A institucionalização da história econômica: história e ambiente intelectual na formação das associações de história econômica". In: SAES, Alexandre Macchione; RIBEIRO, Maria Alice Rosa; SAES, Flávio Azevedo Marques (orgs.). *Rumos da história econômica no Brasil*: 25 anos da ABPHE. São Paulo: Alameda, 2017.

SAES, Alexandre Macchione (coord.). *FEA-USP 75 anos*: a história da Faculdade de Economia, Administração, Contabilidade e Atuária da Universidade de São Paulo nos anos 1981-2021. São Paulo: Narrativa Um, 2022.

SAES, Flávio Azevedo Marques de; SAES, Alexandre Macchione. *História econômica geral*. São Paulo: Saraiva, 2013.

SAES; Flávio Azevedo Marques de. A historiografia econômica brasileira: dos pioneiros às tendências recentes da pesquisa em história econômica do Brasil. *Territórios e Fronteiras*, v. 2, n. 1, jan.-jun., 2009.

______. "Alice Piffer Canabrava (1911-2003)". In: SAES, Alexandre Macchione; RIBEIRO, Maria Alice Rosa; SAES, Flávio Azevedo Marques (orgs.). *Rumos da história econômica no Brasil*: 25 anos da ABPHE. São Paulo: Alameda, 2017,

SCHMIDT, Benito Bisso. "História e biografia". In: Ronaldo VAINFAS; Ciro Flamarion CARDOSO. (Orgs.). *Novos domínios da História*. Rio de Janeiro: Campus, 2012.

SCHUMPETER, Joseph. *Capitalismo, socialismo e democracia*. Rio de Janeiro: Editora Fundo de Cultura, 1961. Disponível em: http://www.ie.ufrj.br/intranet/ie/userintranet/hpp/arquivos/100820171042_SchumpeterCapitalismoSocialismoeDemocracia.pdf Acesso: 27 set. 2018.

SCHWARZ, Roberto. Nós que amávamos tanto O Capital: leituras de Marx no Brasil. São Paulo: Boitempo, 2017.

SECCO, Lincoln. Notas sobre a história editorial de O capital. Novos Rumos, Marília, ano 17, n. 37, 2002.

______. "A Igreja de Nossa Senhora do Rosário dos Homens Pretos". In: DEAECTO, Marisa Midori; SECCO, Lincoln; SILVA, Marcos; GLEZER, Raquel (orgs.). São Paulo: espaço e história. São Paulo: LCTE, 2008b.

SEVCENKO. Nicolau. Orfeu extático na metrópole: São Paulo, sociedade e cultura nos frementes anos 1920. São Paulo: Companhia das Letras, 1992.

SILVA, Gabriela Correa da. História, nação e república: os novos contornos da escrita da história do Brasil no IHGB da Primeira República (1889-1930). XII Encontro Estadual de História (ANPUH-RS). Santa Cruz do Sul, jul. 2016. Disponível em: http://www.eeh2016.anpuh-rs.org.br/resources/anais/46/1470842434_ARQUIVO_Textoapresentacao.pdf. Acesso: 02 out. 2018.

SILVA, Marcos (org.) Nelson Werneck Sodré na historiografia brasileira. Bauru: Edusc; São Paulo: FAPESP, 2001.

SILVA, Renán. *Lugar de dúvidas:* sobre a prática da análise histórica – breviário de inseguranças. Belo Horizonte: Autêntica, 2015.

SODRÉ, Nelson Werneck. *História da burguesia brasileira.* Rio de Janeiro: Civilização Brasileira, 1967.

SOUSA, Francisco Gouvea de. *Proclamação e revolta*: recepções da República pelos sócios do IHGB e a vida da cidade (1880-1900). Tese (doutorado), PUC-Rio, 2012.

______. Revolta e proclamação como molduras da história: escrita da história e olhares para a República entre os sócios do IHGB. *História e historiografia*, Ouro Preto, n. 18, ago. 2015.

SOUZA, João Paulo A. de. Entre o sentido da colonização e o arcaísmo como projeto: a superação de um dilema através do conceito de capital escravista-mercantil. *Estudos Econômicos,* v. 38, n. 1, jan.-mar., 2008.

SUZIGAN, Wilson. *Indústria brasileira:* origem e desenvolvimento. São Paulo: Brasiliense, 1986.

SZMERECSANYI, Tamás; COELHO, Francisco da Silva. (orgs.). *Ensaios de história do pensamento econômico no Brasil contemporâneo.* São Paulo: Editora Atlas, 2007.

SZMRECSÁNYI, Tamás. Retomando a questão do início da historiografia econômica no Brasil. *Nova Economia,* v. 14, n. 1, jan.-abr. 2004.

TEIXEIRA, Aloísio; MARINGONI, Gilberto; GENTIL, Denise Lobato. *Desenvolvimento*: o debate pioneiro de 1944-1945. Brasília: Ipea, 2010.

TERRA, Ricardo Ribeiro. "Algumas questões sobre a filosofia da história em Kant". In: KANT, Immanuel. *Ideia de uma história universal de um ponto de vista cosmopolita*. São Paulo: Brasiliense, 1986.

VAN DER LINDEN, Marcel. Acumulación y fragmentación. *Historia Social*, n. 60, 2008.

VILABOY, Sergio Guerra. "Fundadores da historiografia marxista na América Latina". In: MALERBA, Jurandir. ROJAS, Carlos Aguirre (orgs.). *Historiografia contemporânea em perspectiva crítica*. Bauru: EDUSC, 2007.

VILAR, Pierre. "História marxista, história em construção". In: LE GOFF, Jacques; NORA, Pierre (orgs.). *Fazer história*: novos problemas (v. 1). Lisboa: Livraria Bertrand, 1977.

______. "A história depois de Marx". In: *Desenvolvimento econômico e análise histórica*. Lisboa: Editorial Presença, 1982a.

______. "Introdução". In: *Desenvolvimento econômico e análise histórica*. Lisboa: Editorial Presença, 1982b.

______. "História social e filosofia da história". In: *Desenvolvimento econômico e análise histórica*. Lisboa: Editorial Presença, 1982c.

VIZENTINI, Paulo G. F. *Os liberais e a crise da República Velha*. São Paulo: Brasiliense, 1983.

Dicionários

BOTTOMORE, Tom (ed.). *Dicionário do pensamento marxista*. Rio de Janeiro: Jorge Zahar, 2001.

SANDRONI, Paulo *et. al.* *Dicionário de economia*. São Paulo: Abril Cultural, 1985.

LISTA DE ABREVIATURAS E SIGLAS

ABPHE – Associação Brasileira de Pesquisadores em História Econômica
AGB – Associação dos Geógrafos Brasileiros
Alesp – Assembleia Legislativa do Estado de São Paulo
ANL – Aliança Nacional Libertadora
Anpec - Associação Nacional dos Centros de Pós-graduação em Economia
AIT – Associação Internacional dos Trabalhadores
BOC – Bloco Operário e Camponês
CEPAL – Comissão Econômica para a América Latina
Ciesp – Centro das Indústrias do Estado de São Paulo
CNC – Confederação Nacional do Comércio
CNI – Confederação Nacional das Indústrias
CNPq – Conselho Nacional de Pesquisa
DEOPS – Departamento Estadual de Ordem Política e Social
DOPS – Departamento de Ordem Política e Social
DTB – Departamento de Direito do Trabalho e Seguridade Social
ELSP – Escola Livre de Sociologia e Política de São Paulo
EUA – Estados Unidos da América
Fiesp – Federação das Indústrias do Estado de São Paulo
FFCL – Faculdade de Filosofia, Ciências e Letras

IC – Internacional Comunista
IEB – Instituto de Estudos Brasileiros
IHBG – Instituto Histórico e Geográfico Brasileiro
LSE – London School of Economics
ONU – Organização das Nações Unidas
PCB – Partido Comunista Brasileiro
PCB – Partido Comunista do Brasil
PCdoB – Partido Comunista do Brasil
PD – Partido Democrático de São Paulo
PIB – Produto Interno Bruto
PRP – Partido Republicano Paulista
RIHGB – Revista do Instituto Histórico e Geográfico Brasileiro
SENAI – Serviço Nacional de Aprendizagem Industrial
SPD – Partido Socialdemocrata Alemão
SSA/IC – Secretariado Sulamericano da Internacional Comunista
Sumoc – Superintendência da Moeda e do Crédito
UFMG – Universidade Federal de Minas Gerais
UFRGS – Universidade Federal do Rio Grande do Sul
Unesp – Universidade Estadual Paulista "Júlio de Mesquita Filho"
URSS – União das Repúblicas Socialistas Soviéticas
USP – Universidade de São Paulo

AGRADECIMENTOS

Este livro é uma versão revisada da dissertação de mestrado que defendi em maio de 2019 no Programa de Pós-graduação em História da Universidade Federal de São Paulo (Unifesp). Não seria possível realizar este trabalho sem as muitas pessoas que, em algum momento, direta ou indiretamente deram sua contribuição e me ajudaram a concebê-lo. Sou imensamente grato a todas elas, especialmente a Márcia D'Aléssio (*in memorian*), mestra e mentora nas trilhas do conhecimento histórico, que me orientou na pesquisa que agora é publicada em livro. Suas inquietações em torno do conhecimento histórico são a manifestação intelectual de uma permanente inquietude diante da realidade e vontade de transformá-la. Márcia foi e segue sendo uma fonte de inspiração para incontáveis pessoas que com ela conviveram pessoal ou profissionalmente. Os aspectos positivos do presente trabalho muito devem a esta extraordinária educadora e historiadora, cabendo somente a mim a responsabilidade por seus limites. Em seu nome agradeço o qualificado corpo docente do Departamento de História da Unifesp. Wilma Perez Costa, Rosângela Leite e Lincoln Secco compuseram a banca examinadora e, combinando generosidade e crítica de modo estimulante, foram fundamentais para aprimorar o texto. Em nome de Rafael Teodoro e Geise Targa, estendo meus cumprimentos e agradecimentos a meus colegas de graduação e mestrado com quem compartilhei ideias e a experiência de estudar em uma universidade pública na periferia de Guarulhos (SP).

O apoio, o incentivo e a interlocução e de docentes, colegas, camaradas de lutas, amigos e amigas também foram essenciais para a realização deste trabalho. Neste sentido, agradeço a Dainis Karepovs, Janes Jorge, Maria Luiza Ferreira de Oliveira, Luis Filipe Silvério Lima, Luigi Biondi, Maximiliano McMenz, Jorge Grespan, Iole Ilíada, Elisa Guaraná, Valter Pomar, Jandyra Uehara, Bruno Elias, Ana Lídia Aguiar, Edma Valquer, Cloves de Castro (*in memorian*), Wanda Conti, Carlos H. M. Menegozzo, Fábio Dantas, Vanessa Nadoti e Sarkis Alves. Pela guarda, acondicionamento, organização e disponibilização das fontes e da bibliografia utilizada neste trabalho, agradeço a Denise de Almeida Silva, Elisabete Marin Ribas, Guilherme Lassabia de Godoy e toda a equipe do Arquivo do Instituto de Estudos Brasileiros da Universidade de São Paulo (IEB-USP), bem como às equipes do Arquivo Público do Estado de São Paulo, do Arquivo do Instituto Moreira Sales, no Rio de Janeiro, e das bibliotecas da USP na Faculdade de Direito, na Faculdade de Economia, Administração, Contabilidade e Atuária e na Faculdade de Filosofia, Letras e Ciências Humanas. Em nome de Haroldo Ceravolo Sereza, Tamara Santos e Emanuela Godoy agradeço à Alameda, que aceitou publicar este trabalho e faz um excelente trabalho editorial.

A Deise, Ricardo, Daniel e Carolina, muito obrigado por tudo. Expresso, igualmente, minha profunda gratidão a Arthur, Bruno e Talitha, companheira de vida com quem compartilho sonhos, cultivo o amor e construo a felicidade. Agradeço especialmente ao pequeno Davi, que tanto me ensina sobre a vida, o tempo e o mundo: obrigado por estar aqui, filho querido.

Alameda nas redes sociais:
Site: www.alamedaeditorial.com.br
Facebook.com/alamedaeditorial/
Twitter.com/editoraalameda
Instagram.com/editora_alameda/

Esta obra foi impressa em São Paulo no inverno de 2024. No texto foi utilizada a fonte Minion Pro em corpo 10,25 e entrelinha de 15 pontos.